Documents manquants (pages, cahiers...)

Original illisible

Documents manquants (pages, cahiers...)

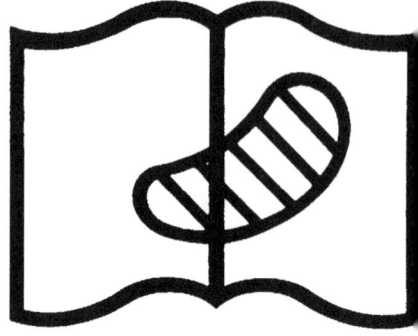

Original illisible

COLLECTION DES ÉCONOMISTES
ET DES RÉFORMATEURS SOCIAUX DE LA FRANCE

NICOLAS BAUDEAU

PREMIÈRE INTRODUCTION

A LA

PHILOSOPHIE ÉCONOMIQUE

MACON, PROTAT FRÈRES, IMPRIMEURS.

COLLECTION DES ÉCONOMISTES
ET DES RÉFORMATEURS SOCIAUX DE LA FRANCE

NICOLAS BAUDEAU

PREMIÈRE INTRODUCTION

A LA

PHILOSOPHIE ÉCONOMIQUE

OU

ANALYSE DES ÉTATS POLICÉS

1767

PUBLIÉ AVEC NOTICE ET TABLE ANALYTIQUE PAR

A. DUBOIS

PROFESSEUR D'ÉCONOMIE POLITIQUE ET D'HISTOIRE DES DOCTRINES ÉCONOMIQUES
A LA FACULTÉ DE DROIT DE L'UNIVERSITÉ DE POITIERS

PARIS
LIBRAIRIE PAUL GEUTHNER
68, RUE MAZARINE, 68

1910

NOTICE

La *Première Introduction à la Philosophie économique ou Analyse des Etats policés* fut publiée pour la première fois en 1771 sans nom d'auteur. Celui à qui ce livre est dû, l'abbé Nicolas Baudeau, s'y qualifiait simplement « un disciple de l'Ami des Hommes ». Il avait alors quarante et un ans[1] et il n'était pas un inconnu pour le public. Dès ses débuts comme écrivain les questions économiques l'avaient attiré[2] ; puis il s'était converti à la Physiocratie et à partir de janvier 1767 il avait mis au service exclusif de l'Ecole de Quesnay, des *Économistes*, comme l'on disait alors, le journal qu'il avait fondé en novembre 1765 les *Éphémérides du citoyen*[3].

1. D'après les biographes, Nicolas Baudeau est né à Amboise le 27 avril 1730 ; il serait mort fou vers 1792.

2. V., à la suite de la présente Notice, la liste des écrits économiques de *Baudeau non encore physiocrate*.

3. Depuis novembre 1765 jusque janvier 1767, les *Éphémérides du Citoyen ou Chronique de l'Esprit national* furent distribuées aux abonnés, par feuilles, le lundi et le vendredi de chaque semaine. En 1766 l'éditeur publia également les numéros parus depuis novembre 1765 en volumes dont chacun contenait les feuilles de deux mois. Nous connaissons six tomes de ces premières *Éphémérides*; nous n'avons pas pu trouver le tome VII qui aurait dû contenir les numéros de novembre et décembre 1766; dans les séries que possèdent la Bibliothèque Nationale et la Bibliothèque de l'Arsenal il y a une lacune entre les mois d'octobre 1766 et de janvier 1767. Il est sûr que si ce tome VII a paru, il a été édité séparément des six autres, lesquels ont certainement vu le jour ensemble. Dès le tome I, en effet, l'*Avis du Libraire* déclare : « Le VII° volume... paroitra le 20 décembre prochain », ce qui indique que seul il manque encore. Mais nous pensons que ce tome VII, ainsi annoncé, n'a jamais été publié, non plus que les feuilles qu'il aurait dû reproduire. En effet, le tome VI est déjà physiocratique ; le volume suivant aurait dû, en conséquence, présenter le même caractère ; or, Baudeau, dans son *Catalogue des écrits composés suivant les principes de la science économique*, ne cite, pour 1766, qu'un volume d'*Éphémérides* et non pas deux (*Éphémérides*, 1768, t. II, p. 197) ; de même Graslin,

Qui donc l'initia à la *science nouvelle* ? Nous pensons que ce fut le marquis de Mirabeau. C'est pour cette raison, croyons-nous, qu'il s'intitule disciple de l'Ami des Hommes [1] et que citant ses maîtres il place Mirabeau avant Quesnay [2]. Car sûrement ce n'est pas que Mirabeau ait formé une École dans l'École. D'ailleurs Baudeau reconnaît Quesnay comme son chef et il rappelle, avec une évidente satisfaction, que c'est par lui que Quesnay a été dénommé le *Confucius de l'Europe* [3]; aux yeux de cet homme enthousiaste de la civilisation et de la philosophie chinoises, il ne pouvait pas y avoir de titre plus beau, plus glorieux ; par ce titre il entendait placer Quesnay au rang des plus grands hommes que le monde eût jamais produits. Quesnay fut son maître, Mirabeau fut son précepteur, telle est à notre avis l'explication des termes dont Baudeau se sert dans le présent ouvrage pour retracer la généalogie de sa doctrine.

D'une note insérée par Dupont de Nemours dans les *Éphémérides* de 1769 [4] il résulte cependant que ce furent Le Trosne et Dupont qui amenèrent Baudeau à la foi physiocratique. Et en effet, au moment où les *Éphémérides* sont sur le point de devenir un organe exclusivement physiocratique l'on trouve dans ce journal [5] une polémique engagée

---

dans son *Essai analytique sur la Richesse et sur l'Impôt*, paru en 1767, énumérant les sources de la Physiocratie, ne cite des *Ephémérides* que le tome VI de 1766 et les sept premiers tomes de 1767 mais non le tome VII de 1766 (Graslin, *op. cit.*, édit. 1767, p. 5, note a; édit. Dubois, Paris, Geuthner, 1910, p. 3, note 1). A partir de janvier 1767, les *Éphémérides du Citoyen ou Bibliothèque raisonnée des sciences morales et politiques* furent publiées par volumes mensuels. Le sous-titre : *ou Bibliothèque raisonnée des sciences morales et politiques* apparaît déjà à la page 1 du tome I de 1766 ; mais il n'est pas reproduit à la page 1 du même volume ni à aucun endroit des tomes II-VI de 1766; on ne le revoit qu'en janvier 1767 et dans l'intervalle le sous-titre est constamment : *ou Chronique de l'Esprit national*.

1. V. le titre que nous reproduisons en facsimile.
2. V. *infra, Avis au Lecteur*, p. 1
3. V. *infra, Avis au Lecteur*, p. 1.
4. V. *Ephémérides*, 1769, t. V, *Avertissement*, p. xx et p. xxx-xxxii.
5. V. *Éphémérides*, 1766, *Lettre sur les Éphémérides*, t. III, p. 257 et s.

par son rédacteur avec Le Trosne qui écrit de son côté dans le *Journal de l'Agriculture* ; nous y voyons que Baudeau cède peu à peu et finit par s'avouer vaincu. Au début de la discussion, en avril 1766 [1], Baudeau dit en parlant de son contradicteur : « Sans être *encore décidément* en tout de son « parti nous nous tenons *jusqu'ici* dans un juste milieu entre « ses *nouvelles* Maximes et les anciennes du vulgaire [2]. » C'est nous qui soulignons les mots *encore décidément* et *jusqu'ici* [3] qui indiquent que déjà Baudeau est en route vers la conversion et se défend mollement. Dans la feuille du 2 mai 1766 il élève pourtant encore des objections [4] ; mais dans celle du 20 juin, au cours d'un article sur l'*État actuel des sciences et des arts*, il déclare : « Nous allons plaider avec chaleur la « cause des Philosophes économistes, parmi lesquels nous « désirons ardemment de pouvoir quelque jour occuper une « place [5]. »

C'est à cette date de juin 1766 que Dupont fixe la conversion du fondateur des *Éphémérides*, et Dupont se glorifie d'avoir vaincu les dernières résistances de Baudeau rien que par une demi-page d'observations insérée dans le *Journal de l'Agriculture*. Néanmoins la profession de foi officielle du néophyte, annoncée dans les numéros du 18 août et du

---

(n° du 28 avril) ; *Réponse à la Lettre sur les Ephémérides*, t. IV, p. 1 et s. (n° du 2 mai) ; V., p. 209 et s. (n° du 18 août) ; *Lettre de Monsieur M.. en réponse à la lettre de Monsieur X...*, t. VI, p. 193 et s. (n°° des 13, 17 et 24 octobre). Les *Lettres* de Le Trosne sont précédées d'*Avertissements* de Baudeau.

1. La première *Lettre* Le Trosne parut en mars 1766 dans le *Journal de l'Agriculture* (p. 17 et s.). Baudeau l'inséra, avec un *Avertissement*, dans ses *Ephémérides* du 28 avril 1766. Le directeur du *Journal de l'Agriculture* était Dupont.

2. *Ephém.*, 1766, t. III, p. 259.

3. C'est Baudeau qui souligne le mot *nouvelles*. La suite de cette lettre parut dans le numéro du 18 août.

4. Baudeau avait préparé neuf lettres en réponse à Le Trosne ; par suite de sa conversion il renonça aux huit autres (Dupont, dans *Ephem.*, 1769, t. V, p. xxx et s.).

5. *Ephém.*, 1766, t. IV, p. 229. V. aussi en quels termes il s'exprime sur la *Science économique* dans le n° du 16 juin (*Ibid.*, p. 221 et s.).

1ᵉʳ septembre, ne paraît que dans ceux du 24 et du 27 octobre [1]. Dans l'intervalle du 20 juin au 24 octobre la polémique continue avec le Trosne ; mais il est clair que dès lors elle n'est plus que simulée ; sans doute elle n'a plus d'autre but que de préparer progressivement la clientèle des *Éphémérides* à l'orientation toute nouvelle que ce périodique allait prendre : sans cette précaution, les lecteurs du journal eussent été profondément stupéfaits. Dans cette période, d'ailleurs, Baudeau ne parle plus en son nom quand il contredit Le Trosne ; c'est à un « ingénieux anonyme » qu'il attribue les objections opposées à ce dernier [2]. Bien mieux, dans le numéro du 1ᵉʳ septembre [3], il insère purement et simplement un Mémoire dû à l'un de ses correspondants et qui sous le titre fallacieux de *Lettres sur la marine des anciens* constitue en réalité un manifeste purement physiocratique. Lui-même, et en son propre nom, dans la feuille du 3 octobre [4], traite en physiocrate, avec tous les termes de l'École, de la question de l'esclavage dans sa *Réponse à la lettre d'un Américain sur l'esclavage des nègres* ; et dans presque tous ses articles parus depuis le mois de juillet se révèlent des traces de Physiocratie [5]. C'est donc bien, comme le rapporte Dupont, au mois de juin 1766 que se produisit l'adhésion de Baudeau à la doctrine de l'École de Quesnay. Baudeau vint trouver Dupont et les deux contradicteurs, dit encore ce dernier, « s'expliquèrent, s'entendirent, « s'embrassèrent, se promirent d'être toujours compagnons « d'armes, frères et émules » [6].

---

1. *Ephém.*, 1766, t. VI, p. 247 et s.
2. *Ephém.*, 1766, t. V, p. 210.
3. *Ephém.*, 1766, t. VI, p. 1 et s.
4. *Ephém.*, 1766, t. VI, p. 145 et s.
5. V. *Ephém.*, 1766, t. V, p. 42 (11 juillet) : produit net ; p. 188 et s. (11 août) et 205 (15 août) : nécessité de l'enseignement de l'Economie politique surtout pour les Grands de la nation ; t. VI, p. 81, 82, 91 (19 septembre), 100, 105, 107, 111 (22 septembre) : avances, fortes avances, dépenses ou avances primitives, etc.
6. *Ephém.*, 1769, t. V, *Avertissement*, p. xxxi.

Comment comprendre dès lors que dans l'ouvrage que nous rééditons ici Baudeau se qualifie disciple de l'*Ami des Hommes*, cite Mirabeau et Quesnay comme étant ses maîtres et garde le silence sur Le Trosne et Dupont? C'est que, si Baudeau fut converti par eux, il fut instruit par les ouvrages de Mirabeau. La polémique de Le Trosne ne portait que sur un point très particulier: la théorie de la Balance du Commerce appliquée au trafic colonial; ce fut la *Philosophie rurale* du marquis de Mirabeau qui lui enseigna la Physiocratie et lui donna l'explication des mystères du *Tableau économique*. Dans un passage cité par M. de Loménie, Mirabeau complète sur ce point le témoignage de Dupont : les premières dissertations économiques de Baudeau n'étaient encore, dit-il, « que des papotages où l'abbé, qui alors ne savait rien, bat- « tait l'eau à son aise. Dupont qui traitait dans le *Journal de* « *l'Agriculture* les questions selon les principes se heurta « avec l'abbé. Les deux adversaires firent connaissance. « Dupont donna à lire à Baudeau *la Philosophie rurale* et « l'abbé qui est l'esprit le plus primesautier que nature ait « jamais fait et que j'ai appelé le Saul économique se retourna « dans les vingt-quatre heures, entendit le *Tableau* qui fut à « lui et il n'a fait chemin que depuis lors [1] ».

Converti et initié, Baudeau eut à cœur de vulgariser la doctrine qui lui avait été révélée. Outre des ouvrages et articles de caractère physiocratique sur des questions spéciales [2], il publia dans les *Éphémérides* de 1767, 1768 et 1770 une *Explication du Tableau économique à Madame de* *** [3], où les principes de l'École sont lumineusement exposés; mais ce n'était encore là, somme toute, que le commentaire d'une

1. De Loménie, *Les Mirabeau*, t. II, 1879, p. 250-251.
2. V. à la suite de la présente Notice la liste des écrits physiocratiques de Baudeau antérieurs à 1771.
3. *Éphém.*, 1767, t. XI, p. 134 et s.; XII, p. 135 et s.; 1768, t. III, p. 83 et s.; 1770, t. II, p. 115 et s.

œuvre du Maître. Aussi peut-il déclarer que sa *Première Introduction à la philosophie économique* est le premier *Traité* [1] de Physiocratie qu'il ait composé ; c'est là, dit-il, un « ouvrage élémentaire » ; nous l'appellerions plutôt un *Cours moyen* de Physiocratie, de même que l'*Origine et les Progrès d'une science nouvelle* de Dupont en est une sorte d'A B C, et l'*Ordre naturel et essentiel des sociétés politiques* de Mercier de la Rivière une sorte de *Cours supérieur.*

Il n'a pas, ajoute-t-il, l'ambition de faire œuvre originale quant au fond [2]. Et il n'y a pas là une fausse modestie de sa part : il n'enseigne que les théories de Quesnay. Mais ces théories il les a repensées ; son œuvre porte l'empreinte de sa personnalité et, surtout quant à la forme, elle présente, parmi toute la littérature physiocratique, une individualité très marquée.

C'est avant tout une œuvre didactique, une œuvre de classification et de définitions. L'auteur tente de réduire par l'analyse la structure si complexe des sociétés civilisées « à un « petit nombre de premiers éléments dont la combinaison « forme les plus grands Etats [3] », de présenter « un système « simple et clair suivant lequel on puisse classer les parties « qui composent réellement les Etats policés et assigner leurs « rapports d'une manière facile à retenir et à mettre en pratique [4] ». L'auteur s'efforce, en outre, de compléter la terminologie de l'Ecole. Que l'on se reporte à l'*Index alphabétique* que nous avons placé à la fin de ce volume, que l'on cherche les définitions des mots *biens, subsistances, matières premières, richesse, richesses de durée, richesses de consommation*

1. V. *infra, Avis au Lecteur*, p. iv. L'auteur avait l'intention d'en publier d'autres mais ne mit pas son projet à exécution.
2. V. *infra, Avis au Lecteur*, p. v.
3. V. *infra, Avis au Lecteur*, p. iv-v.
4. *Ibid.*, p. v.

subite, etc., et l'on verra combien Baudeau est convaincu de la nécessité, pour la science économique naissante, d'une langue précise. Peut-être même certaines de ses distinctions paraîtront-elles quelque peu subtiles ; peut-être feront-elles songer aux Docteurs du moyen âge : dans l'économiste l'ancien professeur de théologie reparaît quelquefois [1].

Ce qui frappe aussi dans la *Première Introduction à la Philosophie économique* c'est que Baudeau, à la différence d'autres disciples de Quesnay, n'aborde pas le système par les grandes notions mi-partie d'ordre physique mi-partie d'ordre métaphysique *d'Ordre naturel*, de *Droit naturel*, de *Propriété personnelle.* Sa méthode est beaucoup plus réaliste. Il nous conduit d'emblée au milieu des « Etats policés » et il nous donne immédiatement une vue d'ensemble de leur activité économique. Nous apercevons les hommes occupés les uns à tirer du sein de la nature les subsistances et les matières premières (*art productif*), les autres à les transformer et à les déplacer (*art stérile*), d'autres enfin à assurer les services d'instruction, de protection et d'administration (*art social*) sans lesquels l'art productif et l'art stérile dépériraient. Et de là le plan général, très simple, de l'ouvrage où l'on pourrait découper quatre grandes parties si l'auteur n'avait cru pouvoir se contenter d'une série de chapitres. La première [2] contient une étude de chacune des classes d'individus que nous avons distinguées du premier coup d'œil : *classe propriétaire* — qui comprend le Souverain et les propriétaires proprement dits — pratiquant l'art social ; *classe productive* adonnée à l'agriculture et aux industries extractives ; *classe stérile* adonnée à l'industrie et au commerce. Notons-le en passant, Baudeau précise que l'industrie extractive, sur

---

1. Les biographes rapportent qu'il avait été chanoine régulier et professeur de théologie à l'abbaye de Chancelade.
2. Chap. III, IV et V.

laquelle Quesnay avait gardé le silence, fait partie de la classe productive ; il comble également une autre lacune du *Tableau économique* en distinguant les salariés des chefs d'entreprise dans la classe productive et dans la classe stérile. Viennent ensuite l'analyse des rapports du Souverain avec l'ensemble des classes de l'Etat [1], puis l'analyse des rapports du Souverain avec chacune de ces classes prises individuellement [2], et enfin l'analyse des relations des diverses nations entre elles [3]. La *Première Introduction à la Philosophie économique* procède donc beaucoup plus du *Tableau économique* de Quesnay que de son *Droit naturel*. C'est sur une substructure descriptive, qui va du simple au composé, que Baudeau bâtit l'édifice de sa philosophie économique. Celle-ci est sans doute dominée tout entière par la notion d'*Ordre naturel*, mais l'*Ordre nalurel* n'apparaît ici que comme le dernier aboutissement de l'anatomie et de la physiologie sociales. Au lieu de descendre du ciel vers la terre, l'auteur suit la marche inverse.

Et avant de nous élever jusqu'à Dieu il nous fait passer par l'homme. La *Première Introduction à la philosophie économique* se caractérise encore, en effet, par l'aspect psychologique qu'y revêt la théorie économique. C'est d'abord par la psychologie de l'homme qu'y sont expliqués les phénomènes concrets que l'observateur découvre au sein des « Etats policés ». Inutile d'ajouter qu'il s'agit de la psychologie de l'homme de tous les temps et de tous les pays : l'École physiocratique a pris nettement position contre le relativisme de Montesquieu. L'instinct de la conservation qui se manifeste par la recherche de la jouissance et l'aversion de la douleur, tel est le moteur qui donne le branle initial à l'activité écono-

1. Ch. VI, article III.
2. Ch. VI, article IV.
3. Ch. VI, article V.

mique et tel est le point de départ des explications fournies
par Baudeau. Mais l'homme policé ne se contente pas, comme
la plupart des bêtes, de *puiser au jour le jour* sa subsistance
dans la nature qui l'entoure ; il ne se contente même pas
d'*amasser* comme certains animaux plus industrieux, il *produit* : « Il a poussé la réflexion, la prévoyance et l'adresse jus-
« qu'au point de préparer, d'assurer, de multiplier les pro-
« ductions naturelles d'où dépendent sa conservation et son
« bien-être [1]. » Ainsi est né l'*art productif*. Ce n'est pas tout.
« La réflexion, l'adresse, l'expérience ont appris aux hommes
« à varier presque à l'infini les objets de leurs jouissances
« par les formes différentes qu'ils savent donner aux produc-
« tions de la simple nature, par les divisions et les altérations
« qu'ils leur font subir, par la manière dont ils les assemblent
« ou les incorporent l'une à l'autre [2]. » Les facultés supérieures de l'homme lui permettent donc non seulement de
multiplier mais encore de *transformer* les produits de la
nature : ainsi est né l'*art stérile*. C'est également, par une
filiation assez inattendue, de trois notions d'ordre psychologique : *savoir, vouloir, pouvoir*, que dérive l'*art social*. « Pour
« que l'industrie productive et l'industrie façonnante fleu-
« rissent dans un Etat, il faut que les hommes sachent, il
« faut qu'ils veulent, il faut qu'ils puissent se livrer aux tra-
« vaux de l'art fécond, à ceux de l'art stérile. *Savoir* suppose
« l'instruction, l'exemple ou le loisir de réfléchir et d'inven-
« ter. *Vouloir* suppose la liberté d'opérer et la certitude de
« profiter de son travail. *Pouvoir* suppose des moyens de
« penser par avance, des instruments, des préparations, des
« secours [3]. » Instruction, protection, administration, voilà
par suite « ce qui fait la première essence des Etats policés.

1. V. *infra*, p. 2.
2. V. *infra*, p. 3.
3. V. *infra*, p. 8.

« C'est par ces trois moyens véritablement efficaces que les
« arts productifs et les arts stériles y fleurissent de plus en
« plus. L'instruction opère que les hommes savent pratiquer
« ces arts utiles et agréables ; la protection opère qu'ils le
« veulent ; la bonne administration opère qu'ils le peuvent.
« Tous les trois sont proprement l'exercice de l'*autorité*. L'art
« d'exercer l'autorité, de la perfectionner de plus en plus est
« celui que j'appelle art social, le premier de tous, le prin-
« cipe et la cause de tous les autres [1]. » L'Etat n'est ainsi
qu'une émanation des facultés individuelles. Psychologique
aussi est la définition suivante de la société, définition que
Tarde n'eût pas reniée : « J'appelle *société* les communications
« des hommes entre eux, la combinaison de plusieurs intelli-
« gences, de plusieurs volontés, de plusieurs forces réunies
« et tendantes au même but, les relations multipliées par
« l'instruction, par l'exemple, par l'émulation [2]. »

Remarquons enfin combien est accentué le caractère
éthique des théories d'art de Baudeau. Celui qui diminue la
masse des productions et par conséquent des jouissances commet un *crime* [3]. « Le contraire du crime qui détruit, c'est la
« *bienfaisance* qui augmente la masse générale des biens ou
« la somme totale des jouissances par une espèce de créa-
« tion... Entre la bienfaisance créatrice et l'usurpation des-
« tructive, il y a la *justice* qui consiste à mériter sa portion
« dans la masse générale existante, sans concourir à son
« accroissement, mais aussi sans nuire, sans empêcher, sans
« usurper..... Donc à considérer les hommes suivant le mérite
« ou la moralité de leurs actions, il y en a qui concourent
« simplement à l'entretien de la masse des biens actuellement

---

1. V. *infra*, p. 9.
2. V. *infra*, p. 8. N'est-ce pas là très exactement l'*interpsychologie* de Tarde ?
3. V. *infra*, p. 14.

« existants ; il y en a qui concourent à sa diminution, qui
« détruisent, qui empêchent. Les premiers sont justes, les
« seconds sont bienfaisants, les autres sont criminels [1]... »
Cette morale régit la conduite des particuliers, elle suffit
notamment à trancher la question si débattue du luxe permis
et du luxe condamnable. L'auteur ne fait ici qu'effleurer cette
théorie, mais il l'avait longuement développée dans les tomes I
et II des *Éphémérides* de 1767, en deux véritables Traités *Du
luxe* et *Du faste public et privé* qui constituent un apport
important à la Physiocratie. Sur ce point Quesnay n'avait
édicté qu'une règle vague : QU'ON NE PROVOQUE POINT
LE LUXE DE DÉCORATION. Le commentaire qu'il avait
donné de cette maxime ne fournissait guère d'éclaircissements [2] ;
les principes fondamentaux de son système permettaient tou-
tefois d'aboutir à une solution précise : aucun de ses disciples
n'a, croyons-nous, formulé la solution physiocratique de ce
problème du luxe avec autant de logique et autant de netteté
que Nicolas Baudeau. La morale dont notre auteur pose les
règles primordiales dans le passage cité plus haut régit également la conduite des Souverains : elle leur prescrit par
exemple la liberté économique, l'impôt unique sur le produit net, elle leur ordonne de répandre l'instruction et surtout
l'instruction économique, de veiller à la sûreté des propriétés, etc. Elle régit enfin la conduite des Nations : elle leur
commande le libre-échange et la fraternité.

Et cette morale est toute dans la dépendance de l'Économie politique au lieu que de nos jours certaines écoles pré-
tendent subordonner la seconde à la première. La *Formule* du
Tableau économique est l'instrument qui mesure la valeur
morale de chacun.

---

1. V. *infra*, p. 14-15.
2. V. Quesnay, *Maximes générales*, Maxime XXII et note sur cette Maxime,
édit. Oncken, p. 335.

Tels sont les caractères distinctifs de la *Première Introduction à la philosophie économique*. Assurément ces caractères ne sont pas absents des autres œuvres physiocratiques. Nous voulons dire seulement qu'ils sont ici accentués d'une manière toute particulière, d'où il résulte que si l'œuvre n'est pas très originale, elle est loin cependant d'être banale. Le lecteur lui reconnaîtra sans doute aussi, comme nous, le mérite de la clarté et même d'une certaine élégance, nous voulons parler de l'élégance que comporte un ouvrage scientifique. « Ne « cherchez point dans cet ouvrage élémentaire les charmes « d'une lecture amusante ; vous y seriez trompé [1] », dit Baudeau ; bien des gens, au xviii° siècle, ne pardonnèrent pas aux *Économistes* de ne pas les amuser. Sachons-leur gré, quant à nous, d'avoir créé la science économique en s'efforçant de résoudre les problèmes qu'elle soulève autrement que par des traits d'esprit.

A. Dubois,

Professeur d'Économie Politique et d'Histoire des Doctrines économiques à la Faculté de droit de l'Université de Poitiers.

OUVRAGES ET ARTICLES COMPOSÉS PAR BAUDEAU

Antérieurement à son adhésion à la Physiocratie.

Idées d'un citoyen sur l'administration des finances du Roi (1763) ; *Idées d'un citoyen sur la puissance du Roi et le commerce de la nation dans l'Orient* (1763) ; *Idée d'une souscription patriotique en faveur de l'agriculture, du commerce et des arts* (1765) ; *Idées d'un citoyen sur les besoins, les droits et les devoirs des vrais pauvres* (1765).

Dans les *Ephémérides* de 1766 :

De l'esprit agricole, t. I, p. 49 et s. (13 novembre 1765) ; *Du commerce des Indes*, t. I, p. 113 et s. (29 novembre 1765) ; *Des colonies françaises*

---

1. V. *infra*, Avis au Lecteur, p. i.

aux *Indes occidentales* [suite du précédent article], t. II, p. 32 et s. (10 et 13 janvier 1766) ; III, p. 49 et s. (14 mars); V, p. 33 et s. (7, 11 et 18 juillet[1]); *De la dépopulation de nos campagnes*, t. I, p. 113 et s. (23 novembre 1765) ; II, p. 193 et s. (14 février 1766); III, p. 177 et s. (11, 14 et 17 avril); *Du monde politique*[2], t. II, p. 17 et s. (6 janvier 1766) ; III, p. 33 et s. (10 mars); *De Paris*[3], t. II, p. 129 et s. (31 janvier 1766) ; IV, p. 33 et s. (9 mai); *Questions morales et politiques envoyées de la foire de Saint-Germain*, t. II, p. 257 et s. (28 février 1766) ; III, p. 1 et s. (3 mars), 65 et s. (17 et 21 mars); *Réponse à la Lettre sur les Ephémérides*, t. IV, p. 1 et s. (2 mai 1766) ; V, p. 209 et s. (18 août)[4]; *Du commerce*[5], t. IV, p. 81 et s. (19, 23 et 26 mai 1766).

OUVRAGES ET ARTICLES COMPOSÉS PAR BAUDEAU

Postérieurement à son adhésion à la Physiocratie et antérieurement à 1771.

De l'état actuel des sciences et des arts (*Ephém.*, 1776, t. IV, p. 209 et s., deux articles qui contiennent, p. 222 et s., des passages sur la *Science économique* et les *Economistes*) ; *De l'Education nationale* (*Ephém.*, 1766, t. V, p. 177 et s. ; deux articles qui contiennent, p. 188 et s., des passages sur la nécessité de l'enseignement de la *Science économique*) ; *Du monde politique* (suite) (*Ephém.*, 1766, t. VI, p. 65 et s.) ; c'est la continuation d'une étude sur la situation politique et économique de la Russie; à partir de cet endroit, la théorie physiocratique y apparaît; *Réponse à la Lettre d'un Américain sur l'esclavage des nègres* (*Ephém.*, 1766, t. VI, p. 145 et s.) ; [Conclusion de Baudeau sur la polémique soulevée par Le Trosne et] *Problème politique sur la prospérité des arts et du commerce*

1. L'article du 7 juillet et les suivants ont été publiés postérieurement à l'entrée de l'auteur dans l'Ecole physiocratique; mais ils ont dû être écrits à une date antérieure; Baudeau les a vraisemblablement retouchés avant de les livrer à l'impression; pourtant les traces de Physiocratie n'y sont pas certaines.
2. Etude politique et économique sur la Russie.
3. Etude non exclusivement économique mais qui dans les numéros indiqués ici contient des idées économiques intéressantes.
4. Le second article étant publié par Baudeau postérieurement à sa conversion, il l'attribue à un tiers ; c'est là sûrement un subterfuge. Ce second article n'est que la continuation du précédent dont Baudeau s'était reconnu l'auteur. Les deux forment l'une des neuf lettres qu'il avait rédigées pour répondre à Le Trosne et dont il ne publia que la présente.
5. Remaniement par Baudeau d'une Dissertation envoyée par un correspondant de Quimper, Girard, avocat au Parlement de Bretagne.

(*Ephém.*, 1766, t. VI, p. 247 et s.) ; ces deux articles/dont le second est la suite du premier constituent la profession de foi physiocratique de Baudeau; *Avertissement de l'Auteur* [programme de la Physiocratie] (*Ephém.*, 1767, t. I, p. 1 et s.). [Critique du] *Discours qui a remporté le prix* à *l'Académie royale des Belles-Lettres de Caen* (*Ephém.*, 1767, t. I, p. 160 et s.) ; *Du luxe et des loix somptuaires* (*Ephém.*, 1767, t. I, p. 169 et s.) ; *Recherches sur les terreurs populaires que cause le bon prix des grains et sur les moyens de les calmer* (*Ephém.*, 1767, t. II, p. 19 et s.) ; *De l'origine et de la nécessité des hérédités foncières* (*Ephém.*, 1767, t. II, p. 165 et s.); *Du faste public et privé* (*Ephém.*, 1767, t. III, p. 89 et s.); *Vrais principes du Droit naturel* (*Ephém.*, 1767, t. III, p. 117 et s.); cet écrit fut publié en un volume indépendant sous le titre *Exposition de la loi naturelle*, 1767; [Analyse critique de l'ouvrage intitulé] *Principes de tout gouvernement* (*Ephém.*, 1767, t. IV, p. 117 et s.; V, p. 127 et s.; VI, p. 117 et s. ; VII, p. 119 et s. ; VIII, p. 133 et s.) ; l'ouvrage analysé dans ces articles est de d'Auxiron et pourtant la critique est surtout dirigée contre Forbonnais ; [Analyse critique de l']*Essai sur l'histoire du droit naturel* [de Hübner] (*Ephém.*, 1767, t. I, p. 97 et s.; II, p. 113 et s.; III, p. 107 et s.) [Critique de la] *Théorie des loix civiles, Londres,* 1767 [de Linguet] (*Ephém.*, 1767, III, p. 191 et s.) [Compte rendu de] *L'Ordre naturel et essentiel des sociétés politiques* [de Mercier de la Rivière] (*Ephém.*, 1767, t. VIII, p. 153 et s.; IX, p. 151 et s. ; X, p. 218 et s.; XI, p. 161 et s.; XII, p. 181 et s.); [Critique de] *Eléments du commerce, nouvelle édition,* 1767 [de Forbonnais] (*Ephém.*, 1767, t. IX, p. 176 et s.) ; *Réforme dans la répartition des tailles* (*Ephém.*, 1767, t. VI, p. 189 et s.); *Avis au peuple sur son premier besoin ou Petits traités économiques sur le blé, la farine et le pain* (*Ephém.*, 1768, t. I, p. 73 et s.; II, p. 101 et s. ; IV, p. 85 et s. ; V, p. 98 et s.); ces *Avis au peuple* furent, en outre, insérés dans la *Physiocratie* d'Yverdon (1768, t. IV, p. 217 et s., et V tout entier) et publiés séparément (1768) ; *Résultats de la liberté parfaite et de l'immunité absolue du commerce des grains, de la farine et du pain, et conséquences pratiques de ces résultats* (*Ephém.*, 1768, t. IX, p. 82 et s.); *Avis aux honnêtes gens qui veulent bien faire* (*Ephém.*, 1768, t. X, p. 88 et s.; XI, p. 29 et s.), publié en un volume indépendant (1768); *Catalogue des écrits composés suivant les principes de la science économique* (*Ephém.*, 1768, t. II, p. 191 et s.) ; — [Comptes rendus, dans les *Ephémérides* de 1768, de :] *Réponse du Magistrat de Normandie au gentilhomme de Languedoc sur le commerce des grains* (t. XI, p. 161 et s.), [de], *Mémoire sur les effets de l'impôt indirect* [par Guérineau de Saint-Péravy] (t. XI, p. 167 et s.); [de] *Recueil de plusieurs morceaux économiques par M. Le Trosne* (t. XI, p. 177 et s.); [de] *Chinki* [par l'abbé Coyer] (t. XI, p. 193 et s. ; XII, p. 120 et s.); [de] *Principes sur la liberté du commerce des grains* [par Abeille] (t. XI, p. 195 et s.; XII, p. 138 et s.); [et de]

Lettre sur les émeutes populaires [par un avocat de Rouen] (t. XII, p. 96 et s.); — *Lettres sur les émeutes populaires que cause la cherté des grains et sur les précautions du moment* (1768); dans cet ouvrage, la seconde lettre seule est de Baudeau ; *Lettres d'un citoyen sur les vingtièmes et autres impôts* (1768) ; *Suite des Avis au peuple sur la cherté du pain et le monopole des blés* (*Ephém.*, 1769, t. X, p. 17 et s.); *Lettres à M. l'abbé G*** sur ses Dialogues antiéconomistes* (*Ephém.*, 1769, t. XII, p. 107 et s.); c'est une réfutation des *Dialogues sur le commerce des blés* de Galiani; *Lettres sur l'état actuel de la Pologne* (*Ephém.*, 1770, t. II, p. 16 et s.; III, p. 47 et s.); IV, p. 74 et s.; 1771, t. III, p. 43 et s.; IV, p. 54 et s.; V, p. 46 et s.; [Analyse critique de] *Le Chou-King, un des livres sacrés des Chinois... ouvrage recueilli par Confucius, traduit et enrichi de notes par le P. Gaubel, revu, corrigé sur le texte chinois... par M. de Guignes*, (*Ephém.*, 1770, t. VII, p. 138 et s.; VIII, p. 53 et s.; IX, p. 90 et s.); *Extraits du Chou-King, suivant la nouvelle édition de M. l'abbé Baudeau* (*Ephem.*, 1770, t. X, p. 120 et s.; XI, p. 93 et s.); *Quatrième partie du Chou-King des Chinois* (*Ephém.*, 1770, t. XII, p. 44 et s.; 1771, t. I, p. 113 et s.; II, p. 69 et s.); *Lettre à M. Béardé de l'Abbaye sur sa critique prétendue de la science économique* (*Ephém.*, 1770, t. VII, p. 80 et s.); *Avis économique aux citoyens éclairés de la république de Pologne sur la manière de percevoir le revenu public* (*Ephém.*, 1770, t. XI, p. 52 et s.; 1771, t. I, p. 56 et s.). Ont été publiés en un volume indépendant : *Lettres historiques sur l'état actuel de la Pologne et sur l'origine de ses malheurs. Avis économiques aux citoyens éclairés de la République de Pologne* (1772).   A. D.

PREMIERE
INTRODUCTION
A LA
PHILOSOPHIE
ÉCONOMIQUE;
OU
ANALYSE
DES ETATS POLICÉS.

Par un Disciple de l'Ami des Hommes.

Homo homini quid præstat ?

TERENCE.

A PARIS,

Chez
DIDOT l'aîné, Libraire-Imprimeur, rue
Pavée S. André des Arcs.
DELALAIN, Libraire, rue & à côté de la
Comédie-Françoise.
LACOMBE, Libraire, rue Christine.

M. D. CC. LXXI.

Avec Approbation, & Privilege du Roi.

LE TITRE QUI PRÉCÈDE
EST LE FACSIMILE DE CELUI
DE L'ÉDITION ORIGINALE

———

Les chiffres qui se trouvent entre [ ] dans le corps du présent volume indiquent la pagination de l'édition originale.

AVIS AU LECTEUR

NE CHERCHEZ point dans cet Ouvrage élémentaire les charmes d'une lecture amusante ; vous y seriez trompé. J'ai cru que mon seul devoir étoit d'être simple, clair et précis. J'ai tâché de le remplir. Les Ecrits du genre didactique ont aussi leur mérite quand ils sont bien faits. Ce n'est pas celui de se faire dévorer avec grand plaisir par tout le monde, comme les Ouvrages d'agrément ; c'est celui de se faire étudier par un petit nombre d'Amateurs, *avec sérénité* ; c'est-à-dire sans distraction et sans ennui.

Je n'aspire qu'à ce dernier degré [4] d'honneur littéraire, et je me me croirai trop heureux si je l'obtiens. Tout Ecrivain qui ne fait qu'exposer les éléments d'une Science dont il n'est pas le premier Auteur, n'en doit pas prétendre davantage.

Le Corps de Doctrine auquel cet Ouvrage doit servir d'Introduction est celui de mes maîtres, le Marquis de Mirabeau, si célebre sous le nom d'*Ami des Hommes*, et le Docteur Quesnay, que j'ai nommé le *Confucius d'Europe*, titre trop bien mérité pour qu'il ne lui soit pas confirmé par son siecle et par la postérité, comme il l'est déja par une Ecole nombreuse et zélée pour le bien de l'humanité, qui se glorifie de l'avoir pour Chef.

Je dis Ecole philosophique, dans [5] le même sens qu'on a dit Ecole de *Zénon*, de *Pythagore*, du *Confucius Chinois*. J'espere, pour le bonhenr des hommes, que celle des *Economistes* n'aura pas de moindres succès. Honoré des bontés particulieres de ces premiers maîtres, je n'ai rien tant à cœur que de répandre le plus qu'il est possible la connoissance de leurs Principes. Ils forment une vraie Science, qui ne le cede peut-être pas à la Géométrie même, pour la conviction qu'elle porte dans les ames, et qui surpasse certainement toutes les autres par son objet, puisque c'est le plus grand bien-être, la plus grande prospérité de l'espéce humaine sur la terre.

C'est dans cette vue, que je me suis proposé de publier successive[6]ment quelques Ouvrages élémentaires pareils à celui-ci. Le succès du premier essai me décidera sur la suite de l'exécution.

Voici l'objet du premier Traité que je mets à la tête de tous les autres, parcequ'il contient les définitions fondamentales et même en quelque sorte le résumé général, où le coup d'œil presque universel de la Doctrine économique.

Les Sociétés policées, surtout les Empires vastes et florissants, offrent un spectacle si grand et si varié d'êtres de toute espece, qu'ils semblent former l'objet le plus compliqué dont l'esprit humain puisse s'occuper, le plus impossible à réduire par analyse à quelques principes simples, faciles à démêler et à calculer.

[7] Les Philosophes Economistes pensent au contraire qu'il est très aisé de distinguer un petit nombre de premiers Eléments, dont la combinaison forme les plus grands

Etats ; d'acquérir une idée claire et distincte de chacune de ces parties, et d'assigner avec précision le rapport qu'elles ont entr'elles.

C'est donc cette Analyse économique des Etats policés que je me propose de développer. Je la crois très utile pour faciliter, non seulement la théorie, mais encore la pratique de l'Economie publique, ou privée, d'où dépendent le bien-être des Hommes et la prospérité des Empires.

Au reste, analyser n'est pas créer. Ainsi les Personnes instruites ne [8] doivent chercher ici de nouveau, qu'un Système simple et clair, suivant lequel on puisse classer les parties qui composent réellement les Etats policés, et assigner leurs rapports d'une manière facile à comprendre, à retenir et à mettre en pratique.

TABLE.

Fin de la Table.

PREMIÈRE INTRODUCTION

A LA

PHILOSOPHIE ÉCONOMIQUE

OU

ANALYSE DES ÉTATS POLICÉS

CHAPITRE PREMIER.

Analyse des trois sortes d'Arts qui s'exercent dans les Etats policés.

Nº. PREMIER.

De la Nature et de l'Art en général.

L'HOMME ne peut se conserver sur la terre, s'y procurer le bien-être, qu'en [2] appliquant à cet usage des objets dont les jouissances utiles ou agréables nous préservent de la douleur et de la mort, perpétuent les individus ou l'espece, et nous font une vie douce, une existence commode.

J'ose croire que cette première idée n'a pas besoin d'être éclair-cie. Les objets propres à nos jouissances utiles ou agréables s'appellent des *biens.*

Mais tous ces objets de jouissances, tous ces biens, même ceux qui paroissent les plus composés, se réduisent en dernière analyse à des productions naturelles plus ou moins façonnées.

La première distinction économique sembleroit donc celle de la nature, qui produit les objets propres à notre conservation, ou à notre bien être ; de l'art qui les assemble, qui les divise, qui les polit en mille et mille manieres différentes.

En effet, quand on réfléchit sur les [3] productions naturelles que l'industrie façonne dans les grandes sociétés, pour en former divers objets propres à nos jouissances, on reconnoit bientôt que ces productions, même dans leur état-brut, ou dans leur plus grande simplicité primitive, sont, il est vrai, des présents de la *nature*, mais aussi des effets de l'*art* et même de trois especes d'arts qui s'exercent dans les états policés ; c'est-à-dire, de l'art social, de l'art productif et de l'art stérile. C'est ce que je dois expliquer.

Nᵒ. II.

De l'Art fécond ou productif.

L'homme policé a poussé la réflexion, la prévoyance et l'adresse jusqu'au point de préparer, d'assurer, de multiplier les productions naturelles, d'où dépendent sa conservation et son bien-être.

Tous les animaux travaillent jour[4]nellement à se procurer la jouissance des productions spontanées de la nature, c'est-à-dire, des aliments que la terre leur fournit d'elle-même.

Quelques especes plus industrieuses amassent et conservent ces mêmes productions, pour en jouir dans la suite. Presque tous ceux qui nous sont connus façonnent plus ou moins leur habitation, le lieu de leur repos, celui qui sert à l'éducation de leurs petits.

L'homme seul destiné à étudier les secrets de la nature et de sa fécondité, s'est proposé d'y suppléer, en se procurant, par son travail, plus de productions utiles qu'il n'en trouveroit sur la surface de la terre inculte et sauvage.

Cet art, pere de tant d'autres arts, par lequel nous disposons, nous sollicitons, nous forçons pour ainsi dire la terre à produire ce qui nous est propre, c'est-à-dire, utile ou agréable, est peut-[5]être un des caracteres les plus nobles et le plus distinctif de l'homme sur la terre.

On l'appelle art fécond ou productif, parcequ'il travaille directement et immédiatement à opérer la plus grande fecondité de la nature ; à tirer du sein de la terre une plus abondante récolte de productions ; à préparer, assurer, et multiplier la naissance des objets utiles à notre conservation et à notre bien-être.

La fécondité de la nature et de ses productions fait donc l'*objet* de cet art, puisque c'est pour aider, pour multiplier les opérations de cette fécondité, que nous l'employons, avant la naissance des productions, pour que la récolte en soit plus certaine et plus abondante.

La production naturelle, prise dans son état brut, ou dans sa plus grande simplicité primitive caractérise donc cet art fécond ou productif, dont elle est l'effet.

[6] Il s'exerce sur les trois regnes de la nature. Car l'homme policé fait usage des animaux, des végétaux et des minéraux divers.

On peut donc subdiviser l'art fécond ou productif, en trois arts suivant ces trois regnes.

La chasse et la pêche raisonnées et préparées, l'éducation et la multiplication des animaux plus ou moins domestiques est le premier.

L'agriculture proprement dite forme le second.

L'art de tirer les minéraux quelconques du sein de la terre fait le troisieme.

Tous les trois appartiennent à l'art fécond, ou productif, qui est la *cause* de la récolte et de son abondance.

Nº. III.

De l'Art stérile ou non productif.

Quand la terre préparée, sollicitée, [7] forcée même, pour ainsi dire, à devenir plus féconde, nous a donné des productions propres à nos jouissances ; la plupart ne sont pas encore en état de servir à notre conservation, à notre bien-être, dans l'état brut de leur simplicité primitive.

Mais la réflexion, l'adresse, l'expérience ont appris aux hommes à varier presque à l'infinie les objets de leurs jouissances, par les formes différentes qu'ils savent donner aux productions de la simple nature : par les divisions et les altérations qu'ils leur font subir : par la maniere dont ils les assemblent ou les incorporent l'une à l'autre.

Il est donc une seconde espece d'arts, qui s'emparent des productions, après que la fécondité de la nature les a données ; qui ne destine pas (comme l'art fécond ou productif) ces fruits naturels à revivre dans une postérité semblable à eux, ou à servir de moyens [8] préparatoires, de moyens productifs d'une nouvelle et plus ample récolte du même genre, mais qui se propose seulement de les façonner, afin que la jouissance en devienne plus utile ou plus agréable.

On appelle cet art *stérile*, infécond ou non productif par opposition à l'art fécond ou productif, parcequ'en effet il s'exerce sur les productions naturelles, non pour aider et pour augmenter leur fécondité; non pour qu'elles se reproduisent et se multiplient, mais au contraire pour les rendre elles-mêmes prochainement et immédiatement utiles aux jouissances des hommes, aux dépens de cette même fécondité, qui périt sous la main de l'art stérile.

Les arts non productifs, bien loin d'être inutiles, font dans les états policés le charme et le soutien de la vie, la conservation et le bien-être de l'espece humaine.

[9] La plupart même de ces arts stériles exigent beaucoup d'esprit naturel et de science acquise, pour les exercer comme ils le sont dans les grands Empires florissants.

Ce n'est donc pas pour déprécier ou avilir cette espece d'industrie très utile, très nécessaire, qu'il faut distinguer l'art fécond ou productif de l'art stérile, ou non productif. C'est qu'en effet l'un prépare et augmente la fécondité de la nature et de ses productions, l'autre se contente d'en profiter. L'un s'occupe des productions futures pour en procurer la naissance, l'autre ne s'occupe que des productions déjà nées pour en préparer la jouissance ou la consommation.

Dans les grands Etats policés, où presque tout le sol est cultivé, il n'existe que très peu de productions spontanées. C'est-à-dire, de productions qui naissent d'elles-mêmes, sans aucun travail hu-[10] main préparatoire. Presque toute récolte est donc effet subséquent du travail fait par quelqu'un des arts féconds, ou productifs.

Mais aussi, dans ces Empires florissants, comme il n'est que très peu de productions naturelles employées dans leur état brut ou de simplicité primitive, presqne toute récolte est la cause antérieure du travail à faire par quelques-uns des arts stériles ou non productifs.

Je le répete, en finissant, stériles par opposition à l'art fécond, mais non par opposition à utiles, comme quelques-uns seroient tentés de le croire; car au contraire ces arts sont dans un Etat policé d'une très grande utilité, d'une très grande nécessité. Les productions qu'ils employent servent immédiatement aux jouissances qui sont la conservation et le bien-être des hommes. Elles y contribuent tant par leurs qua[11]lités naturelles, que par les formes qu'elles ont acquises.

Mais les productions employées par l'art fécond ou productif servent au contraire *immédiatement* à la réproduction, à la multiplication des dons de la nature, et ce n'est que dans leur postérité, s'il est permis de s'exprimer ainsi, qu'elles servent *médiatement* à toute autre espece de jouissance.

N°. IV.

Des subsistances et des matieres premieres.

Telle est la loi de la nature, que les objets propres à nos jouissances périssent tôt ou tard, par l'usage même que nous en faisons. C'est ce qu'on appelle consommation.

Mais il est aisé de voir que les uns sont de consommation subite, totale et momentanée : les autres de consommation lente, partielle et successive.

Nos aliments, nos boissons, les ma-[12]tieres que nous brulons pour divers usages sont de la premiere espece. Nos habitations, nos meubles, nos vêtements sont de la seconde.

La premiere s'appelle donc, pour abréger, les *subsistances* : la seconde s'appelle, dans l'état brut ou de simplicité primitive, les matieres premieres des ouvrages de l'art, et pour l'ordinaire, en deux mots, *matieres premieres.*

Ainsi tous les êtres physiques quelconques existants dans l'Empire le plus vaste et le plus florissant se réduisent, par une analyse bien simple et bien naturelle en subsistances des êtres vivants, et en matieres premieres des ouvrages de l'art.

Quand on considere cette masse générale des subsistances et des matieres premieres dans l'état de simplicité primitive, telle que l'art fécond ou productif la reçoit chaque année des mains de la nature ; on l'appelle la réproduction [13] totale annuelle de l'état, ou simplement la réproduction.

C'est pourquoi, dans le langage économique, le mot réproduction signifie l'assemblage universel des subsistances et des matieres premieres, dont une partie doit être consommée subitement par les êtres vivants, l'autre usée lentement après avoir été plus ou moins façonnée.

Nᵒ. V.

Des Richesses.

Les objets propres à nos jouissances utiles ou agréables sont appellés des *biens*, parcequ'ils procurent la conservation, la propagation, le bien-être de l'espece humaine sur la terre.

Mais quelquefois ces biens ne sont pas des *richesses*, parcequ'on ne peut par les échanger contre d'autres biens, ou s'en servir pour se procurer d'autres jouissances. Un beau temps, une bonne [**14**]santé, une belle ame, sont des biens sans êtres des richesses. Les productions de la nature, ou les ouvrages de l'art les plus nécessaires et les plus agréables cessent d'être richesses, quand vous perdez la possibilité de les échanger et de vous procurer par cet échange d'autres jouissances. Cent mille pieds des plus beaux chênes de l'univers ne vous formeroient point une *richesse* dans l'intérieur de l'Amérique septentrionale où vous ne trouveriez point à vous en défaire par un échange.

Le titre de *richesses* suppose donc deux choses : premierement les qualités usuelles, qui rendent les objets propres à nos jouissances utiles ou agréables, et qui les constituent des *biens* : secondement la possibilité de les échanger, qui fait que ces biens peuvent vous en procurer d'autres, ce qui les constitue *richesses*.

Cette possibilité de l'échange sup[**15**]pose qu'il existe *d'autres biens* contre lesquels on peut les échanger.

Mais parmi les simples productions naturelles, les subsistances périssent chaque année, chaque jour, chaque moment, par la consommation subite qu'en font les êtres vivants. On appelle ces biens les *richesses* sans cesse périssantes et renaissantes, ou *richesses de consommation subite*.

Au contraire, les matieres premieres se conservent plus ou moins long-tems, suivant les ouvrages qu'on en forme, et suivant leurs qualités naturelles. La plupart des ouvrages de l'art ne s'usant que peu à peu, procurent les mêmes jouissances pendant plusieurs jours, plusieurs mois, plusieurs années, et même quelques-uns pendant plusieurs siécles.

Ces biens s'appellent *richesses de durée* ou de conservation.

Mais il est très essentiel de remarquer [**16**] ici comment se forment esses de durée ou de conservation. C'est par les façons que reçoivent les matieres premieres, et par la consommation des subsistances que font les ouvriers, en donnant ces formes aux matieres.

Cette observation est absolument nécessaire pour éviter un double emploi qu'on fait souvent dans le calcul des richesses d'un Etat.

On dit communément qu'il y a deux sortes de richesses, les unes naturelles, les autres insdustrielles, ou formées par l'industrie des arts stériles. On appelle quelquefois les unes richesses primitives, les autres richesses secondaires. Il y a dans cette maniere de parler un fonds véritable, mais quand on ne s'explique pas plus claire-ment, il peut en résulter de doubles emplois dans le calcul des richesses, et de très grandes erreurs dans toutes les parties de la théorie politiqne ; erreurs qui sont la source [17] de plusieurs fautes graves dans la pratique de l'administration.

Dans la réalité il y a deux manieres de jouir des productions naturelles, soit matieres premieres, soit subsistances. L'une de ces manieres est de les employer ou consommer de telle sorte qu'il n'en reste plus rien; que toutes ces productions soient absolument détruites, et ne procurent plus aucune autre jouissance : telles sont toutes les consommations qu'on fait en ne travaillant pas aux ouvrages de durée.

L'autre maniere consiste à façonner une portion des matieres, en consommant d'autres productions naturelles; de telle sorte qu'il reste un ouvrage solide capable de procurer des jouissances.

Mais il y auroit plus que de la confusion, il y auroit de l'erreur à ne pas observer que tout le réel se réduit néanmoins aux produc-tions de la nature; [18] que de ces productions une portion a péri par la consommation, l'autre portion reste avec une forme qui pro-cure certaine jouissance.

Pour mieux concevoir l'identité parfaite de ces deux prétendues especes de richesses; donnez-moi toutes les richesses naturelles (ou toutes les productions nées et à naitre dans leur état brut, de sim-plicité primitive; toutes les subsistances, toutes les matieres pre-mieres) que ce soit là mon lot. Prenez pour le vôtre en idée toutes les richesses industrielles, et tâchez de la réaliser cette idée. Voyez si vous n'êtes pas obligé de venir prendre à mon lot, d'abord chaque objet réel, dont vous devez former le vôtre, c'est-à-dire toutes les matieres premieres et toutes les subsistances; puis même, si vous voulez échanger votre ouvrage, tous les objets réels dont vous préférez la jouissance à celle des matieres par vous façonnez.

[19] Les richesses industrielles sont donc une portion des richesses naturelles, et pour analyser avec exactitude, avec précision, il faut dire, les productions toutes simples forment la masse générale des richesses. Elles viennent d'abord entre les mains de l'art productif qui les arrache à la fécondité de la nature, c'est-là le tout. Mais quelques-unes de ces productions, qui ne sont qu'une partie du même tout, passent entre les mains de l'art stérile qui leur donne une forme : voilà les richesses de durée.

Toute la masse des richesses est donc crée d'abord par l'art fécond ou productif; l'art stérile ou infécond, ne fait donc que varier la maniere de jouir des richesses naturelles.

Nº. VI.

De l'Art social.

Quand on réfléchit sur l'état actuel de [20] l'art fécond ou productif, et de l'art stérile ou non productif, dans les grands Empires policés; on voit que l'un et l'autre ne doivent leur développement, leur perfection qu'à la société.

J'appelle *société* les communications des hommes entr'eux, la combinaison de plusieurs intelligences, de plusieurs volontés, de plusieurs forces réunies et tendantes au même but; les relations multipliées par l'instruction, par l'exemple, par l'émulation.

Pour que l'industrie productive et l'industrie façonnante fleurissent dans un Etat; il faut que les hommes sachent, il faut qu'ils veulent, il faut qu'ils puissent se livrer aux travaux de l'art fécond, à ceux de l'art stérile.

Savoir, suppose l'instruction, l'exemple ou le loisir de réfléchir et d'inventer.

Vouloir, suppose la liberté d'opérer, et la certitude de profiter de son travail.

Pouvoir, suppose des moyens de dé[21]penser par avance, des instruments, des préparations, des secours.

Si vous supposez les hommes bruts, ignorants et stupides; si vous les supposez sans cesse occupés à se dépouiller, à se déchirer, à se détruire : si vous supposez qu'ils ne se prêtent aucun secours, qu'ils n'ont point établi et facilité de communications entr'eux, qu'ils n'ont point donné de préparations au sol qu'ils habitent, pour le rendre plus fécond ; ce n'est plus un Etat policé que vous imaginez, c'est une horde de Sauvages, dans une terre inculte. A peine y trouverez-vous les plus grossieres ébauches de l'art productif et de l'industrie façonnante.

Au contraire, plus vous verrez d'instruction, de bon exemple, et de développement de l'industrie dans les esprits ; plus vous verrez de justice et de bienfaisance dans les ames, de tranquillité, de respect pour le travail d'autrui, et [22] pour les fruits de ce travail, de concours des forces, des intelligences, des volontés pour de grands objets qui l'exigent ; plus vous verrez de grandes avances pour multiplier la production, ou pour en étendre l'usage, pour la rendre utile et agréable ; plus aussi vous serez sûr que l'Etat est policé, que l'art productif et l'art stérile y sont en prospérité.

Il y a donc dans les Etats policés, des causes effectives auxquelles tous les arts tant productifs que stériles doivent leur naissance : des conditions antérieures, sans lesquelles ces arts ne pourroient ni naître ni se perfectionner, mais par le moyen desquelles ces arts fleurissent de plus en plus les uns et les autres.

Ces conditions les voici en trois mots, *instruction, protection, administration.* C'est ce qui fait la premiere essence des États policés. C'est par ces trois moyens véritablement efficaces que les arts pro[23]ductifs et les arts stériles y fleurissent de plus en plus.

L'instruction opere que les hommes savent pratiquer ces arts utiles et agréables ; la protection opere qu'ils le veulent ; la bonne administration opere qu'ils le peuvent.

Tous les trois sont proprement l'exercice de l'*autorité*. L'art d'exercer l'autorité, de la perfectionner de plus en plus, est celui que j'appelle art social, le premier de tous, le principe et la cause de tous les autres.

N°. VII.

Utilité de l'Art social.

L'exercice de l'autorité (c'est-à-dire l'instruction, la protection, l'administration) qui sont les causes de la prospérité des Empires, forme donc l'objet de *l'art social.*

1º. La nécessité de l'instruction vient de ce que l'homme brut et abandonné à lui-même, ne développeroit ni les fa[24]cultés de son esprit, ni celles de ses organes. Il languiroit dans l'inertie, il seroit trop souvent stupide, paresseux, sujet à la colere et à la cupidité, meres des violences. Il n'écouteroit souvent que des desirs fougueux, n'ayant ni la prévoyance qui les empêche de naître, ni l'habitude de réfléchir, qui les tempere ; de là naitroient trop communément des usurpations, des représailles, des vengeances.

L'utilité de l'instruction vient de ce que l'homme enseigné est capable de pousser de plus en plus à leur perfection toute espece de vertus bienfaisantes et de justice exacte, toutes sortes de sciences, tous les arts utiles et agréables.

L'instruction, qui contient l'enseignement, l'exemple, l'émulation, est le moyen de former le cœur, l'esprit et les organes des hommes ; chacun suivant leurs talents et leur condition ; [25] d'en développer avantageusement toutes les facultés, de les tourner autant qu'on peut et de plus en plus vers le grand objet des Etats policés, c'est-à-dire d'abord, vers la prospérité de l'art fécond ou productif, puis par elle vers la prospérité des autres arts, qui en est l'effet.

Par la continuité, par la généralité, par la perfection de l'art d'instruire, les hommes s'approprient de bonne heure le résultat des réflexions, des expériences, et des succès de plusieurs générations et de plusieurs siécles. Et c'est cette appropriation qui développe les facultés de l'esprit, du cœur ou des organes corporels, qui en dirige l'emploi vers le bien commun des Etats policés et de l'humanité.

2º. La protection ou la puissance tutélaire est de deux sortes. L'une est intérieure, elle empêche, réprime et punit les usurpations faites par violence ou [26] par fraude sur les propriétés des hommes réunis en société ; c'est ce qu'on appelle plus communément justice distributive, c'est la justice civile ou criminelle, qui fait jouir chaque citoyen de sa liberté personnelle, de ses possessions et de ses droits légitimement acquis.

L'autre est extérieure ; c'est la force publique militaire et politique de l'Etat, qui le garantit des invasions du dehors.

La nécessité de la protection ou de la puissance tutélaire, vient de l'inclination trop réelle qu'ont les hommes à l'usurpation et aux violences, parcequ'il nous est naturel à tous de vouloir jouir. Or il semble plus facile et plus prompt de s'approprier le fruit du travail d'autrui, que de travailler soi-même pour acquérir des jouissances légitimes.

Dans le vrai, l'usurpation et la violence sont les moyens les plus couteux, les plus dangereux, les plus odieux pour chaque individu, puisqu'ils engendrent [27] la haine, la vengeance, les représailles, les combats : au moins la crainte, le péril et les remords.

Ils sont évidemment tout en perte pour l'espece humaine prise en général, puisque tout usurpateur pourroit créer ou mériter légitimement les objets propres à ses jouissances, et cela souvent sans être obligé d'employer autant de force, d'adresse et de tems qu'il en met pour préparer, pour exécuter, pour pallier ou soutenir ses usurpations.

Il n'en est pas moins vrai que dans la fougue des desirs, l'homme est malheureusement enclin à l'usurpation, à la violence, à la fraude. Et c'est là ce qui rend nécessaire la protection publique ou la puissance tutélaire.

L'utilité de la protection ou de l'autorité garantissante, (sur-tout quand elle est précédée de l'instruction qui rend communément les hommes meilleurs, en les rendant plus éclairés et plus in[28]dustrieux); cette utilité, dis-je, vient de ce que dans les Etats policés, lorsque la puissance publique est bien organisée; lorsqu'elle est partout présente, agissante, imposante, elle prévient et réprime les attentats de la violence ou de la fraude privée, par une justice exacte; elle contient ou repousse les usurpateurs du dehors, par la force militaire de l'état et par l'efficacité de ses relations politiques avec de bons et fidéles alliés.

3°. Enfin, l'administration comprend tous les travaux tant généraux que particuliers, qui disposent le sol ou le territoire d'un Etat à l'exercice, à la prospérité de tous les arts féconds ou productifs, puis de tous les arts stériles qui en sont l'effet.

La nécessité de cette administration se tire de ce que la terre inculte et sauvage a besoin de préparations, pour devenir un Empire organisé, une société policée.

[29] Car il faut y former des *propriétés particulieres*, c'est-à-dire, des portions de terres toutes prêtes à recevoir la culture, à produire abondamment, à être récoltées commodément. Ce qui suppose, comme tout le monde sait, les défrichements ou l'enlevement des obstacles naturels opposés à la culture, à la fécondité, à la facilité des récoltes; (tels que les pierres, les sables, les buissons), l'extir-

pation des racines, des mauvaises plantes ou des arbres inutiles, et la substitution des bons à leur place ; l'écoulement convenable des eaux, ou les commodités des arrosements, les clôtures, les abris contre les vents, contre le hâle, contre les animaux destructeurs; enfin, les édifices convenables pour loger les Cultivateurs, leurs instruments, leurs troupeaux et leurs denrées.

C'est là ce qu'on appelle *avances foncieres* : c'est ainsi que l'administration [30] privée forme des propriétés particulieres sur le territoire de l'Etat.

Il faut en même-tems y former les grandes propriétés publiques, qui font valoir celles des particuliers. Les chemins, les canaux, les rivieres navigables, les ponts, les ports, les villages, les villes, et tous les autres grands ou petits édifices publics.

C'est l'administration générale et suprême qui forme ces grandes propriétés publiques par ses *avances souveraines.*

L'utilité de cette administration, tant privée que publique, n'est pas douteuse. Elle vient de ce qu'un territoire ainsi disposé, par de grandes avances de l'un et de l'autre genre, peut entretenir un nombre prodigieux d'hommes dans l'abondance et la prospérité; tandis qu'un sol tout pareil, de même étendue, mais dénué de ces avances, n'en entretiendra qu'un petit nombre, ayant peu de jouissances.

[31] Instruire, protéger, administrer, voilà donc l'autorité ou l'art social.

Dans les Etats policés, la perfection de l'art social est une cause de prospérité pour l'art fécond ou productif, et pour l'art (utile, nécessaire même) que j'appelle stérile, c'est-à-dire infécond ou non productif, qui ne fait pas naître les productions, mais qui leur donne une forme, et qui rend par cette forme les jouissances plus variées, plus utiles ou plus agréables.

[32]   CHAPITRE II.

Analyse générale des trois Classes d'Hommes qui
composent les Etats policés.

Article premier.

Analyse morale.

Il y a deux manieres d'envisager la masse totale des biens, ou la
somme générale des jouissances útiles et agréables, qui font la
conservation et le bien-être de l'espece humaine sur la terre.

Les uns ne considerent cette masse que dans son état actuel; ils
la regardent comme si elle étoit nécessairement bornée à cet état :
en conséquence ils tâchent de s'en assurer une portion, la meilleure
qu'il leur soit possible, et de l'appliquer à leur bien-être particulier, sans penser aucunement à l'augmentation de la somme totale
de ces biens : [33] augmentation dont ils ne paroissent même pas
soupçonner la possibilité.

Les autres, au contraire, prennent pour principe « que la fécon-
« dité de la nature et l'industrie des hommes n'ont point de limites
« qu'on puisse connoître et assigner; que la réproduction annuelle
« des subsistances et des matieres premieres peut s'accroître sans
« cesse; que les richesses de consommation et de durée peuvent se
« multiplier d'années en années ; qu'ainsi le nombre des hommes et
« leur bien-être peuvent augmenter de plus en plus ». En conséquence ils désirent cet accroissement continuel et progressif : ils se
font un devoir d'y contribuer autant qu'il est en leur puissance.

Les hommes qui pensent ainsi dans la spéculation, et qui se con-
duisent en conséquence dans la pratique, sont les vrais amis de
l'humanité.

Mais il faut mettre une distinction [34] entre ceux qui ne s'occupent à opérer leur bien-être personnel qu'en s'attribuant à eux-
mêmes une portion des biens actuellement existants, sans penser
et sans concourrir à l'accroissement continuel et progressif de la
masse totale.

Les uns usurpent ou par la force ou par la fraude, les fruits du travail d'autrui ; ils enlevent à d'autres hommes des jouissances que ce travail leur auroit procurées : ou, ce qui revient au même, ils les empêchent de se procurer ces jouissances. Ceux-là sont criminels.

Or, il y a, comme on sait, des dégrés dans le crime ou dans l'usurpation des jouissances.

Il est impossible d'usurper des biens, sans causer une diminution dans la masse totale. C'est-à-dire, que toute usurpation rend nécessairement et infailliblement cette masse moindre qu'elle n'auroit été sans l'usurpation. Car l'usurpateur emploie toujours une force, une [35] industrie, une avance plus ou moins grandes, à dépouiller autrui. S'il les employoit à quelques travaux d'un des trois arts qui constituent les Etats policés, les fruits de cet emploi ou de ce travail existeroient de plus.

La grandeur du crime est donc proportionnelle au *délit* ou à la destruction. C'est-à-dire, au préjudice que l'usurpation cause à la masse générale des biens, ou à la somme totale des jouissances utiles ou agréables.

Presque toute usurpation de jouissances détruit beaucoup plus de biens qu'elle n'en attribue à l'usurpateur. Il en est de telle sorte, que l'usurpateur détruit mille et mille fois plus qu'il ne jouit. Que ceux-là sont détestables, quand ils savent le mal qu'ils opérent ! qu'ils sont malheureux, quand ils ne le savent pas ! *détruire, usurper, empêcher* les jouissances : voilà donc le délit.

Le contraire du crime qui détruit, [36] c'est la *bienfaisance* qui augmente la masse générale des biens ou la somme totale des jouissances par une espece de création. C'est-à-dire, par l'accroissement continuel et progressif des travaux qui appartiennent aux trois arts caractéristiques des sociétés policées, à l'art social, à l'art productif, à l'art stérile.

La bienfaisance (j'entends la bienfaisance générale, en grand, qui a pour objet l'espece humaine toute entiere, non la bienfaisance particuliere en petit, qui a pour objet de compassion ou de générosité tel ou tel individu) la bienfaisance est donc proportionnelle à l'accroissement que reçoit la somme totale des jouissances utiles ou agréables, qui font le bien-être et la perpétuité de notre espece.

Entre la bienfaisance créatrice et l'usurpation destructive, il y a la *justice*, qui consiste à mériter sa portion dans la masse générale existante, sans concou[37]rir à son accroissement, mais aussi sans nuire, sans empêcher et sans usurper.

L'effet de la justice est de maintenir la somme totale des biens. C'est le premier besoin de l'espèce humaine en général et le premier devoir de chaque homme en particulier. Car il faut que quelque créature humaine souffre ou meure quand on retranche quelqu'un des objets de jouissances.

Donc à considérer les hommes suivant le mérite ou la moralité de leurs actions ; il y en a qui concourent simplement à l'entretien de la masse des biens actuellement existants : il y en a qui concourent à l'accroissement continuel et progressif de cette masse ; il y en a malheureusement qui concourent à sa diminution, qui détruisent, qui usurpent, qui empêchent.

Les premiers sont justes, les seconds sont bienfaisants, les autres sont crimi[38]nels. C'est-là ce que tout homme doit trouver écrit dans son ame.

ARTICLE II.

Analyse politique.

Après s'être ainsi rappellé l'idée claire et précise du mérite morale des hommes et de leurs actions en général ; quand on veut l'appliquer en détail, il faut partager en trois classes tous les hommes qui composent le peuple le plus innombrable d'un Etat policé.

Ces trois classes sont relatives aux trois sortes d'arts qui caractérisent les sociétés policées.

Ainsi les hommes occupés aux travaux de l'art social forment la premiere classe. Les hommes occupés aux travaux de l'art productif forment la seconde. Les hommes occupés aux travaux de l'art stérile forment la troisieme. Je range les trois classes suivant [39] l'ordre de leur *causalité* ; c'est-à-dire, suivant l'ordre de l'influence ou de l'efficacité des travaux de l'une sur les travaux de l'autre, et sur les fruits de ces travaux.

Je commence par analyser simplement ces trois classes, pour expliquer ensuite le plus clairement que je pourrai, comment dans chaque division des trois classes, les hommes peuvent, ou être justes, ou exercer la bienfaisance, ou se rendre coupables de délit.

[40]   CHAPITRE III.

Analyse particuliere de la premiere Classe.

C'est l'art social qui caractérise cette premiere classe. Elle renferme donc tous les hommes dévoués à l'exercice de l'autorité
publique, et même tous ceux qui remplissent les fonctions de l'administration privée, ou qui font les avances foncieres. Ce qui
forme deux divisions de cette premiere classe. Savoir, 1º. celle du
Souverain, et 2º. celle des propriétaires fonciers.

On l'appelle en général classe des nobles ou des propriétaires, et
pour abréger, classe *propriétaire*. En effet, la seconde division de
cette classe est totalement composée des hommes qui possédent les
héritages privés, et qui sont chargés des avances foncieres; ainsi
cette seconde division forme proprement une classe propriétaire.

[41] Mais puisque la premiere division est composée de tous ceux
qui exercent l'autorité souveraine; et puisque l'une des principales
fonctions de cette autorité est de former, de maintenir, de perfectionner les grandes propriétés publiques, qui rendent plus immédiatement le sol de l'Etat susceptible des travaux de l'art productif, et
par conséquent de l'art stérile : on regarde encore avec raison l'autorité souveraine comme la premiere et la plus grande propriétaire
d'une société policée. Ses propriétés étant réellement étendues sur
toute la surface de l'Etat.

Le nom de propriétaire convient donc à l'une et à l'autre division
de la premiere classe; mais la nature même de ses fonctions et de
ses droits la peut faire nommer aussi classe des nobles, et en ce sens,
la noblesse bien loin d'être une chimere, ainsi qu'on le dit quelquefois, est une réalité très utile aux Empi[42]res civilisés, comme je
le ferai voir par l'importance des travaux qui caractérisent cette
premiere classe, et par leur influence sur la prospérité générale des
Etats, pour le bien-être de l'humanité.

ARTICLE PREMIER.

Analyse de la premiere division en trois Ordres de Mandataires
du Souverain.

Tout Etat policé n'est proprement qu'une grande famille composée de plusieurs petites familles particulieres, et l'autorité publique n'est que le devoir et le droit de pourvoir à l'instruction, à la protection, à l'administration universelle.

Mais le chef d'une famille particuliere a souvent besoin de s'associer des coopérateurs pour l'accomplissement de ses devoirs et l'exercice de ses droits, parce-que la multitude et la variété des soins qu'ils exigent, demandent plus de forces [43] physiques et morales qu'un seul homme n'en peut employer.

A plus forte raison le chef de la grande famille, qui est le Souverain, a-t-il besoin de s'associer, ou plutôt de mettre en mouvement une foule d'agents, sans lesquels il ne pourroit ni accomplir ses devoirs, ni exercer le droit qu'il a de pourvoir à l'instruction, à la protection, à l'administration générale.

Ces agents sont les mandataires et les représentants du Souverain dans tout ce qui regarde l'exercice de l'autorité publique. Ils lui sont comptables de la maniere dont ils s'acquittent des emplois qui leur sont confiés.

On doit donc distinguer trois ordres de mandataires, suivant les trois fonctions de l'autorité publique. Ordre de l'instruction, ordre de la protection, ordre de l'administration.

[44]   Nᵒ. PREMIER.

Premier Ordre de Mandataires du Souverain, ou Ordre de l'Instruction.

Dans le premier ordre sont compris non-seulement les instituteurs publics ordonnés par le Souverain, pour l'éducation qui forme l'esprit et le cœur, qui développe l'adresse, l'industrie et toutes les qualités utiles ; mais encore les Ministres du culte [1], qui n'est à propre[45]ment parler (quant aux effets civils et par relation à

---

1. Les Ministres de la Religion, comme dépositaires et dispensateurs de la Doctrine révélée, ne sont ni mandataires, ni représentants du Souverain. Ils tiennent leur pouvoir et leur mission de Dieu, qui a voulu que l'homme n'apprît immédiatement que de lui les moyens d'être heureux dans l'autre vie. Mais tout ce qui peut contribuer à son bonheur dans celle-ci, est, et du ressort de la raison, et soumis à l'autorité publique, dont elle doit guider la marche. Tous ceux qui peuvent hâter les progrès de la raison, deviennent donc aussi, sous ce point de vue, ministres et agents du Souverain. Ils servent son pouvoir. Il les surveille et doit les encourager.

l'Etat politique comme tel), qu'une continuité d'instruction morale pour les hommes faits. Et aussi les philosophes, les hommes de génie, ceux qui concourrent de quelque maniere que ce soit à instruire les hommes, à perpétuer, étendre et perfectionner les connaissances qui forment et dirigent les trois arts caractéristiques des Etats policés.

Ce premier devoir de l'autorité publique, ce soin de perpétuer, d'étendre, de perfectionner sans cesse l'instruction, n'en est pas moins le plus important de tous, quoiqu'il soit souvent très négligé. [46] Il n'en est pas moins le fondement de tout le reste.

Un Etat prétendu policé, dans lequel on croiroit pouvoir établir l'autorité même et ses fonctions, ainsi que l'art productif et l'art stérile, sur une autre base que l'*instruction universelle*, ne seroit jamais qu'une piramide qu'on voudroit bâtir la pointe en bas.

Au contraire, plus il y aura de principes, de connoissances, d'exercice dans un peuple, plus vous pourrez raisonnablement espérer d'y voir fleurir les trois arts auxquels ces principes, ces connoissances, ces exercices divers sont relatifs, et par conséquent plus vous y devez compter sur la prospérité publique, qui n'est que le résultat des travaux faits par ces trois arts.

Car pour mieux sentir la nécessité de l'instruction universelle, la nécessité de l'étendre et de la perfectionner de plus [47] en plus ; il ne suffit pas de réfléchir qu'on ne fait bien que ce qu'on sait. Il faut encore considérer que plus des trois quarts des hommes n'apprennent pas le quart de ce qu'on leur enseigne, et qu'ils oublient, ou négligent de pratiquer plus des trois quarts de ce qu'ils ont appris ; ensorte que la pratique réelle est avec l'instruction comme un est à soixante-quatre : c'est en cette partie qu'il faut beaucoup semer pour recueillir.

D'ailleurs l'instruction universelle est le premier, le vrai lien social, comme je l'expliquerai dans la suite, quand je traiterai plus expressément de la liberté et de l'autorité.

Les objets de cette instruction universelle sont les trois arts caractéristiques des Etats policés. L'art social, l'art productif, l'art stérile. Son but est d'apprendre le mieux possible à tous les hommes à être justes, et même bien[48]faisants, non usurpateurs ou criminels.

A être justes, c'est-à-dire, à mériter chacun sa portion de la masse des biens actuellement existante. Ce qu'on ne peut faire qu'en remplissant quelque devoir, et en faisant quelque travail d'un des trois arts.

C'est pourquoi la morale économique est la connoissance fondamentale, qui devroit diriger l'instruction universelle, il faudroit que tous les hommes réunis en société eussent une idée claire et bien inculquée des trois arts, des trois classes et de leurs relations, c'est-à-dire, de leurs devoirs et de leurs droits respectifs.

Il n'est point de Nation, même à demi-policée, dont l'universalité ne reçoive par une instruction semi-barbare, plus d'idées plus difficiles et mille fois plus confuses, que celles qui entreroient dans une bonne instruction morale économique.

[49] Les idées dont je parle forment dans chaque Nation le corps de toutes ces erreurs dont les Hommes ont infecté le droit des gens, la législation, la morale, et quelquefois jusqu'à la religion ; elles forment un amas de préjugés faux, inutiles, souvent destructifs de l'humanité, opposés à sa propagation et à son bien-être.

On l'inculque cependant dans toutes les têtes ce ramas d'idées monstrueuses et désolatrices. On le sur-ajoute aux sentiments et aux idées de la nature, qu'il contredit presque toujours de la manière la plus étrange.

Comment pourroit-on croire que l'instruction morale économique, si simple, si claire, si naturelle, si satisfaisante pour l'esprit et pour le cœur, ne pourroit pas être inculquée aussi universellement que les préjugés et les superstitions populaires ?

Cette premiere instruction, uniforme [50] dans son universalité, dont l'objet seroit la morale économique, est la base de tout Etat policé. Elle doit être accompagnée des connoissances qui sont nécessaires, ou du moins très utiles à toutes les divisions des trois arts, telles sont la lecture, l'écriture, les premiers éléments du calcul et de la géometrie la plus simple.

C'est dans cette premiere instruction que les hommes deviennent capables de se procurer de plus en plus leur bien-être : non-seulement en observant toute justice, mais même en perfectionnant de plus en plus quelque portion de l'un des trois arts, en ajoutant ainsi le mérite de la bienfaisance à l'accomplissement du devoir de ne pas détruire, de ne pas usurper, de ne pas empêcher.

Perfection progressive et continuelle, qui suppose, outre l'instruction la plus commune, la plus universelle, la plus uniforme, diverses instructions particulieres relatives à chaque partie diverse [51] des

trois arts, aux divers talents des hommes et à leurs diverses posi-
tions. Instructions particulieres, qui doivent elles mêmes aller de
plus en plus en se perfectionnant.

J'insiste sur l'utilité principale de ce premier devoir de l'autorité,
et je prie qu'on y fasse bien attention ; pour concevoir le motif qui
fait donner, à l'ordre de l'instruction, le premier rang dans la premiere classe des hommes qui composent un Etat policé.

C'est qu'en effet tout le reste de l'art social, tout l'art productif,
tout l'art stérile dépendent de l'instruction. J'entends de la bonne
et véritable instruction morale économique, dont les objets sont les
trois arts caractéristiques des sociétés, leurs principes de théorie,
la pratique de leurs travaux plus ou moins développés, suivant les
personnes et les circonstances.

[52]   N°. II.

Second Ordre de Mandataires du Souverain, ou Ordre
de Protection.

L'instruction morale-économique, prévient beaucoup d'usurpations, mais elle ne les rend pas impossibles, elle ne les empêche pas
toutes ; il faut donc y ajouter la protection ou la puissance tutélaire.

J'ai déja dit qu'elle étoit de deux sortes. Protection civile ou
judiciaire, qui garantit à chacun ses propriétés et sa liberté contre
les usurpations particulières, qu'il pourroit souffrir au dedans de
l'Etat. Protection politique ou militaire, qui garantit les mêmes propriétés, les mêmes libertés contre les usurpations générales qu'on
auroit à redouter du dehors de la société.

La seconde puissance est le rempart et le soutien de la première ;
c'est à-dire, que la justice souveraine a besoin [53] d'être appuyée
par une force militaire capable d'en imposer même aux Nations
voisines en corps, à plus forte raison aux particuliers de la société,
ou même aux confédérations intérieures, plus ou moins nombreuses
que pourroient y faire des usurpateurs.

Ce n'est pas ici que je puis m'étendre beaucoup sur les principes
constitutifs de la puissance judiciaire ou politique, mais je dois les
faire sentir, en même-tems que j'assignerai aux Magistrats, aux
membres du Corps Militaire, aux Ministres de l'art politique, le
rang qu'ils doivent occuper dans l'analyse économique des Etats.

Une bonne législation est donc celle qui atteint le vrai but de la Puissance protectrice, c'est-à-dire, qui garantit à chacun ses propriétés, sa liberté.

Propriété, c'est le fruit de votre travail, c'est un bien qui vous est propre, parceque vous l'avez créé ou mérité en [54] remplissant quelque fonction d'un des trois arts caractéristiques des sociétés policées, ou parceque vous représentez le légitime acquéreur par son choix et sa volonté. La *liberté* sociale est relative à ces propriétés. Être *libre*, c'est « n'être empêché en nulle manière d'acqué- « rir des propriétés, ni de jouir de celles qu'on s'est acquises, je dis, « acquérir, c'est-à-dire mériter à juste titre, non par usurpation.

La loi naturelle étant de se faire à soi-même le meilleur sort possible, sans attenter à la propriété d'autrui, comme je crois l'avoir prouvé dans un Ouvrage à part, (ou pour mieux dire, comme tout le monde le sent au fonds de son ame sans nulle preuve). La liberté sociale, que la justice doit garantir à tous, n'est pas autre chose, quoi qu'en aient écrit de grands Philosophes.

On a dit que cette liberté sociale consistoit « à ne pouvoir être « forcé de faire [55] une chose que la loi n'ordonne pas » : cette définition, pour être bonne, exige qu'on y ajoute le principe fondamental de toute *loi*, sans aucune exception, et le voici.

Le premier objet de la loi est la propriété, la liberté d'un chacun ; c'est à vous conserver, à vous garantir propriété et liberté, que le souverain doit pourvoir par la loi.

Le second objet est l'usurpation et l'usurpateur ; c'est ce qu'il faut empêcher et réprimer.

Quel est le propriétaire ? quel est l'usurpateur ? c'est la première question qui se présente à résoudre dans tout jugement.

Or l'attribution des propriétés n'est jamais arbitraire ; elle a un titre naturel, c'est ou le travail qui a mérité le bien dont la jouissance est réclamée, ou la transmission du légitime acquéreur.

On croit trop souvent que les loix [56] civiles sont attributives des propriétés, et qu'elles ont de même la force de donner aux actions des hommes leur caractère moral de bien ou de mal : ce sont deux erreurs très fécondes en conséquences pernicieuses.

Delà ces prétendues loix si nombreuses, si compliquées, si contradictoires, si mobiles, qui ont tant couté à faire et à maintenir, et qui ont passé rapidement d'âge en âge, malgré tous les efforts de l'autorité trompée.

Nul homme quelconque ne peut rendre *bien* ce qui est *mal*, ne peut faire propriétaire celui qui ne l'est pas légitimement suivant la loi naturelle, par lui-même ou par représentation [1]. [57] Nul assemblage d'hommes n'a ce pouvoir.

Ce sera toujours un délit d'usurper, un mal de concourir à la diminution de la masse des jouissances. Ce sera toujours une justice de contribuer au maintien, à la conservation de cette masse ; on sera toujours propriétaire en vertu de la loi naturelle, des biens qu'on se sera procurés (immédiatement ou par échange) en remplissant ce devoir ; à plus forte raison de ceux qui auroit créés ou surajoutés par bienfaisance à la masse générale.

Cette loi est universelle, et tôt ou tard les hommes reconnoîtront l'injustice et les inconvénients des exceptions qu'elle a reçues ; elle est la raison de [58] toutes les bonnes Loix civiles ; et s'il étoit des volontés qui fussent directement contraires à cette maxime, en vain leur donneroit-on le nom de Loix ; le tems et l'expérience les réduiroient bientôt à leur juste valeur.

Si en faisant telle ou telle action j'usurpe sur la propriété légitimement dévolue à autrui par la loi naturelle vraiement attributive des propriétés, il n'y a pas besoin d'autre loi [2] pour me condamner. Si je n'usurpe pas, quiconque m'empêcheroit ne garantiroit la propriété de nul autre. Mais il usurperoit ma liberté personnelle, la première, la plus chere de mes propriétés. Il feroit donc précisément le contraire de la loi qui me l'attribue, et de la justice qui [59] doit me la garantir envers et contre tous.

Si j'ai un peu insisté sur ce principe fondamental, c'est qu'il a été fort oublié, fort embrouillé et même fort combattu par des systêmes très ingénieux ; c'est qu'on a trop paru vouloir justifier par des raisons d'utilité apparente, des millions de commandements arbitraires opposés les uns aux autres, qui se sont combattus et

1. Les Loix civiles qui ont réglé la transmission des propriétés, n'ont fait qu'indiquer la suite de ces représentations successives. Cette chaîne, si elle n'avoit point été coupée par des usurpations, et si l'ordre naturel avoit toujours été suivi, nous feroit remonter jusqu'à celui qui le premier a défriché et mis en valeur ce terrain. Les Loix qui, à la suite d'une invasion injuste, ont changé en propriété la très longue possession, ont eu également leur motif dans les travaux du possesseur de bonne foi.

2. Qu'on ne conclut point de tout ceci que je nie la nécessité des Loix civiles positives : j'indique la première de toutes les regles, à laquelle les hommes auront souvent malheureusement besoin d'être ramené.

détruits dans la plupart des sociétés, qui les ont détruites elles-mêmes, et qui ne pouvoient manquer d'opérer cet effet dès qu'elles contredisoient la loi naturelle.

Car il n'y a qu'un mot qui serve. « En tout et par-tout, c'est le « devoir rempli ou le travail accompli, qui donne la propriété en « vertu de la loi naturelle ». Or, garantir la propriété, la défendre contre les usurpateurs, assurer la liberté, c'est-à-dire, le libre usage du droit d'acquérir par son travail, ou de [60] jouir après avoir acquis, c'est l'objet de la puissance protectrice, c'est ce qu'elle doit opérer par la justice distributive, et par la puissance politique ou militaire.

Si les commandements qui attribuent de prétendues propriétés (fondées sur tout autre droit que le travail, qui est le seul titre naturel ou légitime) ; si les commandements qui gênent les libertés par toute autre restriction que les propriétés d'autrui légitimement acquises, ne sont pas regardées comme des loix [1] ; c'est alors qu'on pourra définir la liberté civile comme l'a fait le célèbre Montesquieu : l'avantage « de ne pouvoir être forcé à faire une chose « que la loi n'or[61]donne pas », parcequ'alors on dira réellement en d'autres termes, que la liberté consiste « à ne pouvoir être empê- « ché, ni d'acquérir légitimement des propriétés par son travail, ni « de jouir de celles qu'on s'est acquises.

Cette derniere définition plus claire et plus facile à retenir, ce me semble, ayant simplifié l'idée de la liberté civile, on conçoit tout d'un coup en quoi doit consister l'exercice de la justice ou de la puissance protectrice intérieure civile et criminelle.

1°. Dans des cas où l'on doute de bonne foi (chose très rare), et dans ceux où l'on feint de douter quel est le vrai propriétaire, quel seroit l'usurpateur : les dépositaires de l'autorité souveraine décident le doute : voilà la justice civile rendue entre les parties contendantes.

Elle est bien administrée cette justice, quand le Magistrat a démêlé par le principe de la loi naturelle, le vrai propriétaire ; c'est-à-dire celui qui s'est légiti[62]mement acquis par son travail le droit de jouir, ou le vrai représentant du premier acquéreur.

---

1. Encore une fois. Je n'entends pas ici affranchir les hommes soumis à un Gouvernement civil quelconque de la nécessité d'obéir même à des loix dont ils sentiroient les inconvénients : mais comme je cherche ici quel est l'ordre prescrit par la nature elle-même, qu'il me soit permis de n'appeler loix, que les regles qu'elle nous a tracées.

Elle est mal administrée, quand le Magistrat par sa faute ou par celle de tout autre, attribue des propriétés à ceux qui ne les ont pas acquises par le titre naturel, et gêne les libertés.

2°. La Justice criminelle punit les délits commis, pour empêcher par la crainte des châtiments, ceux qui pourroient se commettre sans cette crainte. L'idée puérile de la vengeance ne doit jamais entrer dans le systême des loix pénales, autrement elle les rendroit déreglées, atroces, et par-là même inutiles : c'est ce que l'expérience a prouvé désormais aux peuples de l'Europe.

Un Empire qui servira sans doute de modele en cette partie très importante, mais non dans plusieurs autres, a pris pour base de sa justice criminelle, que le sang des hommes doit toujours être respecté par les hommes dans tous les [63] cas. On a lieu d'espérer que ce principe de la loi naturelle deviendra la regle générale des Nations qui l'ont tant oublié.

Vous voulez empêcher les meurtres, en inspirer de l'horreur ? et vous en faites commettre de sang froid par milliers pour le moindre sujet, quelle inconséquence ! c'est ce qu'on auroit pû dire aux Législateurs sanguinaires, anciens et modernes. Vous inspireriez bien mieux cette horreur, en regardant vous-même comme sacrée, la vie même des plus grands criminels que vous puniriez du délit commis, et que vous empêcheriez d'en commettre de nouveaux.

« Mais, dit-on, la peine de mort en impose, elle contient ; les « autres châtiments ne répriment pas » ; double erreur. La peine de mort rendue commune n'empêche rien, témoins tous les peuples et tous les siécles où l'on a prodigué la vie des criminels. Les peines [64] moins atroces répriment bien mieux quand elles sont *inévitables* par le bon ordre de l'état et par la juste sévérité des Magistrats.

Résumons donc. Que résulte-t-il dans un Etat policé de la justice civile et criminelle bien administrée ? Il en résulte : « que qui-« conque sait, peut et veut, accomplir un travail quelconque de l'un « des trois arts, n'en est empêché par qui que ce soit ; il en résulte « que quiconque s'est acquis une propriété par son travail, peut en « jouir par lui ou par ses représentants à son choix, sans en être « empêché par qui que ce soit. Liberté d'acquérir, liberté de jouir.

Mais que résulte-t-il de ces libertés ? Il en résulte le travail, qui opere le maintien, la perfection progressive des trois arts caracté-

ristiques des sociétés policées, et par conséquent la prospérité générale de l'Etat.

L'instruction fait *savoir*, la justice fait [65] *vouloir*, car elle donne
la certitude de jouir ; certitude sans laquelle on ne voudroit jamais
se donner la peine d'apprendre ni d'opérer, en faisant des avances
qui coutent du temps, des soins, des peines, des dépenses de toutes
especes.

Nous avons ajouté que la justice est nulle dans l'Etat, sans la
puissance militaire, et que celle ci tire pour l'ordinaire une plus
grande efficacité des alliances ou des relations politiques.

Or le principe universel qui doit guider l'usage de la force militaire, et diriger toutes les relations politiques, n'est pas un principe
différent de celui qui décide de la moralité des actions particulieres ;
car les peuples considérés comme tels, n'ont pas d'autre intérêt que
les hommes pris en particulier : c'est une vérité claire, précieuse et
trop oubliée ; *ne pas diminuer la masse des biens, mais l'accroître
de plus en plus, voilà le* [66] *seul, le véritable intérêt continuel de
tous.*

Si vous employez votre savoir, votre émulation, vos moyens
uniquement à maintenir, ou à augmenter cette masse générale des
biens, cette somme totale des jouissances : vous ne faites mal à
personne, vous opérez votre bien-être, celui de plusieurs autres, le
bien général de l'humanité.

Si vous les employez à détruire, à usurper ou empêcher l'accroissement de la masse générale des biens, la somme totale des jouissances ; vous faites votre propre mal, celui de plusieurs hommes,
le mal général de l'humanité.

La puissance tutélaire, soit politique, soit militaire, n'a donc pas
d'autre but que la justice civile et criminelle. Son objet est d'empêcher les usurpations, de conserver les propriétés et les libertés,
afin de maintenir ou même d'augmenter de plus en plus la somme
des biens qui font la prospérité du genre humain.

[67] C'est pour cela qu'on range dans le même ordre tous les
hommes qui sont employés à ces fonctions de l'autorité garantissante, c'est-à-dire les Magistrats, les Militaires, les Ministres politiques, depuis le premier grade jusqu'au dernier, dans chacune de
ces trois especes de mandataires du Souverain, qui forment tous
ensemble le second ordre, qu'on appelle de *protection*.

No. III.

Troisieme Ordre de Mandataires du Souverain, ou Ordre d'Administration publique.

Outre l'instruction qui donne le savoir, et la protection qui fait naître le vouloir, j'ai dit que l'autorité souveraine communiquoit encore aux hommes réunis en société le *pouvoir* de cultiver avec succès tous les arts caractéristiques des Etats policés.

C'est par la bonne administration gé[68]nérale, que le Souverain opere ce *pouvoir* universel, source de la prospérité des Empires, et, par une juste récompense, source de richesses et de grandeur pour les Princes.

L'Administration publique a deux branches principales, savoir la dépense du Souverain et sa recette. Les hommes dévoués à ces deux fonctions très importantes, forment donc le troisieme ordre de ses mandataires ou coopérateurs.

No. IV.

De la dépense du Souverain.

Ce n'est pas ici le lieu d'expliquer dans le plus grand détail les vrais principes économiques de cette administration : on y viendra quand il en sera temps, après avoir fait des observations préliminaires qui les rendront plus faciles à concevoir et à retenir.

Mais je dois remarquer ici 1°. que la [69] dépense du Souverain comprend non-seulement la solde de tous les hommes employés à l'instruction publique, telle que je l'ai définie, à la Puissance tutélaire, civile, militaire ou politique, et même à la dépense ou à la recette des revenus du Souverain; non-seulement encore l'entretien de tous les objets relatifs aux fonctions de ces mandataires, mais encore les frais que coutent les grandes propriétés publiques, dont la formation, l'entretien, la perfection progressive et continuelle caractérisent particulierement l'*administration*.

Ces grandes propriétés communes ou publiques, sont dans les Etats policés le vrai patrimoine de la souveraineté. Tels sont les chemins, les eaux navigables, les ponts, les ports, les villes, les édifices publics de toutes sortes.

Si les revenus des personnes privées dépendent immédiatement du bon état de leurs héritages particuliers, les re[70]venus de la souveraineté dépendent du bon état des propriétés communes ou publiques.

C'est sur-tout de cette partie de l'administration que résulte la prospérité générale des Empires ; car les travaux que fait sur le sol de l'État une administration éclairée, sont les causes les plus prochaines et les plus efficaces de l'opulence publique et privée, puisque c'est par ces moyens (réunis avec l'instruction et la protection) que l'autorité souveraine fait fleurir l'agriculture, le commerce et tous les arts.

En effet, pour que les citoyens propriétaires puissent tirer le meilleur profit possible des travaux particuliers qu'ils font sur leur héritage privé, à l'effet d'en rendre le sol plus productif ; et pour que les hommes occupés aux travaux quelconques de l'art stérile puissent trouver de même le plus grand avantage possible dans leurs fabrications ou leurs [71] commerces ; il faut que l'autorité souveraine étende comme un réseau sur toute la surface de l'État, les grandes propriétés communes, qui font valoir toutes les propriétés privées. Il faut qu'elle les entretienne avec le plus grand soin, qu'elle les perfectionne de plus en plus.

Sans se former des idées chimériques, on peut se représenter l'*Egypte*, par exemple, et la *Mésopotamie*, telles qu'elles ont existé dans le temps de leur vraie splendeur, dont il nous reste tant de monuments presque inconcevables pour les hommes qui ne connoissent que l'état actuel de nos sociétés.

Qu'on se figure donc un Pays tout couvert de canaux navigables en tout temps, de canaux qui fournissoient sans cesse aux arrosements de toutes les terres, de canaux accompagnés sur les deux rives, de chemins superbes élevés au-dessus de la plus grande inondation possible.

[72] Tout du long de ces canaux et de ces chemins, une foule presque innombrable de villages, préservés avec le même soin, du danger d'être submergés, entretenus dans la plus grande propreté, dans la plus grande sureté : et parmi ces villages multipliés, des milliers de villes vastes, superbes et opulentes.

Les uns et les autres entourés de campagnes florissantes que les arrosements réguliers rendoient fécondes, presque au-delà de l'imagination.

C'est par cette fécondité des héritages privés, que les villes et les villages étoient devenus si nombreux, si prosperes; mais cette fécondité merveilleuse étoit la suite de la régularité des arrosements, et de la facilité des communications.

Or, c'étoit la bonne et sage *administration* des Souverains qui les avoient opérées l'une et l'autre, en élevant les digues, en creusant les canaux et les [73] lacs. Sans ces travaux, le Nil, le Tigre, l'Euphrate, tantôt eussent tout inondé, tantôt eussent refusé le moindre rafraîchissement aux campagnes; mais les eaux de ces fleuves saisies dans une juste proportion et au niveau convenable, se déposoient pour l'entretien continuel de la navigation et des arrosements dans les lacs immenses, et n'en sortoient que par poids et par mesure, pour les besoins de l'agriculture et du commerce.

Delà ce peuple innombrable vivant dans une prospérité qui paroît quelquefois presque fabuleuse, ainsi que sa multiplication elle-même; et cependant les monuments qui restent-là depuis plusieurs milliers d'années (je ne dis pas les pyramides énormes et les édifices immenses qui les accompagnent, ce n'est là qu'un petit accessoire aux yeux du spectateur philosophe), je dis les lacs, les digues, les canaux, les restes majestueux des villes et des villages, les ca-[74] davres mêmes si précieusement conservés, si richement ornés, et qui se tirent depuis si long-tems de leurs tombeaux inépuisables : ce sont là des preuves subsistantes, des preuves invincibles, qui confirment le rapport des Ecrivains, d'ailleurs unanimes entr'eux, et témoins oculaires, qui ont décrit l'état de l'Egypte dans des temps ou dans des lieux différents; mais qui parloient tous à des contemporains capables de vérifier chaque jour la justesse ou la fausseté de leurs descriptions.

Cet Etat de l'Egypte et de ses travaux publics, dont une partie considérable subsiste encore après tant de siécles de la plus destructive barbarie, n'est donc rien moins qu'une fable, malgré quelques épigrammes d'un Philosophe, très bel esprit, qui pourroient la faire croire à certains lecteurs.

C'est cet Etat qu'il faut bien méditer, pour concevoir à quelle perfection peut [75] être portée la bonne administration, et quels effets surprenants en résultent infailliblement pour la multiplication et le bien-être de l'espèce humaine.

D'ailleurs, outre qu'il nous reste des *Caldéens* et même des *Incas* du Pérou, des monuments à-peu-près pareils, la *Chine* nous offre encore la réalité toujours subsistante de ces mêmes travaux, et la preuve très incontestable de leur efficacité. Outre sa muraille, son grand canal de 1200 lieues, ses digues, ses ponts, ses grands chemins, objets qu'on ne peut pas raisonnablement regarder comme des fables; cent et cent témoins oculaires attestent qu'en plusieurs Provinces les plus hautes montagnes y sont arrosées au gré du Cultivateur, par les eaux mêmes des rivieres ou des canaux qui passent au bas, et qu'on éleve par des machines jusqu'au sommet.

Ensorte que dans ces Provinces, le simple Laboureur a pour féconder son [76] champ, des machines telles qu'on a regardé comme un très grand luxe dans un des plus puissants et des plus fastueux Souverains de ce siécle, d'en avoir fait construire une seule à-peu près de ce génre pour le service et la décoration d'un des plus beaux palais de l'Europe.

L'idée de cette administration, de la grandeur et de l'utilité des travaux publics qu'elle ordonne, qu'elle perfectionne de plus en plus, est une idée fondamentale qu'il faut imprimer fortement dans la tête de tous ceux qui veulent s'occuper de philosophie économique; c'est sur-tout dans ces quatre Nations vraiement illustres qu'on la trouve florissante, chez les *Caldéens*, les *Egyptiens*, les *Péruviens* et les *Chinois*. Les Peuples plus modernes, tels que les Grecs et les Romains, que le pédantisme des colléges nous rend si vénérables, ne nous en offrent que de très foibles traces, et cela dans le tems très court [77] de leur plus grande prospérité, qui fut celui de leur respect pour la Justice, et du zèle pour la culture de leurs propriétés foncieres.

Les Nations plus que semi-barbares de notre Europe moderne, sont encore dans un éloignement prodigieux du point de perfection de ces quatre grands Peuples. L'idée d'une administration vraiement royale, de la majesté de ses œuvres et de leur influence nécessaire sur le bien-être de l'humanité, ne vient que d'éclore parmi nous.

Il n'en est pas moins vrai qu'en jettant les yeux sur les Etats qui nous environnent, on y trouvera la prospérité des Sujets dans une proportion exacte avec la sagesse de *l'administration*, avec la grandeur des travaux par elle consacrés à ce grand et unique objet de *vivifier* son *territoire*.

On verra, par exemple, que la Hollande est de toute l'Europe le pays le [78] plus riche en production territoriale, et les Hollandois le Peuple le plus prospere, *uniquement* parce que l'*administration* publique de Hollande est celle qui s'est le plus approchée de la magnificence utile des quatre grandes Nations qui nous ont donné de si beaux modèles.

Le vulgaire des raisonneurs, qui cherche ailleurs la source du bien-être Hollandois, prend les effets pour la cause, et risque d'attribuer, ce qui seroit beaucoup pis, l'accroissement de la prospérité à des obstacles qui l'arrêtent, bien loin de l'accélérer.

La fécondité de son territoire, comparée avec celle de tout autre territoire européen, étendue' pour étendue, à égalité de mesure, se trouve au moins comme cent, et même vis-à-vis de plusieurs autres cantons de pareille grandeur, comme mille est à un.

Car, en faisant un résultat total, on trouveroit que par la culture, par le [**79**] pâturage, par la pêche, il se récolte annuellement en Hollande la subsistance de plusieurs centaines de familles, par chaque mesure de telle ou telle étendue géometriquement prise, (tous les territoires compris, et les uns portant les autres). Or, en faisant un même résultat sur tels ou tels autres Empires, on trouveroit que dans pareil espace géométriquement mesuré, (tous les territoires étant aussi compris, et l'un portant l'autre,) il ne se récolte pas annuellement la subsistance d'une famille en culture, pêche ou pâturage.

La cause effective de cette ample récolte de subsistances est la grandeur des bonnes dépenses faites par *l'administration* pour *vivifier l'universalité du territoire*, beaucoup mieux que ne le sont dans les autres Etats certaines portions privilégiés, qui sont à peine la millieme partie de leur étendue.

Tout le reste de ce qu'on admire [**80**] communément en Hollande; savoir, l'étonnante population, l'aisance générale, l'activité et l'industrie sont les *effets* de cette ample récolte de subsistances, ce sont les secondes conséquences dérivées de la bonne *administration* des grandes *propriétés publiques*.

C'est-là ce qu'on doit appeler principalement dépense du Souverain; c'est-là le premier *patrimoine* de la souveraineté; c'est la premiere source de son revenu à elle en particulier, et celle de tout autre *bien* public ou privé. J'insiste encore sur cet article, parcequ'il est trop oublié.

Résumons maintenant. L'*Instruction*, la *protection*, les grandes *propriétés communes*, voilà donc les trois objets des dépenses

publiques. Dans tout ce qui n'a pas rapport à ces portions patri-
moniales de l'autorité suprême, c'est l'homme qui dépense, ce n'est
pas le Souverain.

[81] *Multiplier* même dans les meilleures et les plus utiles opéra-
rations, le nombre des *agents* au-dela du *nécessaire, et surpayer*
ceux qu'on emploie, c'est une *dépense de dupe* pour les particuliers, c'est pis encore pour les Souverains, car leur dépense est si
fructifiante quand elle est bien dirigée, que c'est un grand crime
de leze humanité quand elle est dévoyée.

Nº. V.

De la recette du Souverain.

Le *devoir* d'établir, d'étendre, de perfectionner de plus en plus
l'instruction, la protection, l'administration universelles, suppose,
comme on vient de le voir, une multitude étonnante de travaux
assidus et dispendieux, une surveillence continuelle et générale,
par conséquent une foule trés considérable de mandataires de la
souveraineté.

Il est donc de toute *nécessité* que le[82]Souverain fasse une
forte dépense dans les sociétés policées ; il est donc de toute nécessité qu'il y jouisse d'un *grand revenu.*

Si les Nations sont assez mal éclairées sur leurs intérêts, pour
retrancher par une avidité mal entendue à la souveraineté les
moyens de remplir les devoirs de son autorité, alors l'instruction
publique, la distribution de la justice, la puissance militaire, les
relations politiques, les grandes propriétés communes tombent
dans la langueur, dans le désordre, alors il est impossible que les
propriétés foncieres, que les arts productifs et les arts stériles ne
soient pas jettés dans la confusion et dans le dépérissement.

Tel est le sort des Etats où l'autorité souveraine n'a pas toute
l'activité, tous les revenus dont elle devroit jouir ; de la Pologne,
par exemple, où regne l'anarchie la plus complette, et qui four-
[83]nit une preuve mémorable des maux qu'entraîne nécessairement l'anéantissement de presque toute autorité.

Or, le revenu du Souverain n'est en derniere analyse qu'*une
portion des subsistances et des matieres premieres annuellement
renaissantes, attribuée à ses jouissances personelles et à celles de
tous ses coopérateurs, ou mandataires de tous les ordres.*

L'argent monnoyé qui circule dans les Etats policés, fait oublier souvent cette définition des revenus du Souverain et de leur recette journaliere, mais elle n'en reste pas moins vraie pour être perdue de vue dans la pluplart des raisonnements soit disant politiques. ⸗

Cet argent monnoyé n'est dans la circulation, comme je l'ai dit autrefois, qu'un titre efficace sur la masse générale des jouissances utiles ou agréables qui font le bien être et la propagation de l'espece humaine.

C'est une espece de lettres de change[84]ou de mandats acquittables à la volonté du porteur.

Au lieu de prélever sa portion en nature sur toutes les subsistances et sur toutes les matieres premieres annuellement renaissantes ; le Souverain en exige en monnoies le titre efficace, le mandat, la lettre de change ; il distribue ces titres à ses coopérateurs, et ceux-ci les appliquent à leur destination, en se procurant des subsistances et des matieres plus ou moins façonnées, dont ils jouissent par eux-mêmes ou par des salariés qui leur rendent quelques services personnels, ou qui accomplissent pour eux quelque devoir de l'*autorité*.

Les mandataires du Souverain *revendent* ainsi l'argent du revenu public à la Nation qui a commencé par l'avancer l'année derniere, comme gage des *jouissances* appartenantes à tous les coopérateurs de la souveraineté ; et la Nation dans la nécessité de le réavancer de nou[85]veau, pendant l'année courante, le *rachette*, en fournissant à ces mandataires les objets nécessaires à leurs *travaux* ou à leurs *jouissances*.

Dans quelques Empires *mêmes très policés* ; tels, par exemple, que celui des Péruviens, et quelques autres, comme l'Egypte et la Chine, les grandes institutions sociales s'étoient établies avant qu'on eut conçu l'idée des monnoies, de leurs usages et des facilités qu'elles procurent ; alors le Souverain et ses coopérateurs, recevoient immédiatement et en nature les subsistances et les matieres premieres utiles à leurs travaux ou à leur jouissance.

Depuis l'invention des monnoies, la circulation de l'argent qui forme dans toutes les Nations modernes le revenu de la souveraineté, n'est qu'un moyen d'opérer *médiatement* cette *recette* en *nature* d'une portion des subsistances et des matieres premieres.

[86] Cette observation si simple et si naturelle, conduit par le

chemin le plus court à une regle fondamentale d'où dérivent toutes les autres.

L'intérêt universel des hommes consiste à conserver et multiplier sans cesse les objets propres aux jouissances utiles et agréables, qui font le bien-être et la propagation de l'espece humaine ; le but des arts productifs, et des arts stériles, est cette multiplication progressive des jouissances ou des objets qui les procurent : c'est dans la vue d'assurer et de varier ces *jouissances* qu'on fait *naître* et qu'on *façonne* les *productions*.

C'est pour écarter tous les obstacles factices que l'ignorance et la cupidité des hommes pourroient opposer à cette conservation, à cette multiplication progressive et continuelle, par l'inertie, les violences et les usurpations ; c'est pour vaincre plus facilement les obstacles naturels qu'un sol inculte et sauvage [87] oppose à cette même multiplication, que l'autorité souveraine a besoin d'établir, de confirmer, de perfectionner sans cesse l'art social ou l'instruction, la protection, l'administration universelles.

C'est dans cette conservation, dans cette multiplication progressive et continuelle, que tous les hommes quelconques trouvent la *récompense* des travaux qu'ils ont faits pour maintenir ou pour accroître la masse générale des *jouissances*, de quelque espece que soient ces travaux, dans le district d'un des arts qui caractérisent les sociétés policées.

Empêcher l'accroissement continuel et progressif de la somme totale des *jouissances*, c'est-à-dire la production, le façonnement des objets qui les procurent ; c'est donc précisément le contraire du but général auquel doit tendre l'*art social* ou l'autorité qui l'exerce ; [88] c'est donc précisément le contraire de son *intérêt*.

Donc dans la recette des revenus de la souveraineté, toute perception, qui par son excès ou par sa forme, empêcheroit l'accroissement de la somme totale des jouissances et de la masse générale des objets propres à ces *jouissances*, ou qui opéreroit par les mêmes causes la *diminution* de cette masse actuelle, ce qui est bien pis encore, seroit un *délit évident*, le plus grand et le plus funeste de tous les délits.

Voilà ce qu'on a profondément ignoré très long temps dans les Etats plus qu'à demi barbares, qui se sont vantés de former des sociétés policées.

Uniquement occupés du désir *d'attribuer* à la souveraineté une grande portion des objets propres aux jouissances utiles ou agréables, qu'on pût partager entre ses coopérateurs, on a trop sou- [89] vent fait comme le Sauvage qui jette *l'arbre* par terre pour cueillir un seul *fruit*.

C'est-à-dire, qu'on ne s'est pas embarrassé d'empêcher l'accrois- sement de la masse, ni même de la diminuer : bien loin de faire une attention continuelle à cette vérité salutaire, évidente et fon- damentale, « que le but de l'art social ou de l'autorité, n'est que de la maintenir et de la faire augmenter de plus en plus ; que le Souverain trouve tout le premier son intérêt à cet accroissement, et un très grand intérêt supérieur à celui de tous les individus » ; on a cru, on a dit, sans le savoir, que *l'autorité* étoit le *droit* de *détruire* arbitrairement cette masse, en sacrifiant l'intérêt universel, et par une conséquence infaillible, la portion afférante à la souve- raineté même. Malheureusement on n'a que trop agi en consé- quence des systêmes qui sont tacitement fondés sur ces erreurs aussi absurdes que détestables.

[90] Si on disoit à des hommes raisonnables : « la médecine ayant été établie comme l'art de guérir les hommes et de leur procurer une santé florissante ; il s'en suit nécessairement et logi- quement, que les Médecins, qui doivent être payés, comme de raison, pour exercer cet art de guérir les maladies, et d'entretenir la santé, ont droit et intérêt à tuer les hommes, en leur vendant, pour tirer le paiement de leurs salaires, un poison infailliblement mortel ».....

Si on disoit, « l'art des vêtements ayant été établi pour préserver les hommes du froid et de l'humidité, il s'ensuit nécessairement et logiquement, que les ouvriers qui doivent être payés, comme de raison, pour ce service, ont droit et intérêt à faire aller les hommes nuds, en nous dépouillant pour se faire payer de leurs salaires, et en nous empêchant de nous vêtir, on regarderoit ce propos-là comme le comble du délire.

[91] Ce seroit bien pis, si on trouvoit de pareilles spéculations mises en pratique chez quelque Peuple.

Dans le vrai, cependant, qu'on examine le systême universel de la *fiscalité* ancienne et moderne, on trouvera qu'il est fondé par-tout sur le même anti-raisonnement.

L'autorité ou l'art social est utile et même nécessaire pour la conservation et l'accroissement de la masse des *jouissances*. Donc les mandataires de la souveraineté, qui doivent être payés pour tous les travaux indispensables de cet art social, ont droit et intérêt d'empêcher ces jouissances, et d'en détruire les objets.

Voilà le principe tacite des taxes ou accises qui désolent depuis vingt siècles toute notre Europe.

Donc au contraire ces coopérateurs de la souveraineté devroient *s'attribuer* une portion de ces objets, sans altérer [**92**] la masse, sans la détruire, sans l'empêcher de croître : c'est la conséquence bien naturelle et bien légitime de ce principe incontestable, c'est celle qu'en tire la philosophie économique.

Donc toute perception, qui par son excès ou par sa *mauvaise forme*, empêche, détruit, anneantit les jouissances, est un *délit* [1], c'est-à-dire, une folie, une injustice, et tôt ou tard une cause de préjudices énormes pour celui même qui le commet.

C'est la conséquence ultérieure du même principe, elle emporte évidemment la réprobation de toutes les taxes, accises et autres perceptions de cette [**93**] sorte empêchante et destructive, qui prive les individus et le général même, d'une certaine somme de *jouissances*.

L'oubli trop long, trop universel de ces verités salutaires a multiplié dans l'Europe moderne les formes les plus pernicieuses de *percevoir* la portion de subsistances et de matieres premieres, attribuée aux coopérateurs de *l'autorité souveraine*, ou ce qui revient au même, de percevoir l'argent, qui est le titre et le gage de cette *recette* ou de cette attribution.

C'est de-là qu'est né cet *art* si compliqué de la *fiscalité*, art que les Nations modernes ont emprunté, comme beaucoup d'autres erreurs, de deux petits Peuples, que le talent d'écrire des Livres élégants, a rendu célèbres pour le malheur de l'humanité ; c'est-à-dire, des Bourgeois d'Athènes et de Rome, déprédateurs avides et cruels de cents Provinces, qu'ils ravagerent moins par leurs [**94**] armes quand ils voulurent les conquérir, que par leurs publicains quand ils les eurent usurpées ; *art* dont les principes constitutifs et fondamentaux sont profondément ignorés par ceux qui l'approuvent, qui l'enseignent et qui le pratiquent, ignorance qui

---

1. Que l'on se rappelle la définition du mot de *délit*, que nous avons donné plus haut, nos Lecteurs ne perdront point de vue que nous envisageons ici *l'ordre naturel*, et que par conséquent nous devons inculper sans façon comme faute, tout ce qui l'altere comme obstacle ou préjudice.

fait peut-être leur excuse personnelle, mais qui n'en excite que de plus grands regrets dans le petit nombre de ceux qui les connoissent.

Art qui constitue par-tout les hommes prétendus réunis en société, dans un Etat de guerre contre l'autorité souveraine, et qui réduit une portion des mandataires de la Souveraineté à la triste nécessité d'espionner, d'envahir, d'attaquer les autres hommes, de gêner leur *liberté*, d'empêcher leurs *jouissances*. C'est ce coup d'œil évidemment contraire à la *société*, qui révoltera toujours le bon sens et l'équité naturelle des Peuples : c'est lui qui a rendu totalement inutiles [95] les sophismes de quelques beaux esprits assez hardis et assez *vils* pour se déclarer contre cette répugnance universelle, inspirée par la saine raison et par l'*évidence* de l'intérêt général des hommes.

Les salariés d'un fisc dévastateur, comme celui d'Athenes et de Rome, par exemple, dont les opérations empêcheroient les jouissances, et détruiroient sans cesse la masse des objets propres à nous les procurer, rempliroient donc un ministere, malheureusement tout contraire aux fonctions de la Souveraineté ; car il feroient précisémemt la même chose que les usurpateurs du dedans ou du dehors, dont le délit ne consiste qu'à gêner les *libertés* des autres, et à les priver de quelques *jouissances*, et par conséquent ils feroient précisément ce que l'*autorité* doit empêcher.

Il ne faudroit donc pas comprendre ces agents d'une fiscalité si pernicieuse[96]ment erronée dans l'analyse des Etats vraiement policés ; ils n'existeroient pas dans un Empire organisé selon les principes économiques.

J'expliquerai bien-tôt le principe de la vraie société qui réunit évidemment les intérêts de la Souveraineté avec ceux de tous les Citoyens, qui détermine l'étendue des droits respectifs, qui fixe une *regle de partage* dictée par la justice, par la raison éclairée.

Les mandataires du Souverain, qui veilleroient de sa part à cet intérêt précieux, qui seroient chargés d'exercer ce droit saint et légitime, qui réclameroient sa portion dans le juste *partage*, forment la seconde division des coopérateurs de l'*administration*.

Dépenser utilement les revenus de la Souveraineté au maintien, à la perfection progressive et continuelle de l'art social, c'est l'emploi de la premiere di[97]vision ; recevoir les revenus en observant toute justice, c'est l'emploi de la seconde.

En *observant toute justice*, voilà le mot sacramentel; c'est-à-dire, sans jamais empêcher aucun homme d'acquérir à son gré des propriétés, sans jamais empêcher aucun homme de jouir à son gré de celles qu'il s'est acquises ; car c'est en cela que consiste *la justice*, ou l'accomplissement de la loi universelle, que nul homme ne doit jamais violer, que l'autorité souveraine doit faire accomplir, qu'elle doit à plus forte raison accomplir elle-même.

Nᵒ. VI.

Résumé des trois Ordres de Mandataires du Souverain.

Premier ordre d'instruction générale, dont la base fondamentale, uniforme et universelle, doit être la morale économique, dont les objets ultérieurs sont [98] les trois arts caractéristiques des Etats policés, l'*art* social, l'*art* productif, l'*art* stérile, et leurs principes de théorie plus ou moins détaillés, leur pratique plus ou moins développée, suivant les lieux et les personnes, suivant leur qualité, leurs talents et leur condition.

Second ordre, celui de la *protection* judicielle, militaire et politique, qui garantit à chacun des hommes toute liberté d'acquérir des propriétés légitimes, et toute liberté de jouir de celles qu'on s'est acquises, c'est-à-dire, qui repousse, prévient ou punit toute violence, toute usurpation, soit du dehors soit du dedans, par la force publique de l'autorité souveraine, par-tout présente, par-tout surveillante, par-tout imposante.

Troisième ordre, celui de l'administration, qui reçoit les revenus de la Souveraineté sans délit, sans gênes des *libertés*, sans violation des propriétés, sans destruction de la masse des jouissan[99]ces; mais au contraire, qui dépense ces revenus pour le maintien et l'accroissement progressif de cette masse, en assurant aux hommes de mieux en mieux l'enseignement qui les fait *savoir*, la sureté qui les fait *vouloir*, et les grands moyens d'utilité publique qui les font *pouvoir*, d'où résulte le perfectionnement continuel et progressif des trois arts, et par une suite nécessaire, la plus grande prospérité de l'Etat, la propagation, le plus grand bien-être de l'espèce humaine.

Tous les hommes dévoués à ces fonctions augustes et bienfaisantes de l'autorité publique et suprême, enseignante, protégeante, administrante, forment dans la première classe des Citoyens la première division, que j'appelle de la *Souveraineté*.

ARTICLE II.

Seconde division de la premiere Classe.

N°. PREMIER.

. Des fonctions de l'Administration privée.

L'administration publique et souveraine dispose la totalité du sol de l'Etat à la plus grande prospérité progressive des arts qui caractérisent les Etats policés, en y formant les grandes propriétés communes, les rivieres navigables, les ports, les villes et les autres édifices publics, en les entretenant et les perfectionnant de plus en plus.

L'administration privée des peres de familles dispose d'une maniere plus prochaine chaque partie du même sol à cette prospérité, en y formant des propriétés particulieres, des domaines cultivables, des fonds productifs, tels que les terres, les bois, les prés, les vignes, [101] les pêcheries, les mines, les carrieres, et autres semblables héritages privés, qu'on appelle *propriétés foncieres*.

Sur la surface du sol le plus fécond en lui-même, la nature seule n'offre à l'industrie de l'homme cultivateur, que des obstacles à vaincre. Les terres incultes et sauvages, sur lesquelles on n'a point fait de grands travaux pour extirper les pierres, les plantes, les racines, pour bien mélanger les diverses couches, pour les rendre accessibles aux influences de l'air, pour y procurer l'écoulement des eaux par une pente convenable, par des fosses et des rigoles, pour les entretenir dans un état de fraîcheur et de température par de bons abris, tels que les hayes, les plantations bien entendues d'arbres fruitiers ou d'autres : ces terres quoique cultivées péniblement avec des soins assidus, par un grand nombre de Colons, ne produiroient qu'une petite quantité de [102] fruits, dont la récolte seroit difficile, et la qualité médiocre.

Au contraire, sur un sol naturellement pareil, mais préparé par de grands travaux fonciers, et bien pourvu des édifices nécessaires à son exploitation, un très petit nombre d'hommes peut faire naître et recueillir une récolte infiniment meilleure et plus abondante.

Il est donc évident que tous les arts productifs et tous les arts stériles se fixent et prosperent de plus en plus, à proportion que la récolte annuelle des terres bien préparées par de grands *travaux fonciers* fournit une si grande abondance des productions les plus propres aux jouissances des hommes, (soit subsistances, soit matieres premieres), qu'il y a beaucoup à jouir pour chacun de ceux qui peuvent avoir concouru à la *naissance* de ces productions, et encore pour ceux qui concourent à leur donner après la naissance, les différentes formes d'où [103] dépendent l'agrément et l'utilité des jouissances.

Les arts productifs ou non productifs, leur développement, leur perfection progressive dépendent donc immédiatement des *avances foncieres* ou des travaux que font l'émulation et l'industrie privée sur un sol déterminé, pour le rendre plus aisé à cultiver, plus abondant en meilleures productions, plus commode à récolter.

Nº. II.

Droits de la propriété fonciere.

C'est l'utilité très évidente des *avances foncieres*, c'est leur efficacité ou leur influence sur les travaux des autres arts, c'est la durée de cette efficacité pendant plusieurs années et même pendant plusieurs siécles, qui fonde la prééminence de la classe propriétaire, la légitimité de ses droits, même de celui d'hé[104]rédité, c'est-à-dire, de transmission à ses représentants.

Car la surabondance de productions annuellement récoltées, qui est l'effet des avances foncieres, forme sans cesse un titre incontestable aux représentants de l'homme qui les a faites, et qui les a fait telles, précisément en vue de mériter, de recueillir à l'avenir par lui-même ou par les siens, une portion dans cette récolte devenue *surabondante* uniquement par son travail ou par sa dépense.

Quel seroit en effet la raison, le droit ou l'intérêt de disputer à lui ou à ses représentants, cette portion si légitimement et si utilement acquise? Faire des avances foncieres, n'est-ce pas consacrer des *biens* dont vous pourriez jouir actuellement en toute autre maniere, à préparer un sol, à le rendre plus *productif*, plus utile aux arts de toute espece pendant un long espace de [105] tems? L'effet de ces avances foncieres ne dure-t-il pas à proportion de la grandeur et de la solidité des travaux, c'est-à-dire, à proportion de la dépense et de l'industrie qu'on y emploie?

Un homme qui incorpore ses biens à la terre, pour la rendre plus fructifiante, s'incorpore donc lui-même à ce sol, il prend racine dans l'Etat, s'il est permis de parler ainsi : son existence, ses jouissances sont attachées intimement au territoire.

Les propriétaires fonciers appartiennent donc plus spécialement et plus intimement à chacun des Empires policés, par le titre même de leur propriété.

Dans les grandes sociétés, le Souverain choisit naturellement ses coopérateurs ou mandataires dans la Classe des *propriétaires fonciers,* parcequ'ils ont plus de loisir, plus d'instruction, plus d'union fixe et immédiate, avec les intérêts et les devoirs de la Souveraineté.

[**106**] C'est de-là qu'est née l'idée de la Noblesse et de sa destination, idée que l'ignorance et les préjugés ont souvent trop défigurée.

Sans remplir aucune des fonctions de l'autorité souveraine, un *propriétaire* qui fait, qui entretient, qui améliore sans cesse les *avances foncieres* sur son héritage particulier, travaille *essentiellement* et infailliblement à la perfection progressive des arts caractéristiques de la société. Ses travaux et ses avances font nécessairement prospérer de plus en plus *l'art productif,* par conséquent tous les arts stériles, c'est un acte de sagesse et de bienfaisance ; c'est le plus louable, c'est-à-dire, le plus utile dont l'homme privé soit capable sur la terre.

Le Propriétaire n'a au-dessus de lui que la Souveraineté, dont les travaux continuels font naître les siens, en lui procurant l'instruction par laquelle il *sait* incorporer utilement au sol ses biens [**107**] actuels, et s'en faire par ce moyen une source d'autres biens sans cesse renaissants pour lui-même et pour sa postérité : en lui procurant la certitude de jouir lui et les siens, certitude sans laquelle il ne *voudroit* pas faire le sacrifice de ses biens actuels, et d'une jouissance toute prête, à l'espoir incertain de jouir plus dans un tems futur et dans sa postérité : en lui procurant enfin le *pouvoir* de recueillir les fruits de ce sacrifice, dont l'*utilité* plus ou moins grande, dépendra toujours de l'autorité souveraine, de ses succès ou de ses erreurs.

Mais au-dessous des Propriétaires fonciers est immédiatement la Classe productive, dont les travaux supposent les avances foncieres, et dépendent évidemment de ces travaux.

A plus forte raison toute la Classe des arts stériles qui attend elle-même ses *matieres premieres* et ses *subsistances* de la *Classe productive*.

[108] La propriété fonciere est donc le caractere général et distinctif de la *Noblesse* dans les Etats policés [1]. En ce sens, tous les *Nobles* sont égaux entr'eux, et la richesse fait la seule différence.

Les fonctions plus ou moins importantes de l'autorité souveraine instruisante, protégeante, administrante, forment une seconde distinction parmi les mandataires du Souverain; et ceux qui les ont remplies avec une grande utilité publique, laissent en héritage à leur postérité, comme fruits de leurs grands travaux et de leurs grands succès, une illustration qui les rend plus chers à la société; c'est-à-dire, qu'on prend un double plaisir à les voir justes, bienfaisants et prosperes, qu'on a une double [109] indignation, un double chagrin à les voir méchants et malheureux.

Résumé général de la Classe noble ou propriétaire.

1°. Le Souverain et tous ses représentants mandataires ou coopérateurs dans l'ordre de l'instruction, dans l'ordre de la protection et dans l'ordre de l'administration.

2°. Les Propriétaires particuliers dont l'administration privée fait, entretient et perfectionne les avances foncieres, les édifices, les préparations de toutes sortes, qui précédent et qui rendent plus fructifiants les travaux de *l'art productif*.

Telles sont les deux divisions qui forment la premiere *Classe d'hommes* dans les *sociétés policées*.

---

1. Que l'on fasse toujours attention que l'Etat dont je cherche ici à crayonner l'esquisse ne ressemble nullement aux Etats que nous voyons.

CHAPITRE IV.

Analyse particuliere de la seconde Classe.

ARTICLE PREMIER.

Fonctions de la seconde Classe.

LES dépenses publiques de la Souveraineté rendent le sol de l'Etat susceptible des avances foncieres ou des dépenses privées qui forment des héritages particuliers.

L'administration domestique excitée par l'instruction, par la sureté, par les facilités que lui procure l'autorité souveraine, fait ensuite les avances foncieres qui rendent chaque portion du sol susceptible d'une exploitation avantageuse.

Là se termine l'emploi de la Classe noble ou propriétaire, qui tient le premier rang dans les Etats policés. Là [111] commencent les fonctions de la *Classe productive.*

Toute exploitation, tout travail de l'art fécond ou productif, caractérise cette Classe.

Nous avons déjà remarqué la distinction nécessaire de cet art principal en trois especes relatives aux trois regnes de la nature ; éducation et capture des animaux apprivoisés ou sauvages ; cultivation et récolte des végétaux ; extraction des minéraux divers, trois sortes d'exploitations productives, qui fournissent aux hommes toutes les productions qu'ils consomment subitement en subsistances, ou qu'ils usent lentement en matieres premieres des ouvrages de durée.

La culture et la récolte des végétaux est la principale espece, car les hommes qui fouillent les entrailles de la terre, pour en retirer le minéral quelconque, et les animaux qui nous alimentent tous [112] de leur substance, qui nous vêtissent et nous meublent tous de leurs dépouilles, vivent en grande partie de ces végétaux : c'est pourquoi le mot de culture a réuni pour ainsi dire tous les droits du mot générique d'exploitation productive.

C'est donc par l'usage presque universel de prendre, comme on dit, la partie principale pour le tout, qu'on dit assez indifféremment *Classe cultivatrice* pour *Classe productive*, quoi qu'on ne dise point cultiver un troupeau ni une pêche, cultiver une mine ou une carrière.

Mais dans les trois regnes il est certaines sortes de travaux qui *produisent effectivement* aux hommes les substances diverses dont ils peuvent jouir avec *agrément* avec *utilité*; de travaux qui les recueillent des mains de la nature, du sein de la terre ou des eaux.

En prenant donc pour point de vue le moment même de toute *récolte*, en [113] la considérant comme centre des opérations productives, nous pourrons distinguer les travaux qui la précedent immédiatement, et qui en ont été la cause directe, d'avec les travaux qui la suivront ou qui en seront l'effet.

Le travail antérieur à la récolte, c'est la *culture*, mais l'action même de *cultiver* ou de faire le travail préparatoire quelconque, suppose encore un soin qui précéde, une dépense préliminaire, un amas de tous les instruments ou autres objets nécessaires à cette action et à son succès.

Préparatifs de la culture ou de l'exploitation habituelle : *procédés* de cette exploitation, voilà donc ce qui *précede* et occasionne prochainement les récoltes.

Voici maintenant ce qui les *suit*, c'est d'abord la destination des productions récoltées ; dont les unes doivent servir à l'entretien de la culture, et les autres aux jouissances purement stériles ; en-[114] suite c'est le premier apprêt de ces productions qui les rend propres à être consommées les unes en diverses sortes de subsistances, les autres comme matieres premieres des ouvrages de durée, tous ces travaux préliminaires ou postérieurs mais relatifs uniquement à chaque *récolte* sont les emplois caractéristiques de la seconde Classe.

Article II.

Des grandes et des petites exploitations productives.

Quand on veut se donner la peine de considérer les opérations de *l'art productif* dans les Etats policés, on reconnoît bientôt comment cet art se forme, s'étend, s'affermit et se perfectionne de plus en plus.

Les idées d'un homme isolé, ses épreuves solitaires, ses ébauches grossieres et imparfaites, sont les premiers pas de tous les arts ; bien-tôt le premier [115] inventeur s'associe des coopérateurs, il perfectionne ses instruments et ses procédés, il multiplie ses opérations, corrige ses défauts et augmente ses succès ; l'émulation nait, elle produit des imitateurs, on examine, on spécule, on développe les ressources de l'art ; les machines et les autres moyens d'abréger le travail s'inventent et se multiplient : enfin, on trouve les moyens d'appliquer aux plus grands instruments des animaux moins dispendieux que l'homme, ou même des éléments dont l'action coute encore moins, le feu, l'air et les eaux.

‑ Dans l'état actuel de nos sociétés policées, on peut remarquer plusieurs exemples très frappants de cette heureuse progression de l'industrie, dans le district des arts de toute espece.

Examinez, par exemple, l'art de transporter ou de voiturer ; examinez les nuances des inventions humaines de[116]puis la hotte du pauvre manouvrier jusqu'au navire de cinq ou six cents tonneaux : vous trouverez pour intermédiaires les bêtes de sommes, puis les voitures de terres, petites, médiocres et grandes, puis les radeaux et les bateaux de toute espece, puis enfin les grands vaisseaux.

‑ Combien faudroit-il d'hommes avec leur hotte ; combien de bêtes de sommes avec leurs paniers, pour porter de Cadix à Petersbourg un poids de dix ou douze mille quintaux ? Que de dépenses, que de tems, que de risques épargnés par une grande voiture que conduit un seul Capitaine avec trente ou quarante Matelots ?

Prenons donc, en cet exemple, pour point mitoyen, les grands charriots à quatre roues, nous trouverons d'une part qu'un seul homme conduit dans une voiture attelée de six chevaux, le poids de deux tonneaux de mer ou près de [117] cinq milliers, et qu'il faudroit pour les transporter sur leur dos au moins quarante-huit à cinquante hommes.

Mais nous trouverons de l'autre part, qu'il faudroit pour les six cents tonneaux, qui forment la charge du gros navire. trois cents chariots, trois cents hommes, et dix-huit cents chevaux au lieu des quarante Matelots.

Cet exemple est un des plus frappants que nous connoissions dans l'état actuel de nos sociétés. La force naturelle de l'homme étant à-peu-près de porter un quintal dans une route longue et continuelle, le Capitaine d'un tel navire et chacun de ses Matelots, voiturent deux cents quarante quintaux par tête.

Voilà donc ce qui caractérise les grandes opérations de tous les arts, c'est qu'un seul chef, aidé d'un petit nombre d'hommes subor-

donnés, opere par le moyen de son savoir et des grandes ma-
[118]chines sur lesquelles il l'exerce, des effets prodigieusement plus
considérables que n'en opéreroient quelques dixaines, ou même
quelques centaines d'hommes de plus, mais isolés, mais dénués de
science et de machines.

On peut observer sous ce point de vue tous les travaux qui
s'exercent dans les sociétés policées, c'est une des considérations
les plus utiles et les plus importantes à proposer.

Appliquons maintenant cette idée si distincte aux opérations de
l'art productif, nous verrons que l'agriculture proprement dite, le
pâturage, la pêche, la métallurgie, nous offriront des exploitations
de diverses especes, dont les unes se font en grand les autres en
petit.

Les unes *en grand*, c'est à dire, par un seul chef aidé d'un très
petit nombre d'hommes subordonnés, mais opérant beaucoup par
le moyen de son savoir, de ses grands et forts instruments. [119]
Les autres *en petit*, c'est-à-dire, par des hommes isolés, dénués de
science, de grands et forts instruments, qui travaillent beaucoup
et en très grand nombre, pour opérer un effet moindre, et dont le
succès est plus problêmatique.

Prenons pour exemple la plus générale et la plus nécessaire des
cultures, celle des grains qui fournit la portion principale des subsistances, soit immédiatement aux hommes eux-mêmes, soit aux
animaux divers qui deviennent ensuite leur pâture.

La différence est déja très grande, sans doute, entre un Sauvage
isolé de l'Amérique septentrionale, qui gratte une terre sans préparation ou sans avances foncieres, avec l'instrument à peine ébauché,
d'une pelle de bois durci au feu, et un riche Fermier de Flandres
ou d'Angleterre, qui fait rouler douze grandes charrues de labourage.

Ce chef d'exploitation rurale avec [120] quarante ou cinquante
hommes subordonnés seulement ; mais avec son savoir et ses grandes
machines mûes par une soixantaine de chevaux, entretient avec
facilité une culture si prospere, qu'il en résulte des récoltes immenses,
et telles que trois cents hommes isolés auroient peine à se les procurer.

L'ensemble des opérations, la supériorité de l'art qui les dirige,
la perfection des machines, le bon emploi des animaux et de leurs
forces, caractérisent ces grandes exploitations ; leur objet est d'épargner la terre et les hommes.

Donnons à cet objet important toute l'attention qu'il mérite.

Par exemple, « sur la même étendue de sol qui ne produisoit, par le travail de cent hommes, que l'entretien de cent dix, trouver le moyen de faire naître la subsistance de deux cents hommes, par le travail de cinquante seulement ». Voilà un vrai problème de culture.

[121] Le résultat ultérieur de ce succès est très facile à calculer, bien plus qu'à obtenir. Dans le premier état votre sol ne produisant que la subsistance de cent dix hommes, vous n'en pouviez consacrer que dix aux travaux de l'art social et de l'art stérile, puisque les cent autres étoient astreints à la culture. Dans le second état, vous en aurez cent cinquante qui pourront travailler les uns aux avances souveraines et aux avances foncieres, les autres aux arts agréables, aux façonnements des ouvrages de durée, aux voitures et au négoce.

Vous aurez donc gagné premièrement quatre-vingt-dix hommes à l'espece humaine, puisque vous recueillerez les moyens d'en faire subsister deux cents au lieu de cent dix ; secondement, cent quarante aux travaux de l'art social et de l'art stérile, puisque ces arts en peuvent occuper désormais cent cinquante, au lieu de dix.

[122] Tel est le but des grandes exploitations productives ; premierement, de doubler, tripler, quadrupler, décupler s'il est possible la récolte des subsistances et des matieres premieres, qui se fait sur une certaine étendue de sol ; secondement, d'épargner le nombre des hommes employés à ce travail, en le réduisant à la moitié, au tiers, au quart, au dixieme, s'il est possible.

Pour opérer ce double effet en même-tems, les vrais moyens sont l'intelligence du chef qui dirige une grande exploitation, qui met un grand ensemble dans ses opérations, qui sait combiner, employer, ménager le tems et les forces des hommes, des animaux et des machines.

Quand on ne peut opérer qu'un des deux effets, c'est un moindre bien, mais c'est un bien.

Premier exemple. Sur le même sol, je produis comme auparavant de quoi [123] faire vivre cent dix créatures humaines, mais je ne suis plus obligé d'en employer que cinquante au lieu de cent aux travaux de la culture, parceque je les ai pourvus de meilleurs instruments.

J'en ai donc gagné cinquante pour l'art social et pour l'art stérile, car je puis en consacrer soixante à ces deux arts, au lieu de dix que j'y pouvois employer ci-devant.

Second exemple. Sur le même sol, je continue d'employer cent hommes à la culture, mais j'obtiens par leur travail de quoi faire vivre deux cents créatures humaines au lieu de cent dix : c'est quatre-vingt-dix que j'ai conquis pour l'art social ou pour l'art stérile.

C'est donc, premierement, par la somme totale des productions récoltées, secondement, par l'épargne du sol et des hommes, qu'il faut estimer les exploitations productives. Celles qui n'opérent qu'*en petit* par des hommes plus isolés, [124] avec moins de science et des instrumens plus imparfaits, occupent un plus grand espace de terrein, un plus grand nombre de créatures humaines, et font naître une moindre récolte que celles qui operent *en grand*.

Ces idées préliminaires sont indispensablement nécessaires à l'intelligence des détails qui vont les suivre.

ARTICLE III.

Partage de la Classe productive en deux divisions.

Dans les grandes sociétés policées où les arts productifs sont déja perfectionnés ; la plupart de leurs exploitations s'operent en grand par des chefs ou des ordonnateurs, dont l'intelligence conduit l'emploi des hommes, des animaux, des instruments, et des autres moyens productifs, et le dirige vers les deux objets d'utilité qu'on ne doit jamais perdre de vue, multiplication des récoltes, [125] épargne de la terre et des hommes.

De là naît une distinction très naturelle entre les hommes dévoués immédiatement aux *travaux productifs*. Les uns dirigent et ordonnent les travaux, les autres les font sous leurs ordres.

Les premiers sont les Cultivateurs en chef, les autres sont les Ouvriers ou Manœuvres de la culture ; distinction peut-être trop oubliée dans les spéculations politiques modernes, aussi réelle cependant et bien plus utile, que tant d'autres dont tout le monde est frappé ; car enfin, confondre un Fermier d'Angleterre, de Flandre et de plusieurs Provinces de France, où la culture des grains se fait en grand, avec le simple gagiste ou manouvrier qui travaille à sa solde, c'est comme si l'on confondoit l'architecte avec le dernier manœuvre, et Wanrobès avec le moindre Journalier qui carde la laine pour sa manufacture de draps.

N°. Premier.

Des Fermiers ou Directeurs en chef des exploitations productives.

Nous avons déja distingué deux sortes d'opérations qui précédent les *récoltes* et qui les occasionnent ; les unes sont les *procédés* de la culture, les autres n'en sont que les *préparatifs*.

Le *Cultivateur en chef* est celui qui fait à ses dépens, à ses risques, périls et fortunes, les avances de ces préparatifs et de ces procédés, qui en dirige par son savoir tous les travaux journaliers, qui dispose des instruments, des animaux et des hommes, qui ordonne l'emploi de leur tems et de leurs forces ; qui conduit enfin *pour son propre compte* tout l'ensemble de l'exploitation.

Il est essentiel de remarquer dabord comment les fonctions du *Cultivateur en chef* sont distinguées de celles du proprié[127]taire foncier, et comment néanmoins elles en sont dépendantes.

Nous supposons un homme expert dans l'art de la culture, pourvu des instruments aratoires, des voitures et des ustensiles nécessaires à une grande et forte exploitation, ayant autour de lui des troupes nombreuses d'animaux domestiques de toutes les especes utiles, avec leurs subsistances, et soudoyant un nombre de coopérateurs ou d'ouvriers subalternes ; nous imaginons qu'il va tout à coup appliquer son art et ses moyens préparatoires aux procédés de sa culture.

Mais il faut supposer auparavant, que le sol est disposé par de grandes avances foncieres à cette grande culture ; que les édifices convenables ont déja reçu tous les êtres vivants ou inanimés qui composent l'attelier du Cultivateur ; que tous les obstacles naturels opposés à la facilité des opérations et à leurs suc[128]cès ont été enlevés, et qu'à leur place on a substitué tout ce qui peut augmenter cette facilité des cultures et des récoltes, tout ce qui peut les rendre plus sures, plus expéditives et plus abondantes. Mieux le maitre du sol aura fait sa charge de *propriétaire foncier*, mieux le *Cultivateur* fera la sienne.

Concevons au centre une grande ferme commode et solide, avec tous les bâtiments nécessaires pour les hommes, pour les animaux, pour les denrées : tout autour, des champs bien défrichés, bien nivellés, bien fossoyés, de bonnes routes, de bons abris, de bonnes plantations. Voilà le rôle du Propriétaire bien rempli, la scene est toute prête pour celui du Cultivateur.

Concevons sur une même étendue de sol pareil en qualité, quelques édifices chétifs, malpropres, mal commodes ; tout autour des champs encore pleins de pierres, d'arbustes, de racines, de [129] petits monticules, de grandes cavités, d'eaux croupissantes de sentiers fangeux et d'arbres épars.

Il est manifestement impossible qu'avec le même savoir et les mêmes moyens, un Cultivateur obtienne sur le second territoire autant de récolte que sur le premier ; telle est l'influence des travaux que fait d'abord le *Propriétaire foncier* sur ceux que doit faire ensuite le Cultivateur.

Ces deux especes d'emplois n'en sont pas moins totalement différentes l'une de l'autre, et c'est peut-être un de ces objets importants sur lesquels on fait communément moins d'attention qu'ils ne méritent.

Le Cultivateur en chef se trouve confondu pour l'ordinaire avec l'une ou l'autre des deux divisions, dont il est proprement l'intermédiaire dans les grandes sociétés vraiment policées ; c'est-à-dire, [130] avec le *Propriétaire foncier* ou avec le simple *manœuvre de culture.*

Cette confusion n'est souvent que trop réelle ; et de-là vient que tant de spéculateurs et d'écrivains la supposent toujours comme naturelle, et qu'on s'est même avancé jusqu'au point de regarder comme une irrégularité défectueuse la distinction économique entre le Cultivateur en chef et les deux autres divisions.

En effet, dans plusieurs États et dans plusieurs Provinces, il n'existe point ou presque point de Cultivateurs en chef : de cette race précieuse de vrais Laboureurs, de vrais Fermiers, qui sachent, qui puissent et qui veuillent entreprendre et conduire à leurs frais, risques, périls et fortunes de grandes exploitations productives.

A leur défaut, les préparatifs et les procédés de la culture sont conduits en [131] grandes portions par les Propriétaires fonciers eux-mêmes, et en petites par les simples manouvriers de la culture.

Un même homme peut réunir en effet les trois qualités. Il peut être *Propriétaire*, soit qu'il ait fait lui-même les avances foncieres, le premier défrichement, les premiers édifices, les premieres plantations, le premier mélange des couches de terre ; soit qu'il ait payé ces travaux en détail à des Ouvriers qu'il dirigeoit ; soit qu'il les ait trouvés tous faits, et qu'il en ait remboursé la valeur à celui dont il a voulu acquérir le droit de *propriété foncière*. Il peut être

Cultivateur en chef, ayant acheté les instruments, les animaux, les subsistances provisoires, dirigeant de sa tête tout l'ensemble de culture de sa terre, courant les risques, périls et fortunes de la récolte. Enfin, il peut être manouvrier de cette même culture, en faisant toutes les opérations de ses propres mains.

[132] Mais ces trois fonctions n'en sont pas moins distinctes l'une de l'autre, quoiqu'on les trouve souvent confondues, car le même homme pourroit encore quelquefois avoir chez lui quelque métier de la dépendance de l'art stérile. Il pourroit être tisserand, ou fabricateur de petites étoffes, ce qui n'est pas rare. Il pourroit exercer quelques fonctions de l'art social, comme Agent de l'autorité souveraine; par exemple, être Maître d'école, Officier subalterne de la Justice, Milicien, Collecteur, Syndic de Paroisse, ou chargé de tout autre emploi.

Je n'examine point encore s'il est plus ou s'il est moins avantageux que ces trois fonctions de propriétaire foncier, de cultivateur en chef et de manouvrier soient séparées ou réunies dans la même personne, j'explique simplement leur distinction naturelle et fondamentale, je fais observer les pays et les circons[133]tances dans lesquels on les trouve réellement exercées par des hommes différents.

Les exemples en sont fréquents pour les exploitations productives des trois regnes, on trouve des propriétaires de mines et de carrieres qui les afferment, des entrepreneurs en chef qui en font les frais, et qui en courent les risques, employant et salariant de simples manouvriers. Il en est de même des grandes pêches, des grands pâturages, et de diverses especes de culture proprement dite.

Examinons donc cette précieuse division de l'espece humaine, voyons d'abord quelles peuvent être les causes de sa prospérité particuliere; voyons ensuite quels sont les effets ou l'influence de cette prospérité, sur le bien-être général des hommes.

[134]   N°. II.

Des causes et des effets de la prospérité des Fermiers ou Chefs
d'exploitations productives.

Représentons nous un Etat dont tout le territoire vivifié par une bonne administration publique est couvert de ces grandes et magnifiques propriétés souveraines, qui caractérisent si majestueusement les Empires vraiment policés ; par-tout des chemins, des ponts, des eaux navigables; par-tout l'instruction, la justice, la sureté des propriétés.

En conséquence, représentons nous le sol enrichi par l'administration privée de grandes et fortes avances foncieres; toutes les carrieres, toutes les mines, tous les pâturages, tous les terroirs propres, soit aux plantations, soit aux cultures diverses, préparés de la maniere la plus convenable, pourvus des édifices [135] et des commodités de tout genre qui leur sont utiles.

Que nous reste-il à imaginer pour y voir tout-à-coup les plus riches exploitations, sources des plus abondantes récoltes ?

Rien de plus évident, il nous faut une race nombreuse de Fermiers ou *Cultivateurs* en chef, qui aient acquis les connoissances de leur art, qui soient animés par une grande émulation à mettre leur savoir en usage, et qui possédent de grands moyens d'exercer cet art *productif*, de le maintenir, de le perfectionner de plus en plus.

Il est certain que l'industrie, l'activité, la richesse d'une race nombreuse de Fermiers, étant ajoutées à l'art, à l'émulation, aux dépenses de l'administration publique du Souverain, et de l'administration privée des propriétaires fonciers, font prospérer la culture et multiplier les récoltes.

[136] La perfection progressive et continuelle de *l'art productif* dans les Etats policés, sera donc d'autant plus infaillible, d'autant plus solide, d'autant plus prompte dans un Etat policé, que la classe des Fermiers ou Chefs d'exploitations productives sera plus nombreuse, plus habile, plus active, plus opulente.

C'est sous ce point de vue qu'il faut considérer très attentivement les Etats policés, leur administration, leurs loix et leurs usages.

Si vous voyez dans un Empire, que tout tend à diminuer la race des Fermiers, à les avilir, à les dépouiller, à les réduire au plus déplorable état d'ignorance, d'abrutissement, d'assujettissement, de détresse et de misere, dites hardiment que cette société tend à sa décadence, au lieu de marcher dans la route de la prospérité progressive et continuelle.

[137] C'est un des fléaux qu'entrainent le luxe public, l'impôt déréglé, le monopole soi disant légal, comme je l'expliquerai dans la suite.

Au contraire, si vous voyez cette race précieuse estimée autant qu'elle doit l'être ; si vous trouvez partout l'*instruction*, l'expérience répandant de plus en plus de grandes lumieres sur toutes les branches de l'art productif; si vous ne voyez ni gênes, ni contraintes, ni vexations, qui avilissent, qui subjuguent, qui dépouillent et dégoutent les Cultivateurs. Si vous voyez le fonds de leurs richesses d'exploitation s'accroître de plus en plus, et s'employer de plus en plus aux travaux fructifiants des trois regnes; dites hardiment que l'Etat *prospere*, au grand avantage de toute l'humanité.

Je ne puis me dispenser ici de communiquer à mes Lecteurs une réflexion qui leur paroîtra peut-être de quelque uti[**138**]lité. Combien d'Histoires, de Regnes et d'Empires, changeroient totalement de face, étant relues et jugées d'après cette considération si simple, et je crois si certaine.

Ces richesses d'exploitation, ce fonds primitif des entrepreneurs en chef sont le vrai Palladium des Empires ; car, enfin, c'est de-là que dépendent immédiatement les récoltes : on feroit en vain des avances souveraines et des avances foncieres, s'il ne restoit plus de quoi subvenir aux préparatifs et aux procédés de chaque exploitation particuliere.

Quand on voit des hommes par milliers, et des richesses par milliards, arrachés à la terre, par de malheureux systêmes qui ne tendoient qu'à dépouiller, avilir et détruire la race des Fermiers, comment peut-on se laisser séduire par ces idées chimériques de triomphes, de conquêtes, de faste et de [**139**] magnificence ? comment peut on ne pas voir distinctement sous ces beaux noms des meurtres, des pillages, des ruines ; c'est-à-dire, tout ce qui désole l'humanité?

ARTICLE IV.

Des simples Manouvriers des exploitations productives.

Le Cultivateur en chef, l'Entrepreneur et Directeur d'une exploitation productive a besoin d'employer des Ouvriers subalternes, qu'il doit solder, alimenter et pourvoir des instruments nécessaires à leurs travaux journaliers.

Ces simples manœuvres forment la seconde division de la Classe productive, la portion la plus nombreuse, la plus active des Etats policés, et malheureusement la plus négligée dans presque tous les Empires modernes.

Le vulgaire des Ecrivains confond toujours cette seconde division avec la [140] premiere; de-là ces expressions si communes dans les Ouvrages de pur agrément, et même dans nos Livres prétendus philosophiques, le *pauvre Laboureur* qui souffre dans sa *chaumiere*, et qui n'a que ses *bras* pour héritage; de-là tant de raisonnements, de spéculations, de *projets* prétendus politiques, appuyés pour unique base sur cette supposition erronée; « *qu'il ne faut que des* « *bras à la terre*, qu'il ne faut tendre par toutes sortes de moyens « qu'à multiplier les hommes dans les campagnes.

Nº. Premier.

Du nombre des simples Manœuvres d'exploitations productives, dans les Etats policés.

J'ose assurer que c'est ici l'un des points les plus importants de la science économique, et je prie mes Lecteurs d'y faire toute l'attention que mérite un [141] objet d'où dépend la prospérité des Empires, le bonheur de l'humanité.

Voici en quoi consiste *l'équivoque*; si vingt ouvriers ou manœuvres sont employés par un Chef riche et habile, dans un attelier bien pourvu des meilleurs instruments, s'ils cultivent des terres soigneusement préparées par d'excellentes avances foncieres, sous un Gouvernement paternel, dont *l'autorité tutélaire* entretient avec recherche les grandes propriétés publiques, d'où dépend la prospérité des propriétés privées; ils recueilleront chaque année des mains de la nature assez de productions pour procurer la conservation, le bien-être de plus de cent créatures humaines.

Cette récolte sera l'effet immédiat de leur travail manuel, c'est par eux qu'elle est faite et préparée tous les ans, puisque tous les *procédés* de la culture sont leur *ouvrage*.

Si vous croyez pouvoir vous arrêter [142] à cette observation, vous serez tentés d'en conclure précipitamment et confusément avec tant d'autres; « donc il faut multiplier ces hommes précieux « et leurs travaux productifs ».

Mais la science économique arrêteroit et décomposeroit cette conclusion précipitée.

« Remarquez (vous diroit-elle) que ce n'est pas seulement par le

« *nombre* et par les forces physiques de ces *ouvriers*, que se regle
« la grandeur des récoltes; que c'est 1°. par l'intelligence du chef
« qui les fait mouvoir, par la grandeur et la bonté de son riche
« attelier; 2°. par la solidité, par la perfection des travaux qu'ont
« fait les propriétaires sur leurs héritages pour les rendre suscep-
« tibles de cette culture opulente; 3°. par le bon ordre de l'admi-
« nistration suprême.

« Remarquez bien, que cent hommes aussi robustes, mais isolés,
« mais [143] dénués d'art, d'instruments et de moyens, opérant sur
« le même sol mal défriché, sous un Gouvernement dévastateur ou
« négligent, n'obtiendroient pas la moitié des récoltes que les vingts
« hommes font naître tous les ans.

« *Avances primitives* de l'exploitation faites en grand par le Chef
« ou l'Entrepreneur de la culture, et *avances annuelles* de la même
« exploitation, premiere cause du travail de ces *manœuvres* et de
« son succès.

« *Avances foncieres* du propriétaire particulier, seconde cause;
« *avances souveraines* de l'autorité, troisieme cause.

« Multipliez donc ces hommes utiles et leur travail immédiate-
« ment productif des récoltes, *après* avoir multiplié préalablement
« les *richesses* employées en *avances souveraines*, en *avances fon-*
« *cieres*, en *avances primiti*[144]*ves ou annuelles d'exploitation.*
« C'est de-là que dépend évidemment la prospérité des Etats, le
« bien-être de toute l'espece humaine sur la terre.

« Mais vouloir entasser des hommes dénués de savoir, d'émula-
« tion, de moyens sur un sol encore à demi sauvage : c'est une
« illusion ».

Ces considérations économiques donnent la clef d'une question
politique devenue fort importante, par des erreurs qui dérivent
d'une source respectable.

Nos campagnes ont-elles assez de bras, assez d'ouvriers employés
aux exploitations productives des trois regnes de la nature? en ont-
elles trop? en ont-elles trop peu?

La réponse ne paroît pas problématique, et vous entendrez crier
par-tout d'une voix unanime, elles en ont *trop peu*.

La vérité cependant, c'est qu'elles en ont *trop* actuellement dans
presque tou[145]te l'Europe. Je parle des campagnes réellement
cultivées, ou des autres fonds productifs de tout genre actuellement
exploités.

Je dis que les grandes avances souveraines, les grandes avances foncieres, les grandes avances primitives d'exploitation, les grandes avances annuelles, ou les moyens qui épargnent le travail des hommes, y manquent presque par-tout dans notre Europe.

Je dis que le défaut *d'avances* productives nous oblige à multiplier ce travail annuel et journalier des hommes employés aux exploitations.

Je dis que ces hommes péniblement occupés à la cultivation actuelle, quoique multipliés peut-être dix fois plus qu'ils ne devroient l'être sur chaque fonds mis en valeur, n'y produisent néanmoins, faute de savoir, d'émulation, d'ensemble et de moyens, que des récoltes moindres, et peut-être [146] plus de dix fois moindres que n'en obtiendroient des Cultivateurs dix fois moins nombreux, mais bien dirigés dans un grand et fort attelier de culture, sur de riches héritages, et dans le ressort d'un Gouvernement prospere.

Chaque exploitation productive a donc *trop* de *bras* dans la situation actuelle de presque toute l'Europe : mais il n'est point d'Etat, point de Province, point de canton, qui n'ait *trop peu* d'exploitations productives : voilà je crois la vraie solution de ce problème.

Si les mandataires de l'autorité souveraine, si les propriétaires fonciers, multiplioient les grandes et bonnes *avances préparatoires* de la *culture* ; si les entrepreneurs ou directeurs en chef, multiplioient leurs grandes et bonnes *avances* mobiliaires, soit primitives, soit annuelles *opérantes* de cette même culture, il en résulteroit pour chaque exploitation particuliere une grande et [147] très grande épargne des hommes et de la terre, sans diminution, mais au contraire avec grand accroissement, des récoltes, qui seroient faites par un nombre beaucoup moindre d'ouvriers, sur une étendue beaucoup moindre de sol productif.

Des récoltes augmentées, bien loin de diminuer le nombre des hommes, les feroient multiplier et prospérer : voici donc quel seroit le résultat des *avances améliorées*, on pourroit étendre les bonnes exploitations productives, et en même-tems tous les travaux de l'art stérile, qui façonnent les productions naturelles, qui procurent des jouissances plus variées, plus agréables, et qui font ainsi le charme, le soutien de la vie.

Je le répete en finissant, cette considération économique est de la plus extrême importance.

Des *bras*, des *bras*, c'est ce qu'il faut à la terre, c'est ce qui manque aux nò[148]tres : voilà le cri universel de la politique du jour dans toute l'Europe.

En conséquence, il n'est point de systêmes qu'on n'ait inventé pour attacher ou renvoyer des créatures humaines dans des campagnes sauvages ou dévastées.

Des *bras*, des *bras ?* c'est précisément ce qu'il ne faut point encore à vos exploitations actuelles ; hélas, vous n'en avez que trop de malheureux asservis à de longs et pénibles travaux trop infructueux ?

Des *avances*, des *avances*, voilà ce qu'il faut à la terre, voilà ce qui manque aux vôtres. Des avances souveraines, des avances foncieres, des avances mobiliaires d'exploitations productives, qui épargnent les hommes au lieu de les multiplier.

Il est singulier que cette doctrine ait été prise pour 'un arrêt de mort contre les hommes épargnés par l'heureux effet de ces bonnes et grandes avances sou[149]veraines, foncieres et mobiliaires de la culture ou des autres exploitations.

L'esprit de préoccupation s'est scandalisé d'entendre prononcer cette proposition qu'il y a *trop* d'hommes occupés aux terres actuellement en valeur dans toute l'Europe, trop d'ouvriers de culture.

Le premier desir inspiré par le préjugé, fut de contester jusqu'à la possibilité même d'épargner les hommes ; mais rien n'a été plus facile que de le prouver. Une grosse ferme de l'Isle de France, de Picardie, de Flandre, de Hollande, d'Angleterre, en a fourni la démonstration la plus complette.

Le second retranchement a été de se récrier contre cette épargne, et de la regarder comme meurtriere pour l'espece, comme funeste pour les Etats politiquement considérés.

La réponse est encore plus facile. Les récoltes opérées par un plus petit nom[150]bre d'hommes, n'étant que plus abondantes au lieu d'être moindres, c'est la vie de plusieurs hommes à venir qui en résulte, non pas la mort des hommes déja nés. S'il est arrivé par bonheur que ceux dont vous venez d'épargner les travaux ne sont plus nécessaires à reproduire pour l'an prochain cette récolte qui va les nourrir pendant celle-ci ; vous pouvez les employer aux préparatifs d'une autre exploitation, les consacrer à quelques travaux de l'art social, ou même de l'art stérile. Loin de languir et de mourir comme vous croyez, faute de subsistance, ils peuvent être mieux, et rendre plus de services.

Ce n'est donc point, comme on l'a trop répété, par la population active des campagnes, que s'estiment les Etats policés : c'est par la *grandeur des récoltes.*

Or, la grandeur des récoltes ne s'estime point du tout par le nombre des ouvriers de culture, et par l'assiduité [151] de leur travail, ce qui est en ce moment l'erreur presque universelle de notre politique moderne.

Mais elle s'estime par la grandeur des *avances souveraines, foncieres et mobiliaires* des exploitations productives qui se font dans les trois regnes de la nature. Parceque le nombre des ouvriers de culture peut-être dix fois moindre, et la récolte dix fois plus abondante, si les *avances* sont plus grandes et meilleures.

N°. II.

Du sort des simples manœuvres des Exploitations productives.

Dans plusieurs contrées de la terre connue, les hommes dévoués aux travaux journaliers de l'art productif sont encore de malheureux Esclaves attachés au sol par les liens de la servitude, c'est-à-dire, par ce titre barbare qu'on appelle le droit du plus fort, *droit* prétendu, qui *légitimeroit* les crimes les plus [152] atroces, tout aussi bien que l'attentat d'un homme qui ravit à un autre homme la liberté de sa personne, l'usage de son intelligence et de ses forces.

Dans presque tous les autres pays de notre Europe, on paroit accorder à ces ouvriers si précieux l'affranchissement personnel, mais les restes déplorables de l'antique barbarie, les font gémir sous le joug dur et flétrissant d'une fiscalité désastreuse.

Il y a donc des nuances dans le sort de ces ouvriers, ou serfs, ou réputés libres.

Premierement, dans les pays d'esclavage proprement dit, ce qui caractérise l'homme qu'on appelle *serf,* c'est qu'il ne peut quitter ni l'état d'ouvrier de culture ni le territoire sur lequel il est né, si ce n'est par la volonté de son maître, c'est-à-dire, d'un autre homme qui se regarde comme propriétaire de sa personne, de son industrie, de son travail, et de sa famille même.

[153] La maniere de pourvoir à la subsistance de ces hommes opprimés par la violence est différente, suivant les pays, les usages, les loix et les fantaisies des oppresseurs.

Les uns donnent au *serf* qu'ils tiennent sous leur joug une portion de terre à cultiver pour ses propres nécessités. Il faut qu'il tire comme il peut sa subsistance et celle de sa famille du champ qu'on lui laisse labourer pendant certains jours de chaque semaine.

Tous les autres jours le serf doit travailler au profit de celui qui se dit son maître, sous les ordres d'un directeur qui l'emploie tantôt à des travaux champêtres et productifs, tantôt à des services purement domestiques, à des voitures ou à des fabrications de l'art stérile.

Cette forme est en usage dans quelques-unes des Colonies Américaines, elle est presque universelle dans le Nord [**154**] de l'Europe, avec cette singularité que le paysan serf est encore obligé de rendre annuellement en argent ou en nature, une portion des fruits qu'il a recueillis sur son champ. C'est par des impôts personnels, par des monopoles ou priviléges exclusifs de vendre le sel, les boissons fortes ou les autres marchandises : c'est par le droit, de taxer et d'acheter les denrées du cru par eux-mêmes, par leurs régisseurs, ou par leurs fermiers, que les petits Despotes arbitraires de ces contrées rançonnent ainsi leurs malheureux esclaves.

Une politique barbare, mais conséquente dans sa férocité, condamne ces infortunés à l'ignorance la plus grossiere, et les façonne à l'obéissance purement passive sous le bâton d'un commandeur. Le découragement, la stupidité, l'ivrognerie, sont les suites naturelles et inévitables de cet état.

La conséquence ultérieure mais infail[**155**]lible de cette tyrannie, c'est l'anéantissement presque total des trois arts qui caractérisent les sociétés policées. L'art social ne peut jamais s'établir dans une horde composée d'esclaves et de despotes arbitraires. L'instruction claire universelle, et progressivement perfectionnée de la morale économique, peut-elle s'accorder avec l'attentat général et continuel des hommes sur la liberté personnelle des autres hommes ? *L'autorité* peut-elle remplir les devoirs de la protection, c'est-à-dire, réprimer les usurpations et garantir les propriétés, quand on a une fois substitué au titre *naturel* et *légitime* qui caractérise le propriétaire et l'usurpateur, le seul titre de la force et de la violence, qui caractérise les oppresseurs et les opprimés ; les oppresseurs qui peuvent tout oser, et les opprimés qui doivent tout souffrir ?

Comment se pourroit-il dans un pareil désordre que l'art productif et les arts [**156**] stériles ne fussent pas dans l'inertie, dans la confusion ? Où pouvez-vous trouver des chefs d'exploitations rurales, ayant le savoir, le pouvoir, le vouloir de faire prospérer les travaux de la culture ? Comment ferez-vous sortir cette race précieuse de fermiers riches, industrieux, zèlés et honnêtes, du milieu de ces esclaves sans cesse abrutis et dépouillés ? Vos serfs ont-ils les moyens, ont-ils le savoir, ont-ils un intérêt à perfectionner leur travail dont les fruits ne sont pas pour eux ?

Espérez-vous que l'art de varier les jouissances par l'assemblage des productions naturelles, par le façonnement des subsistances et des matieres premieres, fleurira sur votre territoire ? où trouverez-vous des ouvriers, si vous attachez par violence à une chetive et pénible culture toute la postérité des malheureux que vous tyrannisez ? les attendez-vous du dehors ? Mais quelques ga[157]rants pour leurs propriétés et leurs libertés que vous leur donniez, où sera le débit de leurs ouvrages, au milieu d'un Peuple dénué de tout ?

Quelle chimere plus absurde que l'idée de civiliser un Empire, en y laissant dans l'esclavage de la glebe tous les ouvriers de la culture ? C'est-à-dire, en y détruisant l'idée de la loi naturelle, de la justice fondamentale, pour y substituer la loi du plus fort, affreuse constitution qui met une chaine d'oppresseurs et d'opprimés, à la place d'une chaine de travaux bienfaisants et salutaires, qui se préparent et se succedent les uns aux autres.

Comment peut-on ignorer, que l'esclavage de la glebe ne sauroit jamais subsister dans un territoire, sans que les propriétaires fonciers, tyrans des ouvriers de culture, ne soient eux-mêmes les victimes nécessaires ou du despotisme arbitraire le plus absolu, ou de l'anar[158]chie la plus complette ; deux fléaux également destructeurs de tous les arts caractéristiques des sociétés policées et de la prospérité générale, qui ne peut résulter que des travaux de ces mêmes arts ?

Il est impossible que le *maître* d'un serf ait l'idée de l'autorité bienfaisante, dont les travaux augustes instruisent les hommes, protegent les propriétés et les libertés, préparent les travaux productifs et les travaux stériles, par de grandes avances qui en assurent le succès ; dont le but est d'exciter de plus en plus le savoir, la confiance, l'émulation, la sécurité, l'activité, le désir du plus grand bien-être.

Il est impossible qu'il n'attache pas à ce mot sacré, l'idée barbare et repoussante de la violence, de la domination arbitraire, de la tyrannie soupçonneuse.

Et de-là résulteront toujours ou des efforts continuels pour se soustraire à [159] toute autorité, ou la soumission aveugle, qui plie par crainte sous le joug d'un pouvoir arbitraire.

Aussi voyons-nous dans l'Histoire ancienne et moderne l'esclavage de la glebe s'adoucir à mesure que les Nations se rapprochent de l'Etat vraiment civilisé.

De-là sont nés d'abord deux sortes de demi affranchissement des Paysans serfs. Le premier consiste à leur imposer seulement une taxe personnelle, en leur laissant toute liberté de quitter leurs terres pour vaquer dans les Villages et dans les Villes, à toute espece de travail productif ou stérile : cet usage est à présent très commun chez les Moscovites.

Le second consiste à ne leur imposer qu'une redevance réelle et territoriale, soit en argent soit en denrées, mais à les astraindre toujours à la glebe ; et ces redevances foncieres sont ou fixées [160] à une quotité déterminée qu'on appelle cens, ou proportionnelles aux récoltes de chaque année, ce que nous appellons en France agriere ou champart.

Ces redevances commencent à s'établir dans le Nord de l'Europe, mais elles y subsistent encore presque par-tout avec la servitude personnelle, heureusement détruite dans nos contrées méridionales.

Nos cens et rentes seigneuriales, nos revenus fixes en nature, ou nos champarts proportionnels aux récoltes, restes de la constitution féodale et de la *servitude*, ne sont plus que des droits de *co-propriété fonciere* réservés à notre ancienne Noblesse et à ses représentants.

Chez nous l'ouvrier des exploitations productives est censé libre, maître de sa personne et de sa famille, il peut s'instruire, s'enrichir, s'élever à toutes les professions de la société.

Trop heureuse révolution arrivée depuis plus de quatre siécles dans le midi de [161] l'Europe, dont elle feroit depuis longtems le séjour de la paix et de la prospérité pour les hommes, si les erreurs de la *fiscalité* mal entendue n'en avoient détruit les heureux effets.

Exemple frappant qui doit servir de leçon pour les Peuples du Nord, s'ils veulent un jour se policer et détruire la servitude de la glebe, attentat funeste dont la réprobation éternelle est le premier acte fondamental de toute civilisation.

En effet, le régime fiscal s'est appesanti par-tout, sur les simples ouvriers ou manœuvres de la culture et des autres exploitations productives ; on les a surchargés de taxes personnelles, d'impôts sur leurs consommations, de corvées, d'enrôlements forcés, et d'autres exactions arbitraires de toute espece.

Les *propriétaires fonciers* sont presque par-tout les auteurs, les instigateurs de ce systême désastreux ; ils imaginent [162] que les charges aggravées sur le pauvre ouvrier des campagnes soulage d'autant leurs héritages du poids des impôts excessifs.

Cette erreur quoique générale dans notre Europe méridionale, n'en est pas moins souverainement absurde : car enfin, en voici le résultat très infaillible et très évident.

Les ouvriers de la culture et des autres exploitations productives rançonnés et vexés par des charges arbitraires, sont ou plus chers à soudoyer, ou plus malheureux. Plus chers, s'il faut que le culti-vateur en chef (soit fermier, soit propriétaire) leur restitue le mon-tant de toutes les exactions qu'ils souffrent, et leur procure encore une vie douce et commode. Leurs salaires doivent augmenter sans cesse à proportion de leurs impôts, s'il faut que leur sort ne soit pas rendu pire.

En ce cas, *la culture* est surchargée [163] de tout l'impôt et de tous les frais qu'il coute à lever, et cette surcharge supportée d'abord par le cultivateur en chef, retombe bientôt sur le proprié-taire même, dont le revenu quitte et net est diminué dans le bail à ferme ; c'est ainsi que l'assiette et l'augmentation continuelle des taxes et des autres charges sur les ouvriers ruraux, fait diminuer le loyer des terres, ou les empêche d'augmenter de prix dans la pro-gression qu'elles devroient suivre, préjudice évident pour les propriétaires.

Autrement il faut supposer que cette race précieuse devient chaque jour plus misérable, que son sort est rendu plus dur, sa vie plus triste et plus pénible ; en ce cas il est évident qu'elle se dépeuple, qu'elle se décourage, qu'elle perd l'émulation, l'industrie, la vigueur, qu'elle ne peut plus produire de nouvelles recrues de bons, de riches, d'habiles fermiers ou directeurs en chef de [164] grandes exploitations productives. C'est ainsi que les mêmes taxes opèrent encore par un autre moyen la dégradation de l'art produc-tif. C'est ainsi qu'elles font diminuer la richesse et l'industrie dans la Classe cultivatrice, et qu'elles dégradent par conséquent le prix des terres, ou le loyer qu'en retirent les propriétaires fonciers.

L'avidité ou l'orgueil mal entendu travaillent donc contre eux-mêmes, quand ils veulent rejetter sur le simple ouvrier des campagnes le poids des impôts arbitraires : ce poids retombe tout entier sur le prix de leurs héritages, mais il n'y retombe qu'après avoir opéré la ruine de la *Classe cultivatrice*, qu'après avoir diminué la population de cette espece d'hommes les plus laborieux de la société, qu'après avoir excité tous ceux qui peuvent s'instruire et s'enrichir, à quitter le plutôt qu'il est possible un état de misere et d'avilissement.

[165] Pour comble d'erreur, la plupart des systêmes de la fiscalité moderne assimilent en ce point les chefs mêmes de la culture et des autres exploitations productives aux simples manœuvres qu'ils emploient dans leurs atteliers.

Ces fléaux destructeurs de l'exaction arbitraire et flétrissante, chassent donc sans cesse des campagnes la postérité des fermiers riches, actifs et intelligents, et dans le même-tems ils empêchent que cette race précieuse de fermiers ne se repeuple par la prospérité, par l'émulation des ouvriers de l'art productif plus habiles et plus heureux, qui la recruteroient sans cesse dans un Empire où le systême fiscal, respectant leur liberté personnelle, et le prix de leur travail journalier, leur laisseroit l'espoir et l'aisance de s'élever eux ou leur postérité jusqu'à cette qualité de cultivateur en chef.

Toutes les exactions qui tombent sur [166] l'une et l'autre division de la Classe cultivatrice sont donc en effet une *spoliation de l'art productif*, et c'est ainsi qu'on les appelle dans le langage économique.

C'est-à dire, que ces charges avilissantes et ruineuses pour la *Classe productive de l'Etat*, tendent à la rendre sans cesse moins nombreuse, moins riche, moins active, moins habile : que leur effet immédiat et infaillible est par conséquent la dégradation de la culture et des autres exploitations productives, par conséquent la diminution des récoltes, par conséquent la diminution de la masse des subsistances et des matieres premières, par conséquent la diminution de la somme totale des jouissances utiles et agréables, qui sont la propagation et le bien être de l'espece humaine sur la terre.

Malheur donc aux propriétaires fonciers et aux mandataires quelconques de l'autorité souveraine; malheur aux [167] Ouvriers de tous les arts stériles, lorsque les hommes dévoués aux travaux de l'art productif languissent sous le joug dur et flétrissant de la servitude ou de la fiscalité.

Dans une société vraiment policée suivant les principes économiques, les simples ouvriers de la culture, ceux des autres exploitations des deux regnes animal et minéral, seroient des hommes libres, quittes de toute charge, absolument maîtres de leur travail et des propriétés mobiliaires acquises par ce travail.

Aucune exaction ne leur ôteroit la possibilité de s'élever à la qualité de fermiers ou directeurs en chef de la culture, aucune prohibition ne les tiendroit exclus, ni eux ni leur postérité, des emplois quelconques de *l'art stérile*, ou même de *l'art social*.

[168] *Résumé général de la Classe productive ou cultivatrice.*

Tous les hommes employés aux exploitations diverses des trois regnes ; c'est-à-dire, premierement à la chasse, à la pêche, au pâturage ; secondement à la culture des végétaux ; troisiemement à la fouille des métaux et des minéraux de toute espece, composent cette seconde Classe.

La premiere division comprend les directeurs en chef des exploitations productives. Ils font à leurs dépends, risques, périls et fortunes, tous les préparatifs et tous les procédés de ces exploitations, et payent en argent ou en nature une ferme aux propriétaires fonciers, qui partagent ces revenus annuels avec le Souverain. Cette ferme étant le prix des grandes avances publiques faites par l'administration générale ou souveraine, et des avances fon[169]cieres faites par l'administration privée.

La seconde division de la Classe productive est composée des simples ouvriers des exploitations des trois regnes. Ils sont salariés par les chefs et directeurs, et travaillent pour le compte de ces premiers entrepreneurs, aux risques, périls et fortunes des entreprises dont ils ne sont que les manœuvres.

CHAPITRE V.

Analyse particuliere de la troisieme Classe.

ARTICLE PREMIER.

Travaux caractéristiques de cette troisieme Classe.

Les *avances* publiques de la Souveraineté, c'est à dire les travaux de l'art social, ou les soins de l'autorité suprême instruisante, protegeante, administrante, et les *avances foncieres* de l'autorité domestique, qui forment les propriétés territoriales, caractérisent la premiere classe.

La *culture*, ses préparatifs ou avances primitives, et ses procédés ou avances annuelles et journalieres, caractérisent la seconde.

Toute *récolte* des bienfaits de la nature est l'effet de ces travaux ; c'est par [171] eux, c'est par leur efficacité qu'il existe des productions naturelles propres à nos jouissances utiles ou agréables ; des productions. disposées par leurs qualités physiques à devenir ou des subsistances des êtres vivants, ou les matieres premieres des ouvrages de durée.

Tous ces travaux portent le nom d'*avances,* parcequ'ils sont en effet des préparatifs plus ou moins immédiats, qui se font *avant* les récoltes, le façonnement et la consommation des productions naturelles.

Je viens d'expliquer l'ordre de ces avances productives, et d'en distinguer quatre especes différentes : Deux qui s'operent par la Classe noble ou propriétaire ; savoir les avances souveraines sur tout le sol d'un Etat ou d'une Province, et les avances foncieres sur le sol particulier d'un héritage : Deux qui s'operent par la Classe productive ; savoir les avances primitives ou les pré[172]paratifs de la culture, et les avances annuelles ou procédés journaliers de cette exploitation : les unes et les autres dirigées et payées par les chefs ou directeurs de la culture, appliquées aux risques, périls et fortune de ces entrepreneurs, par les manœuvres ou simples ouvriers salariés de cette classe.

De-là naissent des récoltes plus faciles, plus abondantes, plus assurées de productions d'une qualité supérieure. C'est la Classe productive qui les recueille, c'est à l'entrepreneur de la culture qu'elles appartiennent, sauf l'acquittement des droits que la Classe noble ou propriétaire peut et doit réclamer pour prix des avances foncieres et souveraines.

Mais ces bienfaits de la nature considérés dans les mains de la Classe productive, ne sont encore que des *matieres brutes*, et dans cet état de simplicité primitive ; elles n'ont point encore ac-[**173**] quis les qualités qui les rendent propres aux jouissances utiles ou agréables, qui sont notre conservation et notre bien-être.

Il faut que ces matieres brutes soient plus ou moins polies, façonnées, combinées entr'elles, pour devenir ou des subsistances journalieres d'êtres vivants, ou des ouvrages de durée.

Tous les hommes qui s'occupent immédiatement à préparer ainsi des *jouissances*, ou qui sont dévoués aux traxaux de *l'art stérile*, forment la troisieme classe des Etats policés. Je le répéte ici, puisque nous avons éprouvé mille fois qu'on ne peut pas trop le répéter, *stérile* par opposition à *fécond* ou *productif*, non par opposition à *utile* ou *nécessaire*.

Car il est de la plus suprême évidence que la plupart des productions naturelles ne nous sont agréables ou salutaires, qu'après avoir reçu des mains de l'art stérile plusieurs préparations qui font [**174**] leur mérite ou leur agrément.

Voici donc le caractere distinctif de cette troisieme classe et de ses travaux, c'est qu'ils ont pour but *immédiat* les jouissances des hommes, la *consommation* des productions de la nature, soit la consommation totale subite et momentanée en subsistances, soit la consommation lente, successive et partielle en ouvrages de durée.

Article II.

Analyse de la troisieme Classe en quatre divisions.

Si nous considérons les emplois divers de tous les hommes, qui ne sont occupés ni aux travaux de l'art social, c'est-à-dire, à l'exercice de l'autorité souveraine ou à l'administration des propriétés foncieres, ni aux travaux de l'art productif, c'est-à-dire, aux préparatifs ou aux procédés de la culture ; nous les trouverons partagés en quatre especes.

[175] Les uns façonnent les productions naturelles, ils les divisent, les polissent, les incorporent et les combinent en cent et cent manieres.

Les autres les voiturent d'un lieu dans un autre, soit dans l'état brut de leur simplicité primitive, soit après qu'elles ont été plus ou moins façonnées.

Les troisiemes les achetent de la main de ceux qui les ont produites ou façonnées, pour les revendre à ceux qui doivent les consommer.

Ces trois especes d'hommes employés aux travaux de l'art stérile, opèrent sur les productions naturelles, et procurent aux hommes divers des jouissances utiles ou agréables, en mettant à leur portée des objets réels sous une forme convenable à leur conservation et à leur bien-être.

Mais il en est une quatrieme espece ; qui rendent des services purement personnels, pour lesquels il ne mettent en [176] usage que leur savoir, leur adresse, leurs attentions, leur obéissance.

Telles sont les quatre divisions de la Classe stérile.

La premiere est celle des manufactures ou des ouvriers façonneurs. La seconde est celle des voituriers, la troisieme est celle du trafic ou des marchands et négociants. La quatrieme est celle des services personnels ou des simples salariés.

ARTICLE III.

Analyse de la division des Manufactures, en deux subdivisions.

Pour analyser avec exactitude et precision cette premiere division de la classe stérile, il faut distinguer premierement les *façons* qui sont relatives aux subsistances, secondement celles qui forment les ouvrages de durée ou de conservation.

[177] <center>N°. PREMIER.</center>

Des Ouvriers employés aux subsistances.

Observons d'abord une distinction qui se trouve plus ou moins marquée dans les grands Etats policés, entre les chefs et directeurs des travaux de ce genre, et les simples ouvriers ou manœuvres qui operent sous leurs ordres.

Le chef fait les avances ou les préparatifs de la fabrication, il en court les risques, il l'ordonne et la dirige par son art; le simple ouvrier exécute et reçoit son salaire.

Cette distinction peut être naturelle et avantageuse, mais elle peut être factice et nuisible, c'est ce qu'on doit considérer.

On sait désormais ce qu'il faut entendre par une distinction avantageuse ou nuisible. La premiere est celle qui opere la multi-plication des jouissances, l'amélioration des objets qui procurent notre [178] bien-être, l'autre est celle qui diminue cette somme des jouissances, cette masse des objets propres à nous les procurer.

Or, il est sensible que les objets sont façonnés beaucoup mieux, à moins de frais, d'une maniere plus prompte et moins variable dans un grand attelier, pourvu par avance de matieres premieres, de grands et forts instruments, sous la direction d'un très habile maître, qu'ils ne le sont en petit par un simple ouvrier dépourvu d'arts et de moyens.

C'est donc un bien réel quand il s'éleve un chef qui fait, qui veut et qui peut opérer *en grand*, même dans les manufactures qui n'ont pour objet que le façonnement des subsistances.

Prenons pour exemple l'art le plus utile de tous, celui qui nous fournit l'aliment le plus commun et le plus indispensable, l'art de la boulangerie.

La différence est énorme pour l'épargne des frais de tout genre, comme lo[179]cations de magasins, manutention, mélange et assor-timent des farines, frais de fabrication, cuisson et débit du pain, entre une grande boulangerie dirigée par un seul chef riche, hon-nête et habile, et la cuisson que fait une pauvre femme particu-liere, ou même un pauvre ouvrier sans avances, dont le débit est très borné; l'un peut vous donner du pain excellent à beaucoup meilleur marché; l'autre ne peut se procurer à soi-même, ou vous vendre que du pain très médiocre et fort cher.

C'est la force des avances, la bonne qualité qui résulte de la con-servation et de la combinaison des farines, l'ensemble et la conti-nuité des opérations, l'efficacité des bonnes et grandes machines, qui procurent ces avantages réunis du bon prix et de la qualité supérieure.

C'est le manque de moyens, de local, d'instruments et de direction générale, [180] qui rendent le pain des fabricateurs isolés, plus cher et moins bon que celui des grandes boulangeries [1].

J'aime à insister sur cet exemple, parcequ'un des plus grands services qu'on puisse rendre à l'espece humaine, est et sera toujours probablement dans notre Europe, de procurer au Peuple de bon pain à bon marché.

L'établissement des grands et forts atteliers sous la direction de chefs opulents et industrieux, tend donc à procurer au même prix une plus grande somme de jouissances plus agréables : [181] c'est donc un vrai bien pour l'humanité, quand c'est la liberté, l'instruction, l'aisance et l'émulation qui les procurent.

Mais si la distinction des ouvriers en maîtres, chefs ou directeurs des fabrications, et en simples manœuvres ou compagnons, comme ils s'appellent, est purement *factice*, si elle est appuyée sur des prohibitions, des priviléges exclusifs, des formalités et des exactions; alors elle est nuisible au lieu d'être profitable, puisqu'elle tend à diminuer les jouissances, à augmenter le prix et altérer la qualité, au lieu de procurer le bon marché des subsistances et leur amélioration.

C'est ce qu'on voit néanmoins dans presque toutes les sociétés de notre Europe moderne. Les priviléges exclusifs d'ouvrier en chef se vendent moyennant quelques taxes et quelques formalités, même dans les métiers qui regar[182]dent les aliments les plus indispensables au pauvre Peuple, tels que le pain, la viande, les légumes, les boissons, le bois à brûler, les épiceries communes, et autres denrées comestibles. Dans quelques pays mêmes les drogues médicinales sont assujetties au privilége exclusif de vente et de fabrication.

Une premiere faute en attire toujours plusieurs autres : on a senti par-tout que des artisans privilégiés ayant le droit exclusif de fabriquer les subsistances, exerceroient une espece de tyrannie sur les consommateurs, s'ils étoient en petit nombre : on a senti qu'ils en trouveroient les prétextes dans les taxes qu'on leur imposoit, et dans les formalités auxquelles on les assujettissoit, qu'ils y trouveroient même les plus grandes facilités par leur réunion en espece

<hr>

1. J'en ai donné des preuves dans les *Avis au Peuple*, et dans l'*Avis aux Honnêtes Gens*. Tout le monde peut vérifier, par exemple, dans la Maison de S*i*on, à Paris, qui sert de Boulangerie générale à tous les Hôpitaux de la Ville et des environs, dépendants de l'*Hôpital Général*, combien peu coûte la fabrication du pain qui est excellent dans son espece.

de Républiques ou de Corps et Communauté, ayant ses loix, ses usages, son espece de Magistrature.

[183] On a cru trouver un moyen d'empêcher ce monopole et cette collusion, en multipliant le nombre des ouvriers en chef par privilége, et même en leur cherchant des concurrents parmi le Peuple des campagnes voisines.

Mais ou n'a pas pris garde que ce moyen étoit contradictoire avec le *principe* infaillible d'où dérive l'avantage public et universel; c'est-à-dire avec le profit du fabricateur, la bonne qualité des matieres et des façons, et le bon marché des subsistances. Ce *principe*, c'est un grand et fort attelier, conduit par un chef riche, honnête et intelligent, qui opere librement et sans exactions.

Si les systêmes, soi-disant politiques, ne s'en étoient jamais mêlés, l'ancienne et primitive liberté, antérieure à tous reglements, à tous priviléges exclusifs, à toutes corporations, à toutes taxes, à toutes prohibitions, subsisteroit encore; car c'est évidemment l'état na[184]turel, c'est celui d'où les hommes sont certainement sortis par chaque ordonnance, par chaque établissement réglementaire.

En cet état, l'adresse, le bonheur, l'aisance, l'émulation, l'honnêteté des meilleurs ouvriers auroient produit peu à-peu ces grands, ces riches atteliers si profitables au bien général.

Dans cet état de liberté, d'immunité parfaites, nul fabricateur de subsistances ne pourroit obtenir la préférence que par la meilleure façon et le meilleur marché; nul ne trouveroit aucun obstacle à la mériter à ce prix, de-là naîtroient des desirs, des efforts et des succès continuels au grand avantage de tous; desirs, efforts, succès dirigés vers le vrai but, c'est-à-dire, vers la formation progressive et continuelle des plus grands, des plus riches, des meilleurs atteliers, qui operent la perfection et le meilleur marché.

[185] Au lieu de la *liberté* et de *l'immunité*, dès que vous avez fait marcher le privilége exclusif, les formalités, les corporations et les taxes; dès que vous avez pris pour contrepoison des fraudes et des malfaçons qu'entraîne ce systême, la multiplication des atteliers; il est d'une souveraine évidence que vous êtes dans la route précisément opposée à celle qui conduit au plus grand avantage de tous.

Le privilége et le réglement éteignent nécessairement le desir et le pouvoir de perfectionner l'art; les taxes, les formalités longues et dispendieuses, la multiplication des atteliers qui susdivisent les profits, en ôtent les moyens.

Cette erreur est néanmoins presque générale dans les Etats policés de notre Europe ; et ce qu'il y a de plus singulier, c'est qu'elle a plus opéré sur les subsistances de premiere nécessité que sur toutes les autres. Les boulangeries, les [186] boucheries, les ventes des petites denrées et boissons usuelles, sont presque par-tout les plus assujetties à des réglements, des formalités, des exactions et des priviléges exclusifs.

Ce mauvais *systême* part de la même source que celui de *rançonner* par des impôts et charges personnelles les ouvriers de la culture.

On a cru favoriser les *propriétaires des terres* en rejettant les taxes sur les *artisans* de toute espece. Quelle faveur cependant quand on y réfléchit avec attention ? des ouvriers privilégiés à prix d'argent, surchargés d'exactions, gênés par toutes sortes de réglements, et multipliés le plus qu'il est possible, ne peuvent opérer que plus mal et vendre plus cherement. Vendre plus cher, c'est diminuer la somme des *jouissances* ; opérer mal, c'est altérer le bien-être ou l'utilité qu'elle devroit procurer : mais je demande quel autre mal pourroit donc faire aux pro[187]priétaires l'exaction directe d'un impôt payé par eux-mêmes, que de leur enlever une somme de jouissances et les réduire à consommer des objets d'une qualité fort inférieure à ceux dont ils devroient user ?

Je reviendrai sur cet objet digne des plus sérieuses réflexions ; qu'il me suffise quant à présent de remarquer d'abord la nécessité d'accorder le premier rang dans toute spéculation politique aux ouvriers en chef, dont l'*art* a pour objet le façonnement des *subsistances*.

Secondement, la grande utilité générale du meilleur prix et de la qualité supérieure, qui résulte nécessairement en cette partie, comme en toute autre, des grands et forts atteliers établis par de fortes avances, conduits par un chef riche, honnête, habile et plein d'émulation.

Troisiemement, que la formation de [188] ces atteliers opulents est l'effet nécessaire et infaillible de *l'immunité*, de *la liberté* parfaites ; que les exactions, les réglements, les prohibitions, les taxes, les formalités, les priviléges exclusifs, sont évidemment les obstacles les plus opposés à ces établissements.

Quant aux simples ouvriers ou manœuvres de toutes ces fabrications de premiere utilité, leur sort peut être fixé dans le second rang, par des causes toutes *naturelles*, défaut de savoir, défaut d'émulation ou de conduite, défaut de moyens ou d'avances, trois raisons qui peuvent condamner un ouvrier à travailler toute sa vie sous la direction d'un chef, comme simple instrument passif de l'art auquel il s'est dévoué.

Mais dans la plupart des Etats prétendus policés par la manie réglementaire, il est des causes purement *factices* qui dérangent l'ordre naturel, en vio[189]lant les libertés, en étouffant les talents et en forçant la destinée des hommes.

Telle étoit par exemple cette loi singuliere des anciens Egyptiens qui nécessitoit les enfants à se consacrer aux mêmes travaux que leur pere.

Tel est l'usage des pays où regne encore la servitude personnelle; où par suite de cette horrible oppression, le maître se croit en droit de distribuer arbitrairement des emplois à ses esclaves.

Telles sont encore toutes les exclusions prononcées par les sys- têmes modernes des corporations, des statuts et réglements qui les concernent.

Ce système absurde est né dans les tems d'ignorance et de guerres intestines, quand le systême féodal a commencé à se dissoudre dans notre Europe méridionale. Après avoir rendu les villes du même Empire étrangeres aux campa[190]gnes même les plus prochaines, et pareillement étrangeres les unes aux autres ; on les a composées elles-mêmes successivement de cent et cent petites especes de Républiques également étrangeres entr'elles et même souvent enne- mies.

Une politique fausse et barbare, a mis toute son étude à fomen- ter, à fortifier sans cesse ces divisions, ces guerres sourdes de toutes les villes contre toutes les campagnes, des villes contre les autres villes ; et des habitans des mêmes cités pelotonnés par corps et communautés d'artisans les uns contre les autres : et l'on appelloit encore *sociétés policées*, des Nations ainsi organisées par l'esprit de jalousie, d'exclusion, de défiance, d'usurpation et de représailles.

De-là sont nées les regles bisares d'apprentissage, de compagno- nage, de chef d'œuvre, de réception à la maîtrise, même dans les arts les plus sim[191]ples, tels que ceux qui façonnent les subsis- tances.

De-là sont nées les préférences et faveur des fils ou gendres des privilégiés du corps ; et les exclusions des étrangers qui n'auroient pas remplis les formalités, subi les longues épreuves, rendu les longs services prescrits par les statuts.

Le résultat de toutes ces belles inventions, c'est qu'un homme riche, habile, industrieux, honnête, qui sait, qui peut, qui veut rendre un service très utile au public, même dans la fabrication des subsistances les plus nécessaires, le rendre mieux, le rendre à plus bas prix, en est formellement empêché par de prétendues loix, accumulées au hasard sans connoissance de cause et sans réflexion [1].

[192] C'est-là ce qu'on doit appeller des *causes factices*, opposées à l'établissement des bonnes et utiles fabrications de subsistances, obstacles mis aux succès de l'émulation, obstacles qui sacrifient le bien-être public, qui violent les libertés, et qui attentent aux propriétés de toutes les classes.

Les simples ouvriers de ces fabrica[193]tions devroient donc, suivant le droit naturel, être tels par leur choix; ils devroient, pour s'ériger en chefs ou directeurs de ces travaux, n'avoir besoin que des trois conditions prescrites par la nature; c'est-à-dire, de le *savoir*, de le *pouvoir*, de le *vouloir*. Toute autre condition imposée répugne essentiellement à l'idée d'un Etat policé suivant les vrais principes économiques.

Nᵒ. II.

Des Ouvriers employés aux Ouvrages de durée.

Les richesses de consommation lente, partielle et successive, qu'on appelle richesses de conservation ou de durée, telles que les édifices ou habitations, les meubles, les instruments, les vêtements et les bijoux divers, sont l'objet du travail qui caractérise la seconde subdivision des *ouvriers façonneurs*.

---

1. C'est ce que j'ai moi-même éprouvé dans une grande Capitale, pour l'objet certainement le plus utile; pour le pain. Et dans quel tems? dans un tems d'excessive cherté, de murmure et d'erreurs pernicieuses, fondées sur cette même cherté, sur ces mêmes murmures. Jamais, malgré les bonnes intentions de plusieurs Magistrats très zélés, malgré les sollicitations de plusieurs bons Citoyens, malgré les meilleures raisons et les plus grands efforts; jamais je n'ai pu réussir à faire fournir à des *consommateurs* qui le desiroient passionnément, du pain beaucoup meilleur que celui des Boulangers privilégiés, à un tiers meilleur marché, parceque celui qui savoit, qui vouloit, qui pouvoit le fournir, n'étoit pas admissible suivant les Statuts, et parceque le bien public qu'il vouloit opérer n'étoit pas conforme aux Réglements et aux usages.

Ce travail caractéristique est lui-mê[194]me de deux especes différentes, l'une de *préparation*, l'autre *d'opération* ; et c'est une derniere distinction facile à vérifier.

En effet, il est une sorte d'ouvriers et d'ouvrages qui disposent seulement les *matieres premieres*, qui les rendent propres à devenir un jour partie plus ou moins principale de quelque édifice, de quelque ameublement, de quelque parure : ce travail se fait dans les atteliers et dans les manufactures.

Il est une seconde sorte d'ouvriers et d'ouvrages qui font emploi des matieres premieres ainsi préparées, et qui forment par leur assemblage, des maisons, des meubles, des habits, des bijouteries de toute espece : ce travail se fait plus communément dans les boutiques des artisans.

Il seroit inutile sans doute, et presque injurieux à nos Lecteurs de leur expliquer l'utilité de cette industrie, de son [195] développement, de ses progrès successifs et continuels, puisqu'il est d'une souveraine évidence que le bien-être, que les douceurs et les commodités de la vie sont attachées aux jouissances que nous procurent ces travaux réunis.

Mais un objet qu'il est peut-être essentiel de se rappeller ici plus distinctement, c'est l'origine même de ces travaux qui procurent les jouissances utiles et agréables, attachées à la consommation des ouvrages de durée.

Cette origine trop oubliée, c'est la *multiplication* des *récoltes*, des *subsistances* et des *matieres premieres*, jointe avec *l'épargne* des *hommes* employés aux travaux productifs.

Rappellons-nous bien, et gravons profondément pour toujours dans notre mémoire, que c'est l'une et l'autre cause réunies ensemble qui operent cet heureux effet, et qui l'operent par leur concours.

[196] Tout *Manufacturier* qui *prépare*, tout *Ouvrier* qui *opere*, suppose nécessairement trois choses préexistantes, sans lesquelles son travail ne s'accompliroit pas. Ces trois choses sont, 1º. ses *subsistances*, 2º. les *matieres* qu'il façonne, 3º. l'inutilité de son *travail* à la réproduction annuelle des unes et des autres.

Quand nous avons établi comme loi fondamentale de la Classe productive, qu'elle devoit tendre par son savoir, par son émulation, par ses avances, à multiplier les récoltes des trois regnes, en épargnant le plus qu'il est possible le travail annuel et journalier des hommes, c'étoit de la Classe stérile, de la multiplication de ses agents et de leurs ouvrages, que nous jettions alors les fondements naturels.

La même regle universelle et invariable caractérise les progrès de l'art stérile et de chacune de ses portions diverses ; « multiplier les « jouissances utiles [197] ou agréables, en épargnant le plus qu'il « est possible les subsistances, les matieres, le travail annuel et « journalier des hommes » ; c'est l'effet qu'il faut opérer par le savoir, par l'émulation, par les bonnes avances des manufacturiers et des autres ouvriers subséquents.

Il est singulier qu'on ait si souvent négligé ce point de vue si naturel, et qu'on ait fait tant d'efforts incroyables pour empêcher, ou la multiplication des jouissances, ou l'épargne des productions naturelles et du travail.

Tout le monde trouve aujourd'hui , sans doute, qu'il étoit souve- rainement absurde, par exemple, de s'opposer à l'établissement de l'Imprimerie, sous le pretexte que trois ou quatre ouvriers feroient par cette invention, dans l'espace d'un mois, dix fois plus d'exemplaires d'un Livre, que deux mille des copistes employés alors n'en pouvoient [198] faire en trois ou quatre mois d'un travail très assidu ; qu'il n'étoit pas plus raisonnable de condamner l'invention du métier qui fait les bas et les autres ouvrages de bonneterie, par la raison qu'il épargnoit neuf dixiémes des ouvriers tricottant à l'aiguille.

Cependant, toutes les sociétés policées de notre Europe moderne, sont encore infectées d'ordonnances systématiques très multipliées, qui n'ont pas d'autre base que le principe des détracteurs de ces deux inventions, ni d'autre effet que celui qui eût résulté de leur abolition, si les préjugés et l'intérêt personnel eussent pû les étouffer dans leur naissance. Borner les *jouissances*, empêcher leur multiplication, leur variété, c'est ce qu'operent sans cesse les réglements, les priviléges exclusifs, les prohibitions, les formalités, les exactions de mille et mille especes, sous le joug desquelles gémissent par-tout l'é[199]mulation et l'industrie des manufac- turiers et des artisans.

C'est un spectacle étrange à considérer dans les Etats réglemen- taires, que le combat continuel de l'émulation et de l'industrie contre les ordonnances et les priviléges. Les espionages, les défenses, les procès, les saisies, les amendes, les confiscations, les emprisonnements, qui sont les suites journalieres de ce système réglementaire, auroient dû ce semble en désabuser depuis long-tems les hommes de bonne foi.

De quel droit, s'il vous plait, par quel motif et pour quelle utilité décidez-vous que telle ou telle sorte d'ouvrage de durée sera faite de telle maniere, et non de toute autre, par telle personne et non par toute autre ? car ou je trouverai mon plaisir et mon avantage à jouir *ainsi*, ou je le trouverai à jouir *autrement*, moi légitime possesseur d'un bien acquis par mon travail quelconque, et [200] qui puis l'employer à mon bien être. Si je trouve mon plaisir et mon avantage à consommer tel ou tel objet, à faire travailler pour moi tel ou tel ouvrier, et à le faire travailler ainsi, vos réglements et vos priviléges lui sont très inutiles. Si je ne l'y trouve pas ; si je le trouvois au contraire, dans l'objet que vous prohibez, dans la personne que vous excluez ? vous violez évidemment ma *liberté*, ma *propriété* ; vous *empêchez*, vous restreignez mes *jouissances*. Or c'est-là précisément le *mal moral*, le *délit*, l'usurpation, c'est précisément ce que *l'autorité* doit empêcher.

Pour qu'il y eût *justice* dans les réglements et priviléges, il faudroit supposer que la forme réglementaire est infailliblement et toujours la plus agréable aux consommateurs ; que l'ouvrier privilégié est infailliblement celui qui leur convient le mieux ; alors le reglement et le privilege ne seroient qu'*inutiles*.

[201] Mais toute dispute, toute contravention aux réglements, tout acte qu'on appelle *fraude*, est une preuve *évidente* qu'il y a des consommateurs qui veulent d'autres matieres que celles du réglement, d'autres ouvriers que ceux du privilége, d'où il suit que l'un et l'autre établissement n'a pû être fait qu'au préjudice des *libertés* de ces consommateurs et de leurs *propriétés* ; d'où il suit qu'il empêche les jouissances légitimes, et qu'il porte par conséquent le caractere ineffaçable de réprobation économique, n'étant appuyé sur aucune base que des volontés arbitraires et aveugles, non sur *l'autorité* qui doit être protectrice et garante de ces *propriétés*, de ces *libertés*, violées par les réglements.

C'est néanmoins sous le faux prétexte de procurer, d'assurer, de varier et multiplier les jouissances, qu'on a mis en usage tant d'ordonnances, tant de corps et communautés avec des distinctions, [202] des priviléges, des exclusions, des formalités, des taxes, et d'autres vexations de tout genre, inséparables de ces corporations ou jurandes.

Voici quel est l'effet de ces établissements systématiques si multipliés chez la plupart des Peuples de l'Europe.

Dans l'Etat de liberté générale, d'immunité parfaite ; les habitations, les meubles, les vêtements, les bijoux de toute espece seroient fournis à tous les consommateurs, par tout manufacturier, par tout ouvrier quelconque (sans nulle distinction) qui *sauroit*, qui *voudroit* et qui *pourroit* en faire les avances, les préparatifs ou le travail immédiat, en donnant, soit aux matieres premieres, soit aux ouvrages mêmes la forme et le goût le plus convenable aux volontés, aux moyens, aux dispositions actuelles du consommateur qui voudroit *jouir*.

Sous l'empire des ordonnances réglementaires et restrictives ; premierement [203] on est obligé de donner aux matieres préparatoires, et souvent même aux ouvrages une *forme* déterminée, qu'on a quelquefois voulu rendre comme *invariable*, en poussant jusqu'à la superstition l'absurdité du réglement. Cent et cent manieres différentes, souvent meilleures, moins cheres, plus commodes, plus agréables aux consommateurs, sont réprouvées uniquement parcequ'elles ne sont pas autorisées.

Secondement, il n'existe dans un grand Etat, dans une Province, dans une Ville, dans un gros Bourg, qu'un certain nombre d'ouvriers en chef, qui puissent donner ces formes autorisées, soit aux matieres, soit aux ouvrages même.

Troisiémement, il n'est pas même permis à tout homme qui le peut et qui le veut, de servir à ces maîtres privilégiés de manœuvre ou de compagnon, il faut encore avoir rempli des forma[204]lités, avoir subi des taxes, et s'assujettir habituellement à diverses contraintes.

Ce qu'il y a de pis, c'est que les exactions très répétées et très multipliées, operent à la fin une forte surcharge ; c'est que les formalités sont en grand nombre, c'est que les maîtres tiennent le plus qu'ils peuvent les ouvriers ou simples compagnons dans la dépendance, et dans une espece de servitude; c'est qu'ils s'attribuent le privilége exclusif d'instruire les apprentifs, et qu'ils les instruisent mal, prolongeant exprès leur institution, et la rendant la moins prompte, la moins parfaite qu'il leur est possible. Enfin, c'est que les chefs des corps et communautés, ayant une espece de pouvoir, s'en servent pour autoriser et perpétuer des abus qui tournent au désavantage du public en plusieurs manieres différentes.

Somme totale, l'esprit général des réglements et des corps privilégiés est donc [205] uniquement et manifestement de réprimer et
de rendre même en quelque sorte criminelle l'émulation de procurer (par un plus grand savoir, par de meilleures épargnes des
faux frais, et par de plus fortes avances faites dans de plus beaux
atteliers) plus de jouissances à meilleur marché. Exclure ainsi les
choses ou les personnes quelconques, accumuler les formalités, les
pertes de temps, les faux frais et les vexations, c'est donc évidemment éteindre l'émulation, et lui retrancher par avance tous les
moyens de prospérer.

Liberté, liberté totale, *immunité parfaite*, voilà donc la loi fondamentale ; *savoir, vouloir*, et *pouvoir* élever un attelier, voilà le
seul caractere naturel qui doit former la distinction entre les
manufacturiers ou les ouvriers en chef et les simples manœuvres.
L'industrie de celui qui fournit, et la volonté de celui qui
consomme ; voilà le seul régle[206]ment naturel de tous les
Ouvrages possibles et imaginables.

Laissez les faire, comme disoit un célèbre Intendant du Commerce de France[1] : voilà toute la législation des manufactures et
des arts stériles, tout le reste n'est que le système incapable de
soutenir les regards de la philosophie, et l'épreuve de la justice
par essence.

Qu'on les *laisse faire*, c'est la vraie *législation*, c'est-à-dire, la
fonction de l'autorité garantissante. Elle *doit* d'assurer à tout
homme quelconque cette portion précieuse de sa liberté personnelle,
d'employer son intelligence, son tems, ses forces, ses moyens ou
ses avances, à donner aux productions de la nature, dont il sera
le légitime acquéreur, la forme qu'il jugera convenable, soit pour
ses propres jouissances, soit pour celles d'un autre homme avec
lequel il espé[207]rera faire quelque échange agréable à l'un et à
l'autre.

Il est d'une suprême évidence qu'on ne peut violer cette liberté
personnelle de l'homme qui *travailleroit*, sans qu'on blesse en
même-tems les propriétés et les libertés des hommes qui *jouiroient*
de son travail ; c'est à quoi la plupart des administrateurs ne font
pas attention. Les guerres continuelles que les réglements excitent
entre les ouvriers, leur semblent indifférentes pour tout le reste

1. Feu Monsieur de Gournay.

de la société : ils imaginent qu'il ne s'agit que de l'intérêt de tel ou de tel ouvrier.

C'est par cette erreur que la plupart des Tribunaux d'Europe se sont laissés séduire. Des Compagnies qui se seroient fait le plus grand scrupule de décider une question d'une pistole contre un particulier, sans qu'il eût été partie dans la cause, et qu'il eût pû faire entendre ses raisons, ont cru mille et mille fois qu'il leur suffisoit de consulter les *maîtres* de [**208**] telle ou telle profession, pour adopter tels ou tels réglements exclusifs des choses ou des personnes ; ils n'ont pas pris garde qu'ils sacrifioient là d'un trait de plume la *liberté de plusieurs milliers d'hommes nés et à naître*, non-seulement comme travailleurs, mais encore comme jouissants ou comme consommateurs ; ils n'ont pas pris garde qu'ils les jugeoient sans les entendre, et leur faisoient d'avance une espece de crime d'un usage très légitime de leurs facultés et de leurs propriétés.

Heureusement notre siècle se corrige de cette antique barbarie: des Princes philosophes, de grands Ministres, d'habiles administrateurs du second ordre, des Magistrats et des Tribunaux entiers éclairés sur les vrais principes, ont adopté pour législation, ce mot sublime *laissez-les faire*, qui mériteroit d'être gravé en lettres d'or sur une colonne de marbre, dont il faudroit orner le tombeau de son [**209**] Auteur, en brûlant au lieu d'encens au pied de son image placée sur cette colonne, les recueils énormes, sous le poids desquels gémissent dans notre Europe les manufactures et tous les arts, qui nous logent, nous meublent, nous vétissent ou nous amusent.

La puissance souveraine de l'Etat, protectrice des propriétés, doit donc procurer aux ouvriers qui façonnent, et aux consommateurs qui veulent jouir, *liberté parfaite, immunité totale*; c'est la *justice* ou le devoir de *l'autorité garantissante*.

Elle doit répandre, maintenir, confirmer et perfectionner le goût, l'émulation, l'industrie, le *savoir*, qui font prospérer tous les arts; c'est le second devoir du Souverain, trop négligé sans doute pendant plusieurs siecles parmi les Nations modernes de notre Europe.

Car le hasard a presque seul fait éclore les chefs d'œuvre les plus précieux de [**210**] l'industrie. Bien loin d'être excités et récompensés par un Gouvernement paternel, les premiers inventeurs, les plus illustres perfectionneurs des arts n'ont que trop été persécutés

par le vil intérêt personnel, souvent même par le zèle pour l'exécution de certains commandements aveugles, de quelques volontés
arbitraires et destructives. Le bonheur seul et l'opiniâtreté de
quelques ames fortement éprises de l'amour du bien public ont conservé ces inventions, en ont étendu l'usage et l'ont perpétué dans
nos sociétés policées.

La Puissance suprême n'a pourtant point de *devoir* ni *d'intérêt*
plus pressant que celui de veiller à l'entretien, au perfectionnement
continuel de cette précieuse industrie : c'est à elle qu'il appartient
et qu'il importe d'accueillir, d'exciter, de récompenser tous ses
efforts, d'en faire connoître universellement l'usage, et de le perpétuer pour le [211] bien-être des races futures : c'est la fonction de
l'autorité instruisante.

ARTICLE IV.

Analyse de la seconde division.

Il est encore un troisieme devoir à remplir pour l'avantage commun du Souverain et de toutes les Classes de la *Société*, pour l'intérêt particulier de tous les individus; c'est celui de procurer au
commerce, à l'industrie, les grandes *facilités* qui résultent de toutes
les propriétés publiques et communes bien formées, bien entrete-
nues : c'est le devoir de *l'autorité administrante.*

La nature a voulu que toute espece de sol, toute exposition, tout
climat eût ses productions différentes, depuis un pole jusqu'à
l'autre : de cette loi physique et irrésistible, résulte la plus grande
diversité dans les subsistances et dans les matieres premieres des
ouvrages de durée; et de cette diversité ré[212]sulte aussi la plus
agréable, la plus utile *variété* des jouissances, qui nous rendent la
vie douce et l'existence commode.

Mais pour rassembler autour de nous les objets qui naissent ou
qui sont façonnés au bout du monde, sous l'un et sous l'autre
hémisphere, il faut l'art et les moyens de les *voiturer* de la maniere
la plus *sure*, la plus *facile* et la *moins* dispendieuse.

Les *voituriers* quelconques forment donc la troisieme division
de la classe stérile.

J'ai déja remarqué ci-dessus que leur *art* est un de ceux qui s'est
le plus perfectionné dans les sociétés policées, et j'ai calculé com-

bien d'hommes, de temps et de dépense épargnent les gros navires, qui ne sont que des *voitures de mer.*

Il est évident que les jouissances des consommateurs, que l'abondance et la variété de ces jouissances dépendent très [213] immédiatement de la *sureté,* de la *facilité,* du *bon prix* des *voitures.*

Mais dans la plupart des Etats il est aisé de remarquer à cet égard plusieurs *vices d'administration* qui partent de principes totalement opposés, et qui tendent à l'effet tout contraire, c'est-à-dire, à l'empêchement des jouissances, à la gêne des libertés, à l'usurpation des propriétés.

Les *Voituriers* sont ou *oppresseurs* ou *opprimés* : ils sont *oppresseurs* quand ils sont riches, accrédités, réunis en corporations nombreuses et puissantes, tels que sont, par exemple, les *voituriers par mer*, où les Négociants de plusieurs Villes maritimes de l'Europe, qui se sont fait attribuer par force, par adresse ou par corruption, des privileges exclusifs onéreux aux producteurs, aux manufactures, aux trafiquants même, qui n'ont pas assez d'avances pour construire ou louer en entier les grosses [214] *voitures* maritimes qu'on appelle des navires.

Ces Villes formerent autrefois pour l'usurpation et le maintien de leurs privileges exclusifs, une ligue alors redoutable aux Souverains mêmes, sous le nom de *Villes anséatiques* : ligue dont la puissance est presque totalement détruite, mais dont l'esprit reste encore dans presque tous les ports.

Au contraire, les *voituriers* sont *opprimés*, c'est-à-dire, assujettis à des servitudes, ou rançonnés par des taxes, quand ils sont pauvres et isolés.

Dans l'un et dans l'autre cas ils sont infiniment moins utiles à toutes classes de la société, infiniment moins profitables au bienêtre de l'espece humaine.

ARTICLE V.

Analyse de la troisieme division.

Le trafic ou le négoce proprement dit, caractérise la troisieme division de [215] la classe stérile : elle est composée des Négociants, Marchands, Trafiquants de toute espece : on les appelle souvent *Commerçants.* C'est une équivoque dans notre langage nous confondons le *trafic* qui n'est qu'un accessoire, avec le *commerce*, dont il est le dernier agent, souvent très utile, quelquefois même presque indispensable, mais dont il n'est jamais la partie essentielle et constitutive, ce qu'il faut bien observer.

N°. PREMIER.

Distinction entre le Commerce et le Trafic.

« Acheter les productions naturelles, ou brutes ou façonnées, des « mains de ceux qui les ont produites ou travaillées, pour les « revendre à ceux qui doivent les consommer en subsistances, ou « les user en ouvrages de durée » ; c'est là ce qui caractérise le *trafic* ou le *négoce*.

[216] Le *Commerce*, pris dans sa véritable essence, est au contraire « tout échange des productions naturelles, brutes ou façonnées, « qui se fait entre les hommes ».

Deux producteurs voisins qui échangent de leurs denrées pour les consommer réciproquement, font un vrai *commerce*, sans l'intervention de nul ouvrier façonneur, de nul voiturier, de nul trafiquant. C'est le commerce le plus *simple* qu'il soit possible, mais aussi le plus avantageux aux deux producteurs, parcequ'il leur assure à eux seuls la *consommation* de tous les objets échangés, sans qu'ils soient obligés de payer aucuns frais ni salaires.

Quand il est plus agréable ou plus utile que les productions échangées reçoivent des façons, supportent des frais de voiture, et passent par les mains des trafiquants, le commerce en est alors moins *simple* ou plus compliqué. *Façon*[217]*ner, voiturer, trafiquer* les productions échangées, sont donc trois accessoires surajoutés et accidentels au *commerce* proprement dit.

Si l'ordre de la nature eût été qu'en semant du grain dans mon champ, le pain fût né comme il sort de la boutique d'un boulanger, et que mon plus proche voisin en semant du lin dans sa chenevrere, eût recueilli du linge tout prêt, comme il sort des mains d'une ouvriere; nous pourrions faire ensemble, sans l'entremise de nul autre agent intermédiaire, l'échange ou le commerce le plus simple, et par là même le plus avantageux qu'il soit possible.

Mais les accessoires coutent des frais ou des salaires aux *producteurs* et aux *consommateurs*, qui sont les vrais, les premiers, les essentiels agents de tout commerce, ces frais sur-ajoutés à l'échange pur et simple, le leur rendent d'autant moins *profitable*.

[218] C'en est assez pour faire sentir avec évidence, que trafic et commerce ne sont pas la même chose.

Les trafiquants, négociants ou marchands, dont le ministere est d'acheter du producteur les denrées simples ou du façonneur les marchandises, ouvrées pour les revendre au consommateur, *servent donc le commerce*; par leurs soins ils facilitent souvent les échanges et les consommations : c'est là ce qu'on veut exprimer quand on dit improprement qu'ils *font le commerce*.

On dit encore, par exemple : « Les Hollandois font un grand com-« merce dans la mer Baltique. » Or dans le vrai, c'est un grand *trafic*. Les Hollandois n'y sont qu'agents accessoires et accidentels du *commerce,* qui se fait entre les *producteurs* et les *consommateurs* du Nord et du Midi.

Ces agents accessoires du commerce font un profit mercantile, qui est le prix [219] de leur industrie, le salaire de leurs peines, l'intérêt de leurs avances, la compensation de leurs risques. Mais le principal avantage des *échanges* (dont les négociants font les opérations de détail) est toujours pour les *producteurs* et pour les consommateurs qui *jouissent* des *marchandises échangées.*

Donc les *producteurs*, qui sont la premiere ligne ou la source de tout commerce, et les *consommateurs*, qui en sont le but ou la fin, et la derniere ligne, sont les parties essentielles et constitutives, sans lesquelles il n'est pas possible que le *commerce* existe : *sans eux* les trafiquants ne seroient *rien*; car le négoce ne peut jamais s'en passer. Mais ils peuvent, eux, commercer sans *trafiquants*, et alors le *commerce* n'en est que meilleur.

Une doctrine sophistique s'étoit élevée, dans notre Europe moderne, sur le fondement ruineux de cette équivoque, trop commune dans notre langue. [220] *Il faut favoriser le commerce* : c'est un axiome général dont la vérité ne peut jamais être contestée; car il signifie dans l'exacte vérité, qu'il faut exciter et procurer à qui mieux, la multiplication des productions, celle des échanges, celle des jouissances ou consommations, qui font le bien-être des hommes.

Donc il faut favoriser le *trafic* et les *trafiquants*. C'est une conclusion toute différente de l'axiôme fondamental, conclusion trop souvent prise dans le sens le plus équivoque, et qui mérite d'être expliquée d'une maniere toute contraire à celle de plusieurs traités soi-disant politiques sur le commerce.

Car enfin, qu'entendez-vous par ces mots *favoriser le trafic et les trafiquants*? Vous pouvez leur donner deux sens tout différents : dans le premier la conclusion sera très véritable et très utile; dans le second elle sera très fausse et très préjudiciable; c'est ce que je tâcherai [**224**] de développer ici, en traitant premierement des vraies faveurs faites en même-temps au *commerce* proprement dit, et au *trafic* qui en est l'accessoire; secondement des faveurs pernicieuses accordées à quelques trafiquants, contre l'intérêt du commerce.

N°. II.

Des véritables faveurs dues au Commerce.

Liberté générale, immunité parfaite, facilités universelles; voilà ce qu'il faut procurer aux trafiquants, et même aux producteurs, aux façonneurs et aux consommateurs qui *commercent* ou font des échanges immédiatement par eux mêmes, sans se servir du minis- tere des hommes qui achetent pour revendre.

Liberté générale, qui dépend de la législation et de l'exercice de la justice distributive.

Immunité parfaite, qui dépend de l'ad[**222**]ministration, consi- dérée quant à la recette des revenus du Souverain.

Facilités universelles, qui résultent de la même administration, considérée quant à la formation, à l'entretien, à la perfection pro- gressive des grandes propriétés communes.

Liberté, qui a besoin encore d'une autre fonction de *l'autorité protégeante*, c'est-à-dire de la force militaire et politique, tant au dedans qu'au dehors. Facilités qui supposent aussi le ministere principal de *l'autorité instruisante*, ou le soin de répandre les con- noissances, l'émulation, les bons exemples.

Le résultat de ces vraies faveurs faites au commerce, c'est qu'il y a beaucoup de productions récoltées, beaucoup de façons, de voi- tures, d'achats, de reventes, beaucoup de jouissances et de bien- être.

Par conséquent beaucoup de trafi[**223**]quants et de justes profits ou salaires pour récompenses de leurs peines. Car tout profit est *juste*, quand il y a *pleine liberté*.

N°. III.

Des préjudices faits au Commerce.

Le *monopole* qui est le contraire de la liberté ; les *taxes* ou exactions qui font le contraire de l'immunité; les *obstacles* naturels ou factices, qui sont le contraire des facilités : voilà ce qui peut paroître indifférent ou même avantageux à tel ou tel trafiquant en particulier; mais qui n'en est pas moins énormement préjudiciable au *commerce* proprement dit, c'est-à dire aux *producteurs* et aux *consommateurs* qui en sont l'*essence*.

1°. *Monopole*, c'est tout ce qui restreint forcément le nombre et la concurrence des vendeurs et des acheteurs.

Que tout le monde sans exception puisse acheter, puisse vendre, quand il [224] lui plaît, où il lui plaît, comme il lui plaît, tout ce qu'il lui plaît d'acheter ou de vendre; *c'est liberté générale*.

Que tel ou tel objet soit défendu, c'est-à-dire, ne puisse être acheté ni vendu; que tel ou tel *lieu* soit prohibé, que tel ou tel temps soit excepté, que telle ou telle forme soit prescrite absolument et uniquement, que telle ou telle personne soit déclarée formellement incapable : tout cela forme le *monopole*, c'est à-dire le privilege exclusif de *personnes*, de *choses*, de *lieux*, de *manieres* et de *temps*, qui jouissent d'une certaine préférence, en vertu de laquelle tous les autres sont prohibés.

Attributions de préférances, exclusions, défenses de concourir; inventions qui font le caractere du *monopole*, inventions de l'Europe moderne, qui aura vu régner pendant trois siecles ces *monopoles* dont tous les profits sont *injustes*. Car ce sont autant de vols faits par force aux [225] producteurs et aux consommateurs.

2°. *Taxes* ou *exactions*, qui n'ont pas moins trouvé grace aux yeux de la politique moderne, que le système des attributions monopolaires. De là résulte une forme désastreuse de percevoir les revenus de la souveraineté, qui coute beaucoup de faux frais et de surcharges, qui n'opere qu'une recette fictive en très grande partie, qui constitue les agents du pere commun de la patrie en état de guerre avec ses enfants.

3°. *Obstacles*, ou naturels qu'on devroit enlever, ou factices qu'on oppose par des vues fausses et criminelles à la culture, aux récoltes, aux fabrications, aux transports, aux achats, aux ventes, aux consommations.

Quand un homme éclairé jettera les yeux sur le spectacle ancien et moderne des Nations connues, il sera sans doute effrayé du nombre d'hommes, de soins, de travaux, même d'efforts d'esprit, [226] j'oserois presque dire de génie, employés pour établir ces *monopoles*, ces *exactions*, ces *obstacles* de toute espece.

Le résultat de ces inventions, de ces travaux, c'est qu'il y a moins de récoltes, moins de fabrications, moins de voitures, moins d'achats et de ventes, moins de consommations ou de jouissances; donc moins de *commerce* proprement dit, comme aussi moins de *bien-être* pour les hommes; et même moins de *trafiquants* et moins de profit total à partager entre eux.

La cause des illusions que la politique moderne s'étoit faites à cet égard, est le *profit mercantil*, c'est à dire, la somme de salaires et bénéfices qui sont recueillis par les agents accidentels du commerce, pour prix de leurs soins, pour intérêt de leurs avances, pour compensation de leurs risques.

Ce *profit* n'est jamais que la valeur d'une portion médiocre des objets com[227]mercés. Quand il y a liberté, immunité, facilités, tous les Négociants conviendront que la dixieme partie de cette valeur est un profit honnête pour le *trafic*.

Or ce *profit mercantil* d'un dixieme se concentre naturellement dans quelques ports, quant aux objets qui sont voiturés en grand par mer. Dans ces mêmes ports se trouvent aussi rassemblés presque tous les agents du voiturage par eau, avec plusieurs de ceux qui voiturent par terre.

C'est vers l'embouchure des grosses rivieres et des grands fleuves que se forment tout naturellement ces Villes de *trafic*, appellées Villes de *commerce*.

Là donc se font les grands mouvemens du voiturage; là passent de gros capitaux en argent, pour solde des échanges respectifs; là se concentrent les bénéfices mercantils. Ce spectacle a ébloui la cupidité des politiques.

On a oublié que tous ces mouvemens [228] ne sont qu'une scene intermédiaire, accessoire et accidentelle, qu'il y en a d'essentielles antérieures, et d'autres postérieures non moins essentielles : cependant rien n'est plus évident.

Les antérieures sont la culture, la récolte des matieres premieres et des subsistances, le façonnement des ouvrages de durée qui passent par les mains du trafic.

Les postérieures sont l'achat et le paiement faits par les consommateurs. C'est ce qu'on avoit oublié pour ne penser qu'aux opérations et aux profits des Trafiquants.

Demandez à ces politiques où se fait le *commerce* réciproque des vins et des farines d'une part, des sucres et des cafés de l'autre, entre les Provinces méridionales de France et les Colonies Françoises : ils vous répondront sans hésiter, c'est à Bordeaux et à Marseille. Qui est-ce qui retire tout le profit de ce [**229**] commerce ? les Négociants de Bordeaux et de Marseille, vous diront-ils ; et en conséquence, s'ils voyoient porter et rapporter ces denrées respectives sur des voitures de mer faites en Hollande ou en Suede, ils ne manqueroient pas de vous dire que la France à perdu tout ce *commerce.*

Dans le fait cependant, ce *commerce* commence et finit dans les Campagnes des Provinces, et dans celles des Colonies. Il commence dans les terres à bled, dans les terres à sucre, dans les vignes, dans les plantations de café; il finit sur la table des François quand ils consomment le sucre et le café; sur celle des Amériquains, quand ils mangent et quand ils boivent nos productions françoises.

Dans le fait, le Cultivateur, le Propriétaire des champs et des vignes, ceux des terres à sucre et à café, trouvent donc aussi leur *profit* à ce commerce, [**230**] autrement leur culture cesseroit, et les Trafiquants n'auroient plus rien à faire.

Dans le fait enfin, quand même les Trafiquants, la voiture et les Voituriers seroient Arabes ou Algonquins, au lieu d'être *François*, s'ils ont acheté, s'ils ont voituré la farine et le vin de vos Provinces, le sucre et le café de vos Colonies, vous n'avez pas perdu tout ce *commerce* : c'est seulement le *profit* du *trafic* qu'ont perdu les *Négociants*, ce qui n'est pas la même chose.

Il peut même arriver que le *commerce* gagne beaucoup à cette perte des *Trafiquants* : voici comment. Si les acheteurs-revendeurs, et si les voituriers que vous appellez étrangers, savent, peuvent et veulent faire *meilleure composition* aux producteurs d'une part, et aux consommateurs de l'autre, que les trafiquants et les voituriers qui se disent leurs compatriotes (ce qui n'est pas impossible); en leur accordant la préférence [**231**] qui leur paroît si naturellement dévolue par cette *meilleure composition*, vous augmentez nécessairement la somme des jouissances, la masse des échanges, le bien-être des consommateurs respectifs, les moyens et les motifs des producteurs pour augmenter leurs cultures et leurs récoltes.

Mais c'est-là précisément l'augmentation du *commerce*, c'est évidemment la perfection de ce qui en est la *source*, c'est-à-dire des cultures et des récoltes, et la perfection de ce qui en est le *but* et la fin, c'est-à-dire des jouissances et du bien-être des Consommateurs.

Priver les Producteurs et les Consommateurs du profit qui leur est offert, uniquement dans la vue d'assurer à tel ou tel Trafiquant, à tel ou tel Voiturier, les profits du trafic et du voiturage ; ce n'est donc pas *favoriser le commerce*, comme on le dit communément, c'est violer la liberté naturelle de ces produc[232]teurs, de ces consommateurs ; c'est leur enlever des jouissances pour les attribuer à d'autres ; c'est diminuer les motifs et les moyens qu'ils auroient d'améliorer leurs productions respectives.

En un mot, je le répète, car on a tant répété les erreurs contraires, qu'on ne peut trop redire cette vérité, les frais, les profits de toute façon, de toute voiture, de tout trafic, sont évidemment une *surcharge* pour les *producteurs* et les *consommateurs* : tant qu'on peut restreindre cette surcharge, c'est un bien pour eux, pourvu qu'il en résulte les mêmes jouissances. Rien n'est plus évident.

Si dans votre propre maison à Paris, un seul ouvrier pouvoit en une heure vous faire une belle pièce de Pekin, un beau cabaret de porcelaine, que d'argent épargné que vous emploieriez à d'autres jouissances !

Quand c'est la liberté, l'immunité, les *facilités* qui diminuent les frais de [233] façons des voitures du trafic, alors le bien se fait, et *toute justice* est observée : voilà certainement toute la législation, toute la politique du commerce. Il est étrange qu'on ait pu l'obscurcir et l'oublier presque totalement.

ARTICLE VI.

Analyse de la quatrieme Division.

Les services purement personnels caractérisent la dernière division de la classe stérile.

Elle est composée de tous les salariés qui font usage de leur savoir, de leur adresse, de leurs talents acquis ou naturels, de leurs attentions, de leur obéissance, pour mériter une solde habituelle ou passagere, en procurant quelque satisfaction ou même quelque utilité, mais sans vaquer à nuls travaux, soit de l'art social, soit de l'art productif, et même à nul emploi de façonnement, de voiture, ou de trafic, des productions naturelles.

[234] Les grandes occupations de cette espece de salariés sont relatives au bien-être habituel, à la santé, aux amusemens des riches. 1°. Le soin de leur bien-être habituel, qui comprend aussi les fantaisies, la mollesse et l'ostentation, produit la classe de la domesticité, les Valets proprement dits de tous les ordres.

2°. Le soin de la santé fait, parmi les Nations modernes, l'objet d'une science et d'un art très utiles, au moins à ceux qui les pratiquent. Il occupoit autrefois chez d'autres Peuples une sorte d'hommes qui paroît avoir son utilité réelle, quoique méconnue parmi nous, c'est-à-dire les maîtres et directeurs des exercices corporels, qui formoient un tempérament robuste et prévenoient plusieurs de ces maladies indéfinissables, qui naissent de la langueur et de l'oisiveté.

3°. Les amusements qu'on appelle improprement *plaisirs*, puisqu'ils sont si rarement accompagnés de cette joie vive et [235] pure, de cette satisfaction intérieure, qui est le vrai plaisir, et qu'au contraire ils sont si souvent assaisonnés du dégoût et de l'ennui, forment l'emploi d'une foule très nombreuse, qui met souvent beaucoup de soin, de talents à s'acquitter de ses fonctions.

Les grandes Villes sont le réceptacle le plus ordinaire des hommes dévoués à ces trois especes de services purement personnels.

RÉSUMÉ GÉNÉRAL
DE LA TROISIEME CLASSE.

Elle renferme quatre divisions, savoir :

1°. Les Ouvriers qui *façonnent* les productions de la nature, soit en *subsistances consommables*, soit en ouvrages de durée.

C'est-à-dire les Chefs ou Directeurs de ces travaux, et leurs salariés ou gagistes quelconques.

2°. Les voituriers par terre ou par eau [236] même, y compris ceux qui transportent par mer les denrées ou marchandises quelconques ; c'est-à-dire les Entrepreneurs ou les simples Manœuvres de ces importantes opérations.

3°. Les *Marchands* ou *Négociants* qui achetent pour revendre, soit en gros, soit en détail, qui servent ainsi le *commerce*, dont leur *trafic* est souvent l'utile *accessoire*, mais non pas l'*essence*.

4°. Les simples salariés stériles qui ne rendent que des services purement personnels, et n'operent point sur les productions de la nature, ne s'occupant ni à les faire naître ni à les façonner, ni à les voiturer ni à les trafiquer.

Ces quatre divisions procurent des jouissances et operent le bien-être : elles ne sont pas *inutiles*, elles ne sont pas nuisibles par elles-mêmes, au contraire elles sont essentiellement bonnes et agréables ; mais elles ne servent pas à faire produire les subsistances et les ma[**237**]tieres premieres, elle ne servent qu'à les *consommer*, qu'à les faire *consommer* : elles ne sont pas fécondes ou productives, c'est par cette raison qu'on les a nommées *classe stérile*.

Quant à leur *utilité*, c'est un objet de la plus grande importance, et qui mérite une explication détaillée.

C'est dans cet éclaircissement qu'on peut trouver la solution du problême tant controversé de la nature et des effets du luxe.

PROBLÊMES

Sur la prospérité des Arts stériles et sur le Luxe.

N°. PREMIER.

Véritable prospérité des Arts stériles.

QUAND les deux premiers arts caractéristiques des sociétés poli-cées prosperent dans un Etat, c'est-à dire, 1°. quand l'autorité sou-veraine, instruisante, pro[**238**]tégeante, administrante, perfectionne de mieux en mieux les connoissances utiles, l'industrie, l'émulation de bien faire, la justice et la paix intérieure, les relations politiques, honnêtes et avantageuses, les forces militaires sagement combinées, la juste et légitime perception de ses seuls *vrais* revenus, leur emploi le plus prudent, le plus équitable, le plus fructueux pour l'Etat et pour le Souverain :

En conséquence, quand le plus grand nombre des Propriétaires

fonciers s'occupent sans cesse d'améliorer, d'étendre, de perfectionner à qui mieux les *avances* qui vivifient le territoire, et le trans-
forment en riches héritages, après que l'autorité l'a par-tout couvert
de ses grandes propriétés communes, qui sont la source de l'opulence publique et privée, ce qui caractérise la *prospérité de l'art
social* :

Quand l'instruction, la liberté, les [239] facilités ont multiplié la
race précieuse des Entrepreneurs et Directeurs ou Chefs des exploitations productives, et de leurs vénérables coopérateurs ; quand
elles ont augmenté leur *savoir* ou leurs progrès dans l'art fondamental de multiplier les productions de la nature, en épargnant le
sol, les hommes et les frais, leur *pouvoir* ou l'accroissement continuel et progressif des *richesses d'exploitation* de cette masse de
fonds ruraux ou *d'avances primitives* (vrai *Palladium* des Empires,
qu'on doit regarder comme l'objet le plus *sacré*, parcequ'il est la
cause la plus immédiate de la reproduction annuelle qui comprend
toutes subsistances et matieres premieres, sans lesquelles il n'y a
rien, et parcequ'il est sans cesse exposé aux plus grands dangers,
soit aux dangers naturels des saisons, des épidémies et des autres
fléaux du Ciel, soit aux dangers factices de la cupidité envahissante,
à ceux d'une [240] législation erronée, d'un fisc dévastateur, d'une
cupidité mal entendue, d'un monopole légal ou frauduleux, qui
détruisent tant de richesses d'exploitation dans les Etats mal administrés) ; quand au contraire la certitude bien établie de ne trouver
aucun obstacle à toute amélioration des travaux productifs, à toute
jouissance du fruit de ces travaux, anime de plus en plus l'émulation ou le *vouloir* de perfectionner les exploitations fructifiantes, ce
qui caractérise la *prospérité de l'art productif* :

Alors il est évident que l'*art stérile* va toujours en prospérant de
mieux en mieux, parceque la reproduction annuelle des subsistances
et des matieres premieres va toujours en croissant, parcequ'il naît
de quoi fournir la vie et le bien-être à un plus grand nombre de
créatures humaines, parceque les hommes ont plus de savoir, plus
de moyens pour se procurer avec moins de temps, [241] de peines
et de frais les jouissances utiles ou agréables.

La prospérité des deux premiers arts entraîne donc nécessairement celle du troisieme.

Mais la prospérité apparente et momentanée de ce troisieme art
dans un Etat, n'est pas toujours et nécessairement l'effet de celle
des deux premiers, elle peut au contraire avoir pour cause leur

dégradation et leur ruine ; c'est une vérité trop facile à comprendre, et malheureusement trop aisée à prouver par l'expérience.

N°. II.

Prospérité apparente de l'art stérile, causée par le luxe.

Quand la ruine de l'Etat donne à *l'art stérile* un faux air de *prospérité,* cause féconde des plus désastreuses illusions, c'est le plus souvent le *luxe* public ou privé qui produit ce trop funeste effet.

[242] Si le Souverain et les personnes privées, au lieu de *dépenser* sagement leurs *revenus annuels* vraiment *disponibles,* veulent encore dépenser leurs fonds mêmes ; c'est-à-dire, s'ils veulent employer en jouissances *purement stériles* (telles qu'en procurent par leurs travaux les ouvriers façonneurs, les négociants, les voituriers, les personnes dévouées à quelques services personnels d'agrément ou d'utilité) la portion même qui devroit entretenir la *culture* annuelle, ses premiers préparatifs ou ses procédés journaliers, celle qui seroit nécessaire aux réparations habituelles des propriétés foncieres, celle que demanderoient la conservation des bonnes et utiles institutions sociales de l'autorité enseignante, protégeante, administrante ; en ce cas il est évident que d'une part vous allez multiplier et enrichir pour le moment la *classe stérile* aux dépens des deux autres, car vous transformerez en ouvriers [243] façonneurs, en voituriers, en négociants, en ministres de vos commodités et de vos plaisirs, une foule d'hommes que vous arracherez aux fonctions de *l'art social,* et à celles de *l'art productif;* vous emploierez aux ouvrages et salaires de ces *agents* de *la classe stérile,* toutes les richesses qui devoient servir à l'entretien des *avances souveraines* de l'Etat, à celui des *avances foncieres* de vos héritages, à celui des *avances* ou *primitives* ou *annuelles* de toutes les exploitations productives.

Elle sera donc plus nombreuse, plus florissante en apparence que ne devroit l'être la *classe stérile* d'un Etat dont le Souverain et les personnes privées sacrifieront en dépenses de cette espece les richesses qu'il faudroit employer au maintien et à la perfection des deux autres arts, à l'entretien et à l'amélioration des *travaux* utiles qui caractérisent [244] ces deux arts, et qui sont les *avances* ou les causes de la *production.*

Cette multiplication *excessive* des travaux ou dépenses *purement stériles* qui se fait *aux dépens* des travaux utiles et nécessaires à l'entretien de *la production*, est précisément ce qu'on doit appeler *luxe* dans les Gouvernements ou dans les personnes privées.

Car *luxe* veut dire *excès de dépenses stériles*. Qui dit *excès* suppose une regle, une *mesure*. Or il en est une physique, essentielle, évidente, et la voici : « Tout ce qui est nécesaire à l'entretien « des *avances souveraines* de l'Etat, à celui des *avances foncieres* « de tout héritage, à celui des avances *primitives* ou *annuelles* de « toute exploitation productive, n'est pas *disponible*, c'est-à-dire, « ne *peut* ni ne *doit* être consacré par qui que ce soit avec jouissances « purement *stériles*; il a son emploi marqué, [**245**] son usage indis- « pensable. Le détourner de sa destination, c'est excéder la mesure « du revenu disponible ». Telle est la véritable définition du luxe.

Son effet apparent est donc une espece de prospérité pour les arts stériles, un moment de plus grand bien-être pour ceux qui se livrent à ce luxe, ou qui profitent de ses profusions.

Mais son effet ultérieur, c'est de dégrader *la production*, de diminuer progressivement les récoltes par l'altération des cultures ou des autres exploitations productives, par la détérioration des propriétés foncieres, par la ruine, le trouble et la confusion des grandes propriétés communes, et de toutes les *institutions sociales*.

On ne doit donc plus se méprendre sur les caracteres du *luxe* public ou particulier. S'il procure aux Etats ou aux personnes privées un éclat passager, ce [**246**] n'est qu'en opérant et consommant leur *ruine*.

Une comparaison bien simple auroit dû faire sentir cette importante vérité. Le propriétaire d'un héritage bien entretenu, qui rapporte par an dix mille francs de revenus clairs et liquides, peut éclipser pendant deux ou trois ans dans une Capitale, par son faste et ses profusions, le sage propriétaire d'une terre de trente mille livres de rente, mais à condition qu'à la fin de ce terme, ses terres dégradées seront vendues par décret à la poursuite de ses créanciers, et qu'il ira mourir à l'hôpital.

Il en est de même des Empires. On peut par des emprunts, par des taxes exorbitantes, *dépenser* le *fonds* de l'Etat au lieu d'en *dépenser* le *revenu*, c'est-à-dire, attirer à la recette du fisc tout ce qui devroit servir à l'entretien, à l'amélioration des héritages

particuliers, tout [247] ce qui devroit servir à l'entretien, à l'amélioration des cultures ou des autres exploitations productives,
même au maintien et à la perfection des plus utiles d'entre les arts
stériles : on peut employer cette recette excessive aux dépenses
les plus frivoles du faste, de la dissolution des guerres inutiles et
destructives.

Dans le premier cas, vous verrez les agents de tous les arts
frivoles, et leurs travaux les plus recherchés se multiplier pendant deux ou trois ans autour du dissipateur. Dans le second cas,
vous les verrez couvrir pendant quelque temps la surface de l'Etat
qui se ruine, sur-tout inonder les Capitales et les résidences des
Souverains dont le patrimoine est administré comme celui d'un
dissipateur.

Donc le luxe public ou privé sera très utile, pendant quelque
temps seulement, à quelques agents de la classe stérile ; c'est là ce
qu'ont voulu dire ses parti[248]sans, et leur observation n'est que
trop véritable.

Mais après ce court espace, toutes les classes de la société, toute
l'humanité souffrent par lui des préjudices réels en proportion de
ce que les *récoltes* sont dégradées ; c'est une observation non
moins véritable faite par les censeurs du *luxe*.

Gardons-nous donc avec grand soin de confondre ces deux
sortes de raisonnements, que tant de politiques ont affecté de
prendre pour être exactement les mêmes : « *L'art social* et *l'art*
« *produtif prosperent* dans tel Etat, donc *l'art stérile* ne peut
« manquer d'y prospérer ». Ce premier raisonnement est de la
plus suprême évidence, et je n'ai plus besoin d'insister sur la
preuve. « *L'art stérile* paroît *prospérer* dans tel Etat, donc *l'art*
« *productif* et *l'art social* ne peuvent manquer d'y prospérer ».
Ce second raisonnement est absolument [249] différent du premier ;
la conséquence en est essentiellement douteuse, et trop souvent
elle se trouvera d'une fausseté très manifeste quand il faudra la
vérifier.

N⁰. III.

Autres causes d'une prospérité qui n'est qu'apparente.

Ce que je dis de la *prospérité* générale *apparente* des arts qui
caractérisent la troisieme classe, n'est pas moins facile à démontrer

relativement à la prospérité particuliere de quelques-unes de leurs branches.

Par exemple, on trompe souvent les Princes, les Administrateurs de l'Etat et le Public, en leur présentant comme preuve indubitable de *prospérité*, l'établissement de quelque manufacture locale. Mais on leur cache que la naissance de celle-là suit ou causera la destruction de quelque autre, souvent qu'on a prodi[250]gué pour de pareils établissements des avances qu'on s'est procurées au préjudice des propriétaires fonciers et des cultivateurs, par conséquent au préjudice des récoltes dont rien ne peut jamais compenser la perte.

Une autre illusion moderne est encore de prendre l'accroissement du *trafic maritime*, comme une preuve infaillible de la prospérité d'un Etat.

Il est très vrai qu'un Empire bien organisé, qui jouiroit dans tout le reste d'une grande prospérité, feroit probablement un assez grand *commerce maritime*. De riches consommateurs sont bien aises de jouir des *productions naturelles* de tout l'Univers.

La multiplicité des exportations et des importations peut donc être l'effet de l'opulence qui marche à la suite de la bonne administration publique ou privée.

Mais à la place de cette prospérité [251] réelle, mainte et mainte causes désastreuses peuvent aussi multiplier les importations et les exportations maritimes : on peut les réduire à deux chefs, les unes sont *naturelles* et les autres *factices*.

1°. Voici un exemple des premieres. Supposez deux Nations agricoles et commerçantes, dont le territoire produiroit du vin, des grains, des fourrages pour nourrir des bêtes à laine : tant que les récoltes des trois genres prospéreroient dans chacune de ces Nations, il se feroit entre elles peu de communications maritimes ; les plus riches et les plus curieux seulement de chaque Nation, voudroient, pour la variété des jouissances, consommer quelques vins des plus exquis, et quelques draps des plus beaux de l'autre Peuple.

Mais supposez que par un accident naturel, l'intempérie des saisons ruine pendant quelques années les vignes de l'une, et les terres ou les pâturages de [252] l'autre : ces deux *pertes* trop réelles et trop désastreuses en elles mêmes, n'en occasionneront pas moins un grand accroissement de communications entre elles, un grand accroissement dans leur trafic maritime ; car il faudra que l'une emprunte de l'autre tout le vin qu'elle voudra boire, et qu'en échange elle envoie tout le grain ou toute la laine que celle-ci voudra consommer.

En ce cas il y aura peut-être cent fois plus de commerce de mer, et cependant il y aura pour le total des deux Nations précisément la moitié moins de richesses et de jouissances, puisqu'il aura péri d'une part la moitié des vins qu'elles buvoient, d'autre part la moitié des grains dont elles se nourrissoient.

Qu'on juge à présent si prospérité des Empires et accroissement du *négoce des ports* sont essentiellement la même chose, si quelquefois ils ne sont pas très évidemment *le contraire*.

[253] 2°. Voici un exemple frappant des *causes factices* qui font accroitre le *trafic maritime*, non seulement sans augmenter, mais au contraire en diminuant le bien-être des autres classes de la société : c'est celui des Colonies modernes de quelques Européens, des Anglois par exemple, dans les Isles de l'Archipel d'Amérique qui leur fournissent du sucre, du tabac et de l'indigo.

Le Colon Anglois, producteur de sucre, est obligé d'aller chercher un sol à la Jamaïque, à la Dominique, à la Grenade ; il est obligé de tirer ses Ouvriers Cultivateurs de l'Afrique, ses subsistances, ses meubles, ses vêtements, de l'Angleterre, et de renvoyer dans cette Métropole toutes ses productions, quoique la plupart ne s'y consomment pas, et soient *réexportées* ailleurs.

Il est certain que ce système entraîne beaucoup de voyages sur mer, qu'il occupe beaucoup de voitures et de Mate[254]lots, qu'il procure beaucoup de salaires et bénéfices aux Négociants des ports.

Car il faut embarquer des marchandises pour le commerce ou la traite des Negres à la Côte d'Afrique, des subsistances pour ces malheureux Esclaves, et pour leurs premiers conducteurs, qui les transportent par une seconde course aux Colonies Angloises : et notez qu'il en faut acheter et voiturer le quintuple au moins du vrai nécessaire, parcequ'il en périt avant d'avoir produit deux récoltes plus de quatre sur un qui se sauve des mille causes de mort qui les assiegent.

Quand ils sont-là sous la conduite de Blancs, il faut un troisieme voyage d'Europe en Amérique pour voiturer à eux et à leurs maîtres tous les instruments de leurs travaux, presque toutes leurs

subsistances, tous les objets qui servent aux *jouissances* des Européens enrichis par leurs peines, car la politiqne mercantile a fait
sévérement pro[255]hiber aux Anglois d'Amérique la culture ou
la fabrication des denrées et des ouvrages de l'Europe.

Un quatrieme voyage ramene en Angleterre le sucre de ces
Colons; leur tabac, leur indigo ; un cinquieme les réexporte dans
le reste du monde commerçant.

Eh bien ! dès le premier voyage, ces marchands d'hommes qui
vont à la traite des Negres, n'auroient qu'à demander des cannes
de sucre au lieu de demander des créatures humaines, on les leur
donneroit grosses, succulentes, délicieuses ; car toute l'Afrique est
en pleine, les hommes et les animaux en vivent habituellement là,
suivant le rapport unanime des Voyageurs et des Géographes.

Le sucre seroit donc infiniment plus commun et moins cher
pour les consommateurs Anglois, si l'on eût pris le parti le plus
simple et le naturel, celui de laisser les Negres dans leurs propres
[256] pays cultiver leurs cannes en paix, et de leur donner l'eau-de-
vie, le fer, les verroteries, et les autres marchandises d'Europe en
échange, non pas de leurs enfants ou de leurs voisins, mais de leur
sucre brut et de leur indigo : car cette plante y croit aussi tout
naturellement.

On pourroit citer une infinité de semblables *exemples.*

Il restera donc démontré que la *prospérité* de quelques-uns des
arts stériles, même celle de tous les arts de cette espece, est un
signe équivoque de la *prospérité générale* des Empires, puisqu'elle
peut être apparente et momentanée, n'ayant pour cause que *le luxe*
public ou privé, que des malheurs naturels, que des pertes causées
par les erreurs ou la cupidité d'une administration vicieuse.

C'est une des principales vérités économiques dont notre siecle
a besoin que les preuves soient souvent répétées pour [257] détruire
des préjugés trop enracinés, et des routines trop invétérées de
quelques gouvernements politiques, fondées sur cette fausse opinion, que la prospérité de *l'art stérile* est une marque infaillible
du bien être des Empires.

CHAPITRE VI.

Analyse des relations politiques d'intérêt général et particulier, entre les Hommes et les Sociétés.

ARTICLE PREMIER.

Analyse morale de la politique publique ou privée en deux especes totalement différentes.

CONNOITRE ses intérêts et y *pourvoir,* c'est ce qu'on appelle *politique;* il en est une qu'on nomme *privée,* qui s'occupe des *intérêts* de *l'homme* vis-à-vis des autres hommes; il en est une qu'on appelle *publique,* qui s'occupe des *intérêts* [258] d'un *État,* ou d'une société policée vis-à-vis des autres Empires.

Mais il est pour les sociétés, il est pour les personnes privées une politique honnête, fondée sur la *loi naturelle,* sur *l'ordre* et la *justice.*

Il en est malheureusement une autre fondée sur le *désordre* et *l'injustice.*

De la première naissent entre les États et entre les hommes, des *relations* de paix, d'association, de services réciproques, d'où résulte *l'unité d'intérêt,* l'émulation de connoître, de procurer de plus en plus le plus grand bien-être universel de *l'humanité.*

De la seconde naissent des relations de guerres, de divisions, de préjudices réciproques, l'opposition de tous les intérêts, l'oubli total du plus grand bien-être *universel de l'humanité.*

Vaut-il mieux que les hommes soient en guerre les uns contre les autres, qu'ils se vexent, qu'ils se dépouillent, [259] qu'ils se détruisent? vaut-il mieux qu'ils soient en paix, en fraternité, en association de vues et de travaux pour l'acroissement progressif et continuel de la prospérité générale? c'est une question qui n'est certainement pas problématique.

Le vrai moyen de multiplier les jouissances utiles et agréables, qui sont le bien-être de l'humanité sur la terre, c'est surement la liaison des hommes entre eux, la communication des intelligences, des forces, des travaux réunis pour cette multiplication.

Le vrai moyen de les restreindre de plus en plus, c'est la séparation des êtres, la divergence des vues, l'opposition des forces, la contrariété des volontés et des travaux.

L'une et l'autre naissent de la même source ; de notre *attrait naturel* ou du *devoir* qui nous est imposé de pourvoir à notre conservation, à notre bien-être person[260]nel, sous peine de souffrance et de mort.

Se faire à soi-même le sort le plus heureux qu'il est possible, c'est là ce que nous prescrit et nous inspire sans cesse ce *devoir naturel*, cet attrait général essentiel de tous les hommes.

Mais pour que cet *attrait* universel soit satisfait, pour que ce devoir général et continuel soit rempli *par tous* les hommes le mieux qu'il est possible, la condition évidemment nécessaire, c'est que l'un ne fasse pas son bien-être personnel aux dépens de la conservation et du bien-être d'un ou de plusieurs autres ; tout au contraire, que l'un n'opere sa conservation, son bien-être qu'en opérant celui de plusieurs autres.

Il est d'une *souveraine évidence*, quoiqu'en ait osé dire l'orgueil inconséquent de quelques modernes sceptiques ; il est d'une souveraine évidence que la moitié de l'humanité seroit réduite à l'impossibilité de remplir son *devoir* naturel, de [261] suivre son attrait, et de se procurer le *bien-être* personnel, si nul homme ne pouvoit obtenir une jouissance utile ou agréable, qu'en la faisant *perdre* à quelque autre.

Il est évident au contraire que l'humanité seroit doublement assurée de sa propagation et de sa prospérité, si nul mortel ne pouvoit se procurer aucunes des jouissances qui rendent heureux, sans procurer en même temps le bien-être de quelque autre.

Donc le desir naturel et général inhérent à notre essence de procurer toujours, et d'augmenter sans cesse notre *bien-être* à tous, emporte deux conditions : savoir,

1°. La *loi naturelle* de la *justice universelle ;* « que le bien-être « de l'un ne se fasse pas aux dépens du bien-être de l'autre ».

2° L'*ordre naturel* de la *bienfaisance générale* ; « que le bien- « être de l'un s'o[262]pere en procurant le bien-être de quelques « autres ».

La politique usurpatrice, exclusive, oppressive ou tyrannique ignore, oublie, viole la loi naturelle de la justice, l'ordre naturel de la bienfaisance.

La politique économique, honnête, juste, bienfaisante, se rappelle sans cesse l'une et l'autre règle, et les accomplit le mieux possible ; c'est là ce qui caractérise leur nature et leurs effets totalement différents.

L'opposition des intérêts fait l'essence de la politique usurpatrice.

L'unité d'intérêt fait l'essence de la politique économique.

Les relations de l'une sont de guerre, d'empêchement, de destruction.

Les relations de l'autre sont de société, de combinaisons des travaux, de partage amical et paisible des fruits de ces travaux.

Tels sont en général les rapports [263] ou relations politiques d'intérêt que nous devons *analyser*.

Mais pour suivre la méthode naturelle, nous devons examiner successivement, d'après l'une et l'autre espèce de *politique*, d'abord les relations plus étendues qui *réunissent* ou qui *séparent* les *trois classes* dont est composée chacune des sociétés policées.

Secondement les relations qui *réunissent* ou *séparent* les états divers dont est composée l'humanité connue.

ARTICLE II.

Analyse politique des relations d'intérêts qui réunissent ou qui divisent les trois classes des sociétés policées.

Voici le tableau des intérêts que nous avons à *comparer* ici.

Premièrement les intérêts du *Souverain* avec ceux des *sujets* en général, puis avec ceux des Propriétaires fon[264]ciers de la classe productive et de la classe stérile.

Secondement ceux des propriétaires fonciers avec les deux classes inférieures.

Troisièmement les intérêts respectifs de la classe productive et de la classe stérile.

ARTICLE III.

Analyse des relations d'intérêts entre le Souverain et tous les ordres de l'État.

Le premier Principe général des relations politiques entre le Prince et les Sujets, se trouve dans les idées qu'on a d'une part de l'*autorité souveraine*, d'autre part de la *liberté sociale*, et dans les rapports d'opposition ou de conciliation qu'on met entre elles, suivant qu'on s'est formé ces deux idées fondamentales.

[265]   Nº. PREMIER.

Du despotisme arbitraire asiatique.

La politique usurpatrice et destructive, ouvertement adoptée par les despotes arbitraires de l'Asie, définit l'autorité suprême, « le « droit acquis par la force de disposer à son gré des propriétés per- « sonnelles de tous les Sujets, et par conséquent de toutes leurs « propriétés mobiliaires et foncieres, sans autre regle que sa « volonté.

Dans cet état de violence et d'usurpation universelle, toute idée de *liberté*, de *propriété*, est regardée comme un attentat, parceque c'est un germe de révolte contre les idées du commandement arbitraire et de l'obéissance passive, qui font la base du *despotisme* déréglé.

Les mandataires du Souverain arbitraire ne sont vis-à-vis de lui que des instruments purement passifs de ses volon[266]tés quelconques ; ils sont vis-à-vis du Peuple, ce que le Despote est lui-même pour eux. *Obéir* et *souffrir*, c'est toute la loi des Sujets ; c'est à dire qu'ils sont réduits par la force à cette dure *nécessité*.

Tout ce que l'arbitraire du commandement laisse à chaque individu de liberté personnelle, de propriétés mobiliaires et d'héritages privés, n'est censé qu'un bienfait tacite du seul *propriétaire universel*, bienfait qu'il *peut* reprendre à son gré, sans autre raison que son *vouloir* et son *pouvoir*.

L'idée fatale et bizarre d'être *propriétaire* de la personne d'autrui, de plusieurs personnes par milliers et par millions, de toutes leurs facultés même intellectuelles et morales, est le caractère essentiel du *despotisme arbitraire ;* c'est elle qui constitue le *maître* et les *esclaves* : le *maître* qui a seul une liberté et des propriétés : l'*esclave* qui n'a pas même la propriété de ses organes corporels, ni de son intelligence.

[267] Ce délire de l'esprit humain emporte avec lui de par la nature un caractere de réprobation ineffaçable ; il est en contradiction perpétuelle avec la raison autant qu'avec l'*attrait naturel* qui

porte inévitablement et sans cesse tous les hommes à se procurer leur *bien-être* personnel, à mettre en usage pour ce *bien-être*, tout ce qu'ils ont de *facultés*.

Quoi ! ces milliers d'hommes sont à vous, et ne sont pas à eux-mêmes ? vous le croyez et vous le dites ? Mais sentez-vous leurs douleurs, sentez-vous leurs plaisirs ? est-ce pour que vous puissiez voir, qu'ils ouvrent les yeux ; pour que vous entendiez, qu'ils prêtent l'oreille ; pour que vous digériez, qu'ils mangent ; pour que vous reposiez, qu'ils s'endorment ? Non.

Eh bien, ne vous laissez donc plus dire, que leurs *personnes*, que leurs organes corporels, que leurs facultés in[268]tellectuelles ne leur sont pas *propres* à eux, que c'est à vous qu'en appartient la *propriété* : car c'est la plus folle comme la plus inique des absurdités.

Nulle violence, quelque atroce, quelque perpétuelle que vous la supposiez, ne peut détruire la *propriété personnelle* de l'homme, ne peut empêcher que ses organes et ses facultés ne soient *à lui*. Ce ne sera jamais *vous*, quoique vous fassiez, qui aurez froid quand votre esclave se gelera, qui vous désaltérerez quand il boira, qui concevrez quand il réfléchira.

Non seulement vous ne pouvez pas vous attribuer à vous-même sa propriété personnelle, mais encore par une suite nécessaire vous ne pouvez pas faire que *son travail* soit à vous ; car son *travail* n'est que l'usage ou l'application de ses facultés corporelles ou intellectuelles, et ses conceptions, ses volontés, ses actions, sont et seront toujours les *siennes*, non les vôtres.

[269] Tout votre *pouvoir* se réduit donc à *l'empêcher* d'user de sa propriété personnelle de la maniere qu'il sauroit, qu'il pourroit, qu'il voudroit le faire, ou à lui ravir le fruit du travail qu'il auroit accompli en usant de cette *propriété*.

Vous ne détruisez donc point ses deux *titres naturels*, mais vous l'*opprimez* par *violence*, vous violez sa *liberté*, vous *usurpez* par force le droit de *jouir*, qui résulteroit en sa faveur de l'usage qu'il auroit fait de *sa propriété* personnelle : vous vous attribuez le fruit de son travail : oppression et usurpation, voilà tous les titres du *despotisme arbitraire*.

Dès-lors toutes relations ne sont plus que d'attaque et de défense, que d'opposition et de guerre continuelle : c'est la force et l'adresse qui luttent sans cesse contre l'adresse et la force.

L'analyse politique de ces États les réduit à trois classes, savoir :

premierement, le despote lui-même ; seconde[270]ment, ses mandataires ; troisiemement, ses simples sujets, soit propriétaires, soit
cultivateurs, soit agents de la classe stérile.

Premièrement donc le *Despote arbitraire* croit être tout, parce
qu'il le dit, et parce qu'on le lui fait croire ; mais il n'est *rien* dans
le fait au physique et au moral, pour peu que son Empire s'étende
au-delà de certaines bornes très étroites, et porte sur une certaine
quantité d'individus.

Un homme fort, courageux, actif, intelligent et bien armé, peut
au moyen de beaucoup de peines et de sollicitudes s'asservir réellement et physiquement pour quelque temps un petit troupeau de
créatures humaines, foibles, timides, ignorantes, paresseuses,
désarmées.

Ces êtres subjugués dépendront effectivement de ses volontés à
lui seul : il sera tout vis-à-vis d'elles.

[271] Mais si le troupeau se multiplie trop, s'il s'éloigne, ce n'est
plus de la volonté personnelle du Maître, c'est de celle du *mandataire* qu'il dépend à chaque instant.

C'est ainsi que dans la réalité les Despotes arbitraires ne commandent qu'aux femmes, aux Eunuques, aux Visirs de leurs palais
seulement, parcequ'ils sont sous leurs mains : ceux-ci commandent
seulement aux Pachas, aux Cadis ; mais les Cadis commandent
aux Peuples.

Quand un Habitant de Smyrne obéit, c'est à la *volonté* du Cadi,
à la *force* de ses Satellites ; et cette volonté, fût-elle directement
contradictoire à celles du Sultan, du Visir, du Pacha (ce qui arrive
souvent), l'Habitant obéiroit. Il est impossible d'organiser autrement le despotisme arbitraire.

Ce sont de degrés en degrés les volontés et les forces intermédiaires qui [272] dominent par des *ordres* absolus. Jusqu'à la *vérification*, il reste toujours problématique, si le commandement qui
s'exécute est celui du *Despote* lui-même, si ce n'est pas précisément
le contraire.

Tout est donc sans cesse dans le trouble et l'incertitude respec-
tive parmi ceux qui commandent. Des *ordres* qu'on n'a pu prévoir,
qu'on ne peut pas juger, puisqu'ils n'ont ni regle ni mesure : des
ordres qu'on n'est jamais assuré de bien connoître, puisqu'ils passent
par des organes infideles, qui ont souvent intérêt à les dénaturer :
des *ordres* qu'on n'est jamais assuré de faire exécuter, parcequ'on

est obligé de les confier à des subalternes qui peuvent risquer la désobéissance dans l'espoir d'un plus grand avantage ; c'est de là que dépendent les dignités, les biens, la vie des mandataires du despotisme arbitraire et déréglé.

Dans cet état il seroit absurde pour [273] eux d'examiner si le Souverain, si les Peuples ont un *intérêt* commun. Que leur serviroit de le connoître ? Conformes ou non à cet intérêt commun, il faut que les *ordres* absolus s'exécutent, c'est l'intérêt unique et véritable de ceux auxquels ils sont confiés.

Inutile et absurde d'examiner s'il est un *ordre naturel* prescrit par la raison, pour la propagation et le bien-être de l'espece humaine sur la terre. Conformes ou non à cet ordre naturel, il faut que les commandements arbitraires soient obéis.

Inutile et absurde d'examiner s'il y a une loi naturelle, une justice par essence, une regle éternelle immuable du bien et du mal moral. Conformes ou non à cette regle, à cette loi, à cette justice, il faut que toutes les volontés soient accomplies.

Ignorer absolument, oublier ou se dissimuler la loi naturelle de la justice par [274] essence, l'ordre naturel de la bienfaisance universelle, les intérêts du Souverain et des Sujets ; c'est la nécessité à laquelle sont réduits les agents subalternes de tous les grades dans le despotisme arbitraire : leur existence entiere dépend trop souvent de leur exactitude à les violer.

Ils ont par conséquent un autre intérêt, c'est celui de les faire *méconnoître* au Peuple sur lequel ils doivent dominer. L'idée de justice essentielle, d'ordre bienfaisant et conservateur, de véritable intérêt commun, est tellement inconciliable avec celle du commandement arbitraire et de l'obéissance purement passive, qu'on ne peut établir l'une qu'en détruisant l'autre.

Tout est *bien* lorsqu'il est *commandé*, tout est *mal* quand il est *défendu*, tout est *indifférent* quand aucun *ordre* ne le *caractérise* en *bien* ni en *mal* : voilà nécessairement le code universel du *despotisme arbitraire.*

[275] Ainsi le *pouvoir* de l'*oppresseur universel*, qui n'a d'autre titre que la *force*, est lui-même dans un continuel danger, parceque les efforts des hommes qu'il tient armés pour asservir son troupeau, peuvent sans cesse ou devenir impuissants contre la multitude, ou se tourner contre lui-même.

Ce point de vue menaçant que l'histoire de cent et cent révolu-

tions fatales rend encore plus sensible, excite nécessairement la
défiance universelle qui constitue d'une part tous les mandataires
du despotisme arbitraire de degrés en degrés en un véritable état
de guerre, de division, d'opposition continuelle entre eux-mêmes,
et qui les nécessite d'autre part à se tenir sans cesse vis-à-vis des
Peuples comme des ennemis en présence.

Car enfin les divisions les plus marquées, les oppositions les plus
inconciliables, les animosités les plus vives, et [276] les guerres les
plus envénimées entre les hommes, ne peuvent pas avoir d'autre motif ni d'autre effet plus funeste que de faire dépendre les propriétés
foncieres ou mobiliaires, la liberté personnelle et la vie des uns de
la force et de la fantaisie des autres.

Il ne faut pas en excepter le despote arbitraire lui-même qui
paroît opprimer seul tous les autres ; il n'est évidemment, dans la
réalité, que l'esclave de l'opinion et de la volonté des principaux
chefs qui dirigent la *force* prédominante, par laquelle est opprimée
la multitude éparse et désarmée : la moindre circonstance, la
moindre fantaisie peut les décider contre sa personne ; alors, s'ils
ont assez de bonheur et d'habileté, le despote arbitraire est sacrifié
comme le dernier des hommes. Combien n'en est-il pas d'exemples
dans l'histoire !

Jamais on ne fera prononcer à la raison humaine que ce soit l'*intérêt* des [277] hommes d'être réduits à cette cruelle *dépendance de
la force* et de la *fantaisie* d'autrui.

On peut constituer l'homme qui sent et qui pense dans un tel
état de périls menaçants, qu'il choisisse par sagesse entre les violences de son oppresseur, celles qui lui paroissent les plus suppor-
tables, qu'il les souffre par prudence, mais en se réservant toujours
tacitement de les adoucir, et de les repousser par l'adresse ou par
la force aussi-tôt qu'il le pourra, sans s'exposer à de plus fortes
peines, aussi-tôt qu'il se sentira le courage d'affronter les plus
extrêmes dangers.

Mais il faudroit trop de forces combinées, trop d'attentions continuelles, trop de moyens infaillibles pour contenir en cet état une
multitude immense d'hommes instruits, prenant seulement patience,
et attendant l'occasion de jouir de leur droit naturel.

Il est donc plus simple d'abrutir cette [278] multitude, afin qu'elle
ne *connoisse* aucun moyen de sortir de l'oppression, qu'elle n'ait
pas même le loisir de réfléchir sur son état ; car espérer qu'on per-

suadera par la raison et par l'intérêt aux hommes éclairés, qu'il vaut mieux être esclaves que *libres*, ce seroit le comble du délire.

Ignorance profonde, crainte vive et continuelle, habitude invétérée de tout souffrir dans le Peuple ; assujettissement perpétuel de tous les mandataires du *maître*, nécessités à l'obéissance purement passive et à l'exécution de tout commandement quelconque : tels sont les ressorts du despotisme arbitraire.

Telles sont ses relations politiques avec le reste des hommes opprimés par son pouvoir ; relations de violences, d'usurpations, de guerre continuelle.

Heureusement pour l'humanité, quoique cet état de guerre entre tous les hommes soit le caractère essentiel du [279] despotisme arbitraire, les *hostilités* n'y sont pas générales et continuelles, sans quoi tout périroit en très peu de générations dans les Empires asservis à ce monstrueux régime.

Le Peuple (et sous ce nom sont compris dans les despotismes arbitraires, les Propriétaires fonciers, les Cultivateurs, les Agents de la classe stérile) le Peuple est considéré comme le *troupeau* du Maître. De cette idée fondamentale résulte une seconde opinion universelle, qui balance un peu dans les effets celle du pouvoir arbitraire de donner et de faire exécuter les ordres les plus absurdes et les plus pernicieux, sans trouver jamais de résistance ni même de retard à leur exécution.

Le *maître* est censé ne vouloir pas qu'on détruise son *troupeau*, à moins qu'il n'en donne l'ordre exprès et positif ; il est censé ne vouloir pas que les Bergers en usent pour eux-mêmes à son [280] préjudice : cette idée retient souvent la main des subalternes, elle sert de frein à leur cupidité, elle force quelquefois l'avidité même la plus stimulante des usurpateurs à des ménagements.

Une partie du Peuple jouit plus ou moins de ses propriétés et de ses libertés pendant ces especes de treves ou de suspensions *d'hostilités*, qui résultent d'un défaut actuel de volontés destructives dans le Maître ou dans ses Mandataires, et c'est là ce qui retarde un peu la désolation totale des Pays infectés de cette contagion.

Mais outre que l'état habituel est toujours un état général de guerre et d'oppression, les *hostilités* universelles ou particulieres du

Despote arbitraire lui-même, ou de ses Ministres inférieurs, y sont fréquentes, et ne peuvent manquer de l'être.

L'orgueil qu'inspire l'idée du pouvoir sans regle et sans mesure, l'avidité des [281] jouissances agréables dont l'habitude est si facile à contracter dans un pareil état; sur tout l'ignorance profonde des loix, de la justice essentielle, et de l'ordre bienfaisant de la nature qui en fait le caractere, sont des sources trop abondantes de *volontés destructives*, pour que la treve salutaire soit générale et continuelle en faveur du Peuple entier ou des personnes privées, et c'est là ce qui rend infaillible la désolation de ces Empires.

Car enfin, l'effet de cette guerre fondamentale et des hostilités fréquentes qui en résultent, est évidemment que le Peuple n'a ni le savoir, ni le vouloir, ni le pouvoir de perfectionner les avances foncieres, les travaux productifs et les opérations des arts stériles, et que les Mandataires du pouvoir oppresseur substitué à l'autorité, au lieu d'employer leurs forces, leurs talents personnels et les revenus publics, à lui procurer l'ins[282]truction, l'émulation, l'aisance, les facilités, ne les emploient qu'à le rendre plus ignorant, plus craintif et plus incertain sur son existence et sur ses possessions, plus dénué de moyens, de vigueur et de courage.

Une seule idée manque au *despotisme arbitraire*, c'est celle des *propriétés*, qui concilie d'une manière si simple, si naturelle, les idées d'autorité souveraine et de liberté sociale dans les vraies Monarchies, et qui opere une si parfaite unité d'intérêt, une si heureuse harmonie dans les relations politiques entre le Prince et ses Sujets, comme nous allons le développer.

N°. II.

Principes fondamentaux des Monarchies Economiques.

La *loi naturelle* de la *justice* qui prohibe les délits, c'est-à-dire, qui défend que nul homme se procure le bien-être [283] personnel au préjudice d'un autre, soit par usurpation de ses propriétés, soit par empêchement mis à l'usage de sa liberté; l'*ordre naturel* de la *bienfaisance* générale essentielle, qui fournit aux hommes les moyens efficaces et multipliés de se procurer le bien-être personnel, non seulement sans délit, c'est-à-dire, sans usurpation des propriétés, sans violation ou empêchement des libertés, mais encore en opé rant et nécessitant pour ainsi dire le bien-être d'autres hommes : tels sont les premiers principes fondamentaux des vraies *Monarchies Economiques.*

Leur but ou la fin universelle vers laquelle tend essentiellement et sans cesse toute leur organisation politique, est le grand intérêt général, évident, éternel de l'humanité ; c'est-à-dire, *la multiplication continuelle et progressive de tous les objets propres aux jouissances utiles ou agréables, qui font la conservation et* [284] *le bien-être de l'espece humaine sur la terre.*

Ce *but* des *Monarchies Economiques* est évidemment conforme au vœu de *la nature,* à l'*attrait* général et continuel qu'elle inspire à tous les hommes, au *devoir naturel,* qui nous est prescrit à tous impérieusement et sans relâche, de procurer notre bien-être personnel, sous peine de souffrance et de mort.

Respecter les *propriétés* et les *libertés,* c'est évidemment le véritable, le seul moyen de parvenir à ce *but* général, c'est-à-dire, de satisfaire cet *attrait,* de remplir ce *devoir* naturel et universel de l'humanité sur la terre.

Propriété, c'est ce qui vous est propre ou spécial à vous particuliérement, non à un autre.

Il y en a de trois especes : la premiere est radicale, c'est la propriété de votre personne, de vos organes corporels, de vos facultés intellectuelles.

Cette premiere *propriété* nous est ac[285]cordée par la *nature* de la maniere la plus *inviolable,* comme je l'ai rappelé ci-dessus, en réfutant le délire absurde et funeste des insensés qui s'imaginent pouvoir *s'approprier* réellement la personne d'autrui.

De cette *premiere propriété* dérive nécessairement la *premiere liberté ;* car qui dit *liberté,* dit *usage raisonnable et légitime d'une propriété,* ou pour être encore plus exact et plus précis, *faculté non empêchée* de faire cet *usage,* ou de ne le pas faire, définition essentielle et de la plus extrême importance, à laquelle je prie qu'on fasse ici toute l'attention qu'elle mérite, afin qu'on ne l'oublie jamais.

La *liberté* étant donc en général « la faculté non empêchée de « faire à son gré un *usage raisonnable et légitime d'une vraie pro-* « *priété* », la premiere des libertés est la *liberté personnelle,* relative à la premiere des *propriétés.*

La liberté personnelle est donc « la [286] faculté non empêchée

« de faire à son gré un usage raisonnable et légitime de ses organes
« corporels, de ses qualités morales et intellectuelles.

Raisonnable et légitime, c'est-à-dire conforme à la loi naturelle
de la justice par essence, et à l'ordre naturel de la bienfaisance
universelle.

Que l'homme prétende faire de sa propriété personnelle un
usage fou contre lui-même, un *usage criminel contre d'autres
hommes*, ce n'est pas de sa part réclamer la *liberté;* c'est s'accu-
ser de *démence* et de *délit;* c'est se déclarer aliéné de la raison,
violateur de la loi naturelle, destructeur de l'ordre bienfaisant,
ennemi de l'humanité.

Or ce n'est pas pour ce délire, pour cette destruction, que la
nature nous a donné les organes corporels, les facultés intellectuelles; puisqu'elle nous inspire une répugnance indélébile, universelle, continuelle, pour les privations, les pei[287]nes et la
mort, qui sont évidemment pour l'humanité les suites nécessaires
et infaillibles des délits commis contre sa loi de justice essentielle,
contre son ordre de bienfaisance universelle; puisqu'au contraire,
elle nous donne un attrait général, indélébile et continuel, pour la
conservation et le *bien-être*, qui sont évidemment pour l'humanité
les suites nécessaires et infaillibles de l'accomplissement de sa loi
de justice, de l'observation de son ordre bienfaisant.

Liberté personnelle n'est donc pas « licence effrénée d'user de
« ses facultés morales ou corporelles, même contre soi, même
« contre autrui »; ce qui seroit ériger en principe le comble de la
folie, consacrer les plus abominables forfaits, et dévouer l'humanité
à toute espece de destruction.

En user *pour soi*, c'est être homme sage et raisonnable.

En user sans usurper nulle propriété, [288] sans violer nulle
liberté d'autrui, c'est être un homme juste.

En user de maniere qu'il résulte un acroissement de bien-être
pour l'humanité, c'est être un homme bienfaisant.

La seconde espece de *propriété* s'appelle *mobiliaire :* tous les
effets que vous avez acquis ou que vous vous êtes rendu *propres*
par l'usage raisonnable et légitime de vos facultés corporelles et
morales, sont à vous à juste titre, ils composent votre *propriété
mobiliaire*, et sont les fruits de votre propriété, de votre liberté
personnelle.

Faire à votre gré, de ces objets qui vous appartiennent, tout usage légitime et raisonnable, c'est la seconde espece de *liberté*.

Mais parmi tous les emplois qu'on peut faire *librement* de ses propriétés personnelles et mobiliaires, il en est un plus important pour le bien-être de l'humanité, c'est celui de se former des pro[289]*priétés foncieres*; c'est-à-dire, d'employer ses facultés intellectuelles et ses effets mobiliers à la préparation d'un sol qu'on rend productif des objets propres aux jouissances utiles ou agréables.

Consacrer ainsi ses soins et ses richesses mobiliaires à la préparation fondamentale d'un fonds de terre qu'on rend plus utile, c'est en acquérir la *propriété*, c'est se le rendre propre et spécial. Dès que cet emploi de vos facultés et de votre richesse mobiliaire n'est infecté d'aucune usurpation de propriétés, de nulle violation des libertés d'autrui, c'est une propriété fonciere légitimement acquise ; c'est bien mieux encore, c'est un acte de bienfaisance, car le sol est rendu plus utile, plus fructifiant, et par conséquent il accroît la somme des jouissances qui font la propagation, le bien-être de l'humanité toute entiere s'est accru.

Et cet accroissement n'est pas mo[290]mentané, il durera plus ou moins, suivant la solidité des travaux ou des avances foncieres.

« Faire à votre gré de vos héritages fonciers tout usage légitime « et raisonnable », c'est la troisieme espece de *liberté*, qui résulte de la troisieme espece de *propriétés*.

Il est évident, comme je l'ai fait sentir ci-dessus, que la loi naturelle de la justice par essence et l'ordre de la bienfaisance consistent en ces deux points ; premierement, « que nul homme « n'usurpe les propriétés, que nul homme ne viole les libertés d'autrui »; secondement, « que chaque homme contribue le plus « possible à procurer aux autres des propriétés légitimes, un juste « et raisonnable usage de ces propriétés.

Il est donc *évident* que le plus grand *bien-être général* de l'humanité dépend de la multiplication et du bon emploi des *propriétés* et des *libertés*.

[291] Ces vérités sacrées sont le premier principe fondamental des *Monarchies Economiques*, et c'est en conséquence de cette premiere idée qu'on s'y forme celle de *l'autorité souveraine* qui est le second principe fondamental.

« Le pouvoir de faire exécuter le mieux possible la *loi* naturelle

« de la justice par essence, l'*ordre* naturel de la bienfaisance uni-
« verselle », c'est ainsi qu'on définit *l'autorité suprême* dans
l'analyse des Monarchies vraiment économiques.

« Garantir toutes les propriétés d'usurpation, toutes les libertés
« de violation », c'est donc la premiere fonction de *l'autorité* ; elle
est relative à la *justice* essentielle.

« Diriger, faciliter, aider de mieux en mieux l'acquisition des
« propriétés, l'usage des libertés », c'est la seconde fonction de
l'autorité ; elle est relative à la *bienfaisance* universelle.

[292] Bien loin que propriétés et libertés soient deux opposés
d'*autorité*, ce sont au contraire évidemment les deux corrélatifs ;
l'un est l'objet à procurer, l'autre est le moyen ; l'un est la *cause*,
l'autre l'*effet*.

Ces principes lumineux et salutaires une fois établis, la *force qui
domine* , et *l'autorité*, sont évidemment deux choses totalement
différentes.

La *force supérieure*, naturelle ou factice, ou simple, ou réunie,
peut et doit servir *l'autorité*. J'ai tâché d'expliquer comment *l'art
social* combine ainsi les forces physiques et morales de telle sorte,
qu'elles remplissent en effet le but général des Monarchies Economiques, ce *vœu* de la *nature* pour le bien-être des hommes, qui
consiste dans l'accomplissement de la Loi de justice, et de son
ordre de bienfaisance.

L'emploi des *forces* supérieures que fait agir *l'autorité*, est alors
aussi saint, aussi respectable qu'il est actif et impo[293]sant ;
mais ce n'est pas parcequ'elles sont *forces supérieures*, c'est parcequ'elles agissent de par *l'autorité*, pour remplir son vrai devoir,
et pour atteindre à son vrai but, qui est en même temps le vœu
de la nature, le bien de l'humanité entière.

Mais il est malheureusement trop vrai que les *forces* combinées
à l'effet de servir *l'autorité*, peuvent être employées à un objet
tout contraire, qu'elle peuvent être mues par l'orgueil et la cupidité, qu'elles peuvent opérer l'usurpation des *propriétés*, la violation des *libertés* ; alors elles sont simplement *forces opprimantes*,
et ne sont point *autorité*.

En effet, le véritable caractere essentiel de *l'autorité*, c'est
principalement, que chacun des soins qu'elle prend, et des travaux
qu'elle accomplit, est véritablement *l'auteur* ou la *cause* d'un grand
bien pour la société, pour toute l'humanité.

[294] Cette qualité d'*auteur* ou de *cause premiere* dans l'ordre naturel de la bienfaisance générale, rend *l'autorité* si respectable et si sacrée aux yeux de la raison, que l'on ne peut, sans se rendre, pour ainsi dire, coupable de Lese Majesté, confondre les *forces* opprimantes, vexatoires et usurpatrices, avec « le devoir et « le droit de faire *regner* la loi naturelle de la justice par essence, « l'ordre naturel de la bienfaisance générale, droit qui est évidem- « ment *l'autorité*.

La force opprimante et usurpatrice, mise en usage par la volonté déraisonnable, par l'orgueil exalté, par la cupidité envahissante de qui que ce soit, n'est jamais que délit, qu'attentat contre la raison et l'humanité.

Dans les personnes privées, toute *force* oppressive et usupa- trice résulte de leurs propriétés ou facultés actuelles ; mais user de ces propriétés, de ces facultés pour attenter aux propriétés et [295] facultés d'autrui, ce n'est pas *liberté*, c'est *crime*.

Ce principe est de la plus suprême évidence. Si la *supériorité* de la *force* légitimoit tout usage des facultés qui la rendent actuel- lement *supérieure* (ce qu'on appelle vulgairement droit du plus fort) il n'y auroit pas la moindre différence morale entre celui qui pour son plaisir seul dévoreroit les entrailles de sa mere vivante, et celui qui s'exposeroit généreusement au plus grand danger connu pour sauver la vie de plusieurs milliers d'hommes, et pour assurer leur bonheur. Paradoxe absurde qui n'a pu tomber dans l'esprit que de quelques systématiques prétendus philosophes, dont l'imagination s'étoit échauffée par degrés dans l'ombre de leurs cabinets.

Avoir une *force* privée actuellement supérieure à telle ou telle autre, c'est donc un résultat de vos *propriétés*. N'être empêché « par qui que ce soit d'en faire [296] un bon et légitime usage », c'est *liberté* : « en user pour usurper les propriétés ou pour violer « les libertés d'autrui », c'est *crime* ou *délit*.

Avoir une *force* combinée par les procédés de *l'art social*, supé- rieure à toutes les forces privées, c'est l'apanage de la Souverai- neté ; en user pour l'observation de la loi naturelle de justice, et pour le regne de l'ordre naturel de bienfaisance, c'est exercer *l'autorité* ; en abuser au contraire pour usurper les propriétés et violer les libertés, pour contredire la loi naturelle de justice, pour renverser l'ordre naturel de bienfaisance, il est évident que ce n'est pas la même chose.

Usage et *abus* des *forces* sont pour tous les hommes quelconques précisément les deux contraires.

Vouloir effacer cette différence indélébile par rapport à l'*autorité*, qui est « l'*usage* des forces combinées par l'art social et supé-« rieures à toutes les for[297]ces privées » ; *usage*, c'est-à-dire, emploi légitime et salutaire qui est auteur ou cause de *bien-être*, cause primitive, féconde, et par conséquent digne de respects, d'amour et de reconnoissance.

Vouloir en transporter le nom, les caracteres et les droits à tout emploi quelconque de ces forces, fût-il même l'emploi le plus opposé à la loi naturelle de justice, à l'ordre naturel de bienfaisance le plus usurpatif des propriétés, le plus oppressif des libertés, le plus destructif du bien être de l'humanité ; c'est évidemment con-tredire d'une part la raison, la regle essentielle du bien et du mal moral ; mais c'est aussi d'autre part dégrader l'*autorité* de son caractere bienfaisant par essence, lui ravir le plus précieux de ses avantages, celui de ne mériter jamais qu'amour, respect et recon-noissance.

Rien n'est donc plus intimement cor[298]respondant l'un à l'autre que les *propriétés*, les *libertés* et l'*autorité* : bien loin qu'il y ait jamais entre elles aucune opposition ou contrariété, cette union, cette corrélation est si intime, si essentielle, que tout emploi de forces quelconques, oppressif des libertés, et usurpasif des pro-priétés, est précisément et directement le contraire de l'*autorité*.

Tels sont les principes fondamentaux constitutifs des Monarchies Economiques ; ils sont simples, évidents, honorables et salutaires à l'humanité : ce sont les premieres regles de la politique publique, honnête et bienfaisante.

Les relations qu'ils font naître, et qu'ils maintiennent entre le Souverain et les Sujets, sont toutes d'union, d'utilité, de services réciproques, de concours ou de tendance au même but d'associa-tion, de travaux, de partage équitable et amical du fruit de ces travaux.

[299] Cette sage et heureuse correspondance roule sur deux pivôts, qui méritent la plus sérieuse attention.

Il faut premiérement que le Souverain puisse exercer l'autorité tutélaire et bienfaisante par lui-même et par ses mandataires de tous les grades ; il faut que nul ne puisse *abuser* des forces com-binées pour l'exercice de cette autorité.

Mais comment l'intelligence humaine peut-elle organiser une société policée de telle maniere qu'il en résulte ce pouvoir d'exercer l'autorité tutélaire et bienfaisante, avec cette impossibilité d'abuser des forces au préjudice des propriétés et des libertés ? c'est un des plus grands et des plus importants problêmes de l'art social.

Les plus grands génies de l'antiquité, les plus illustres d'entre les Philosophes modernes, se sont occupés de la solution de ce problême, et leurs opinions spéculatives n'ont pas été moins variées [300] que les systêmes pratiques des Nations anciennes et nouvelles.

Deux objets principaux qu'on a communément beaucoup moins considérés que tous les autres, sont pourtant la clef de toutes les difficultés réelles ou apparentes de ce problême.

L'un est celui qui fournit les *vrais moyens* d'exercer l'autorité, l'autre est celui qui empêche le plus qu'il est possible que nul *n'abuse* de ces moyens, en faisant un emploi déraisonnable, injuste et fatal des forces qu'ils rassemblent.

C'est ici le lieu de développer ces deux grands objets, les plus essentiels de ceux que l'art social ait à regler dans les sociétés policées, pour la prospérité des Etats et le bonheur de l'humanité.

Le premier est la perception vraiment économique des revenus publics ; le second est l'instruction générale aussi vraiment économique, d'où résulte l'opinion universelle et populaire. J'ai [301] donné ci-dessus les premiers principes relatifs à ces deux points capitaux des *Monarchies*, et j'ai promis de les traiter plus en détail, quand il s'agiroit de concilier ensemble *l'autorité* et la *liberté*, qu'un absurde et funeste préjugé regarde comme les deux opposés les plus inconciliables, pendant que dans la réalité, l'un est la cause et l'autre l'effet, comme j'ai déja commencé de le prouver, et comme j'espere le persuader intimement dans le développement des deux grandes questions qui vont nous occuper.

Nº. III.

Perception économique des revenus publics.

J'ai donc promis (p. 36) [96] « d'expliquer le principe de vraie « société, qui réunit évidemment les intérêts du Souverain avec

« ceux des Citoyens, qui détermine l'étendue des droits respectifs, « qui fixe une regle de partage [302] dictée par la justice et par la « raison éclairée ». Je m'acquitte de cette promesse. Les principales vérités économiques ont ce rare et précieux avantage, qu'il suffit de les exposer, pour que leur évidence saisisse d'elle-même. Voici donc ce que je me réservois de dire ici à chacun de mes Lecteurs.

Etablissez-vous en esprit au moment de la récolte générale et universelle ; figurez-vous que l'assemblage de toutes les productions fraîchement recueillies par les mains des arts productifs, est étalé sous vos yeux dans l'état primitif de leur simplicité naturelle.

Imaginez que tous les hommes qui vivent sur la surface de la terre vous environnent en silence, qu'ils vous ont constitué l'arbitre du partage, et qu'ils attendent avec respect la portion que vous allez leur assigner.

Vous n'oublierez pas sans doute qu'il est pour toute l'espece humaine un inté[303]rêt évident, général et perpétuel, savoir l'accroissement continuel et progressif de cette masse nouvellement récoltée, qui contient toutes les substances et toutes les matieres premieres des ouvrages de durée.

Vous n'oublierez pas que de procurer le maintien et la conservation de cette masse dans son état actuel, c'est *justice* ; que d'occasionner son accroissement progressif et continuel, c'est *bienfaisance* ; que de causer sa dégradation, c'est *crime* ou *délit*.

Procédez maintenant au partage dont vous êtes constitué l'arbitre suprême.

Les premiers qui se présentent sont les *ouvriers* de toutes les exploitations productives, les manœuvres employés aux travaux des mines, aux chasses, aux pêches, aux pâturages, aux cultures et travaux champêtres de toute espece.

« C'est nous, vous diront-ils, ce [304] sout nos travaux pénibles « et assidus, qui préparent cette récolte, et qui viennent de la « faire ».

Il est certain que la premiere portion des récoltes appartient à ces ouvriers à titre de justice, à cause des travaux qu'ils ont faits ; à titre de sagesse, à cause des travaux qu'ils doivent nécessairement continuer tous les jours en faveur de la récolte future.

Mais quelle portion des récoltes peut être due à ces simples ouvriers ou manœuvres? Ce doit être là votre doute. Il sera facile de l'éclaircir.

En seconde ligne se présentent tous les entrepreneurs et directeurs des exploitations productives ; tous ceux qu'on appelle proprement *cultivateurs* en chef, à titre de ferme ou de régie.

« C'est notre affaire, vous diront-ils, de salarier les ouvriers, « dont nous avons besoin, tout autant qu'ils ont besoin de nous. « C'est par une con[**305**]vention libre entre eux et nous que se « reglent leurs salaires. S'ils les reçoivent par vos mains, c'est à « notre décharge, et conformément au traité que nous avions fait « avec eux ».

Rien n'est plus équitable sans doute, ni plus avantageux, dès que la convention est volontaire, dès qu'il n'y a nulle contrainte de la part des cultivateurs en chef, nulle oppression des *libertés*, nulle fraude, nulle violence de part ni d'autre.

Vous êtes bien assuré de faire un acte de justice et de sagesse, en exécutant les traités parfaitement libres du chef de toute exploitation productive avec ses coopérateurs subalternes.

Rappelez-vous que l'influence de ce chef sur ces ouvriers et sur leurs travaux est une influence prospere à proportion de son savoir, de son émulation, de ses moyens ; qu'elle tend, par l'ensemble des opérations, par la perfection des instruments, par la fécondité des [**306**] ressources et la grandeur des avances ; à multiplier la récolte en épargnant le temps, les hommes et l'étendue de sol cultivable.

Ici donc réclament leurs droits ces cultivateurs en chef, ces entrepreneurs et directeurs des exploitations productives des trois regnes de la nature.

« Voici nos titres » vous diront-ils : « non seulement nous étions « chargés, 1°. de payer tous les salaires de ces ouvriers divers que « vous venez de satisfaire en notre nom ; mais encore, 2°. nous « avions fourni les semences et les autres frais nécessaires aux « exploitations productives. 3°. Nous avions fait à nos *dépens* les « *primitives avances* d'instruments, d'outils, d'animaux, de meubles, « de provisions, jusqu'à concurrence d'un capital considérable, « qu'il nous faut entretenir et renouveller sans cesse, parce que « l'usage même qu'on en fait, et les [**307**] accidents divers, « tendent sans cesse à le faire dépérir. Nous avons couru tous

« les risques des saisons ; nous pouvions par cent causes natu-
« relles ou factices, être privés de nos espérances et ne recueil-
« lir pas même la valeur de nos semences, celle de nos plus petits
« frais journaliers, ou des salaires que nous donnons aux moindres
« ouvriers ».

Rien de plus vrai que cet exposé ; par conséquent rien de plus
incontestable que les droits réclamés en consequence sur la récolte
présente par les chefs et directeurs des exploitations rurales.

Il faut donc par justice et par sagesse prélever sur cette récolte,
premiérement la restitution entiere et parfaite de tous les frais ou
déboursés annuels et journaliers qui doivent se faire encore et continuellement, pour opérer la recolte future. Secondement, il faut
prélever tout ce qu'exige l'entretien habi[**308**]tuel, la réparation,
la rénovation de l'*atelier*, ou de l'assemblage d'outils de tout genre,
qui formoit le bloc des *avances primitives*. Troisiemement, il faut
ajouter une juste compensation des avances, des peines et des dangers ; car on ne peut pas espérer qu'une classe nombreuse, riche
et instruite, avance des capitaux considérables, se donne beaucoup de soins continuels, et s'expose à de grands risques, sans
retirer cette juste compensation.

Mais n'allez pas vous embarrasser des moyens de faire vous-
même cette évaluation ; elle est toute faite, et vous allez l'apprendre.

En troisieme ligne s'avancent les *propriétaires fonciers* qui
défricherent le sol, construisirent les édifices, firent les plantations
et les clôtures à leurs frais et dépens, ou qui remboursérent ces
avances, en achetant les héritages tout préparés.

[**309**] « Les directeurs en chef des exploitations rurales sont nos
« fermiers ou nos régisseurs » vous diront les propriétaires. « S'ils
« sont fermiers, la compensation est toute faite par leur bail à
« ferme ; après avoir estimé le bloc des avances primitives, ou de
« leur premier établissement, après avoir calculé les frais annuels
« et journaliers de toute espece, après avoir estimé les risques et
« les bonnes fortunes, ils ont promis de nous rendre en nature ou
« en argent telle portion des récoltes, se tenant satisfaits du reste,
« tant pour eux-mèmes que pour leurs ouvriers, frais et bénéfices
« quelconques. S'ils sont nos régisseurs, ils nous doivent un compte
« exact et détaillé de leur gestion, qui distingue les frais et le *pro-*
« *duit net*, ou revenu clair et liquide. Ce *revenu* nous appartient à

« titre de justice et de sagesse, comme ayant fait à la terre les
« avances fon[310]cieres, comme chargés de les entretenir et con-
« server ».

Rien n'est plus équitable, sans doute : ainsi vous avez déja trois
lignes entre lesquelles se fait tout naturellement un partage amical
et de bonne foi par des conventions libres. Les deux premieres
lignes, qui sont d'abord les ouvriers, puis les chefs des exploitations productives, prélevent sur la récolte les *reprises*, ou les frais
indispensables qui précedent et occasionnent les récoltes, 1º. quant
aux *avances primitives* faites en bloc lors du premier établissement,
ils prélevent tout ce qui est nécessaire, tant à leur entretien qu'au
juste bénéfice de ceux qui les ont faites et risquées : 2º. quant aux
avances annuelles et journalieres, la totalité de ces frais ou dépenses
qui se renouvellent sans cesse en leur entier.

La troisieme ligne, qui est celle des propriétaires fonciers, a
réclamé tout [311] le reste à titre de produit net ou de revenu
clair et liquide ; et vous n'avez eu aucune raison de lui disputer ce
reste tout entier.

Mais voici de nouvelles prétentions qu'il s'agit de juger par la
même loi de justice et de sagesse. En quatrieme ligne s'avancent
tous les mandataires quelconques de la véritable autorité souveraine, instruisante, protégeante, administrante, tous ceux qui remplissent quelques fonctions de l'art social.

« Il ne suffit pas » vous diront-ils, « pour faire des *récoltes*,
« d'avoir des *avances* ou *primitives* ou *annuelles* d'exploitation
« faites par les *cultivateurs*, et des *avances foncieres* faites par les
« propriétaires, il faut encore les *avances souveraines* de l'auto-
« rité. 1º. Ces dépenses foncieres, ces dépenses d'exploitation ne se
« font dans un Etat qu'à proportion du savoir et de l'émulation
« qu'y fait naître l'autorité instruisante, [312] qu'à proportion de la
« paix et de la sécurité qu'y procure l'autorité protégeante, judi-
« cielle, politique, ou militaire ; qu'à proportion des *moyens* et de
« l'aisance que fournit l'autorité administrante, par les facilités que
« donnent les grandes propriétés communes qu'elle forme sur la
« surface de l'Etat. 2º. Ces mêmes avances une fois faites, ne pros-
« perent jusqu'à la récolte, et n'assurent sur cette récolte les droits
« du cultivateur et du propriétaire, que par l'autorité garantis-
« sante. 3º. La récolte une fois recueillie, les cultivateurs eux-
« mêmes et les propriétaires fonciers ne peuvent en faire usage

« pour leurs jouissances personnelles, et même pour la majeure
« partie de leurs *avances d'exploitation*, et de leurs *avances fon-
« cieres*, que par l'entremise des arts stériles et du commerce, qui
« ne s'établissent et ne fleurissent dans un État [313] qu'à propor-
« tion de la grande prospérité de l'*art social*, ou de l'exercice de
« l'autorité tutélaire et bienfaisante.

    « Nos fonctions et nos travaux, en qualité de mandataires de la
« Souveraineté, sont donc les causes premieres qui vous font opé-
« rer les avances foncieres, les avances primitives ou annuelles de
« l'exploitation productive, qui vous en conservent les fruits, qui
« vous rendent ces fruits utiles en vous procurant les moyens de
« les employer par les façons et les échanger à toute espece de
« jouissances utiles ou agréables.

    « Nous avons donc un droit incontestable à réclamer dans cette
« masse de récoltes. Vous avez consenti que les ouvriers et les
« directeurs en chef des exploitations productives prélevassent leur
« portion sur cette masse à titre de reprises. Rien de plus juste ni
« de plus sage. Les *propriétaires* ont [314] réclamé le reste à titre
« de *produit net*, ou de revenu clair et liquide.

    « Mais avant qu'il soit adjugé tout entier, nous avons un droit
« incontestable à faire fixer la portion nécessaire à l'entretien, à la
« perfection des avances souveraines de l'État, à la solde habi-
« tuelle et journaliere de tous les mandataires de l'autorité suprème,
« instruisante, protégeante et administrante ».

    Impossible de contester la justice de cette prétention, l'efficacité
des travaux qu'on invoque pour titre, et leur influence prospere sur
les récoltes et sur leur produit net, étant d'une *souveraine évidence*.

    Il faut donc adjuger à la *souveraineté* une portion fixe et déter-
minée du produit net ou du revenu clair et liquide annuel des fonds
productifs des trois regnes. Mais quelle portion ? c'est le seul problème qui puisse embarrasser.

    [315] Voici les principes de solution. Les Propriétaires fonciers sont
chargés d'entretenir et réparer leurs héritages, que sa nature ten-
droit sans cesse à dégrader ; objet nécessaire et indispensable à prélever sur le produit net, objet qui appartient essentiellement et
nécessairement à la chose même, et qui n'est pas *disponible*,
comme je l'ai déja remarqué, c'est-à-dire, qu'on ne peut pas
employer à d'autres dépenses sans dégrader la production, et par
conséquent faire le mal.

Cette portion privilégiée qui ne doit pas être moins sacrée que les *reprises du Cultivateur*, puisqu'elle est aussi *nécessaire* aux récoltes futures, doit absorber annuellement le tiers du produit net ; d'autant mieux qu'il faut sans cesse améliorer et perfectionner, si l'on ne veut pas déchoir, parceque les accidents naturels tendent continuellement à dégrader les avances foncieres qui sont une espece [316] de violence faite par l'industrie des hommes à l'état physique et primitif du sol que nous habitons.

C'est donc par sagesse indispensable, en vue de l'avenir, qu'il faut laisser au Propriétaire foncier le tiers au moins du produit net annuel, à titre de revenu non disponible, à titre de dépôt pour l'entretien et l'amélioration de son héritage, dépôt qu'il ne peut violer sans se rendre coupable de *luxe*, ou d'un excès dont la suite sera la ruine de ses fonds, la dégradation des récoltes, le mal par essence dont il sera la première victime, lui et sa postérité.

Mais il appartient encore au Propriétaire foncier une autre portion du produit net à titre de justice, premiérement à cause des *avances foncieres* qu'il a faites pour former son héritage ou pour se le rendre propre, en l'acquérant tout préparé ; secondement à cause des peines et des soins continuels qu'il est obli[317]gé de prendre pour l'entretenir et pour le faire exploiter, à cause des risques qu'il court de la part de la nature et de la part des hommes, notamment de l'insolvabilité de ses Cultivateurs, soit à titre de ferme, soit à titre de régie.

L'intérêt universel des États et de l'humanité toute entiere étant évidemment que le sol soit chargé le plus qu'il est possible des grandes et riches avances foncieres qui le rendent susceptible des *exploitations productives* ; il est évidemment nécessaire que l'homme sage et bienfaisant, qui consacre ses richesses et ses soins à la terre pour la rendre fructifiante, recueille de ses dépenses et de ses travaux une juste récompense. Nul homme raisonnable ne voudroit faire cet emploi de ses facultés et de ses propriétés mobiliaires, s'il y perdoit sa mise, son temps et ses peines.

Il est même de l'intérêt universel que cet emploi soit un des plus profitables et [318] des plus assurés que les hommes puissent faire de leurs talents et de leurs richesses.

La loi de la justice et celle de la sagesse se réunissent donc pour attribuer au moins les grands tiers du *produit net*, ou revenu clair et liquide, à chaque propriétaire foncier ; un premier tiers non disponible, mais confié comme un dépôt sacré, dont la destination nécessaire est l'entretien, la réparation, la rénovation périodique et l'amélioration continuellement indispensable des avances fon-cieres ci devant faites ; un second, comme juste récompense des défenses, des travaux et des soins du propriétaire.

Reste un peu moins du tiers de ce produit quitte et net que peuvent revendiquer en corps les mandataires quelconques de la souveraineté, et cette réclamation est fondée de leur part sur les deux mêmes titres que celle des [319] cultivateurs et des proprié-taires fonciers.

Ils demandent une portion à titre de justice, comme récompense de leurs peines et de leurs soins, de leurs avances souveraines, qui ont évidemment influé sur la naissance et la conservation de la récolte; et à titre de sagesse, comme nécessaire à l'entretien, à la perfection continuelle de ces grandes institutions sociales de l'autorité instrui-sante, protégeante, administrante, qui sont l'objet de ces *avances souveraines* : causes nécessaires, ou conditions indispensables des avances foncieres, des avances d'exploitation, même de tous les tra-vaux de l'industrie façonnante, voituriere et négociante.

Vous voilà donc enfin acquitté sans beaucoup de peine, et très certainement sans nulle injustice, du partage de toutes les récoltes. Vous ne pouvez avoir sur ce partage ni scrupule, ni re[320]mords. Les ouvriers de la culture ou des autres exploitations productives avoient leur portion réglée par une convention libre entre eux et les chefs ou directeurs de ces exploitations. Ceux-ci, qui formoient la seconde ligne, avoient de même un compte fait ou à faire libre-ment vis-à-vis des propriétaires fonciers que vous avez vu paroître à la troisième ligne. Les deux premieres ont reçu devant vous la totalité des *reprises* qui leur appartenoient.

Mais en adjugeant aux propriétaires fonciers le reste de la récolte à titre de *produit net*, vous leur avez associé pour six ving-tièmes, par exemple, ce qui fait un peu moins du tiers, les manda-taires de la souveraineté, qui se sont présentés en quatrieme ligne. Dès lors toute la masse des récoltes est délivrée ; vous n'avez plus rien à distribuer.

Il vous reste néanmoins en cinquieme ligne une foule très nom-breuse. Toute [321] la classe stérile est là qui demande ses subsis-tances et ses matières premieres : que devez-vous lui répondre? Le voici.

Ces subsistances et ces matieres premieres sont toutes distribuées entre les quatre lignes qui vous précedent, parcequ'elles ont fait des avances, parcequ'elles ont pris des peines, parcequ'elles ont couru des risques pour les faire naître et les recueillir en plus grande abondance, parceque leur emploi journalier et continuel est d'en produire à l'avenir de semblables.

Mais ces subsistances, ces matieres premieres ne sont encore entre leurs mains que dans l'état brut de leur simplicité primitive ; elles y sont distribuées dans l'ordre de la récolte, et non dans l'ordre de la consommation ; elles ne forment pas encore, à proprement parler, des objets de *jouissances* tout préparés.

C'est à votre industrie qu'il appartient [*322*] de les façonner, de les voiturer, de les échanger de telle sorte qu'il en résulte de vraies jouissances effectives. Vos facultés, vos talents, votre volonté sont à vous. Les deux lignes des cultivateurs, celle des propriétaires fonciers, celle des mandataires de la souveraineté, ont respectivement besoin de votre industrie, de vos travaux, autant que vous en avez de leurs denrées ; faites avec chacun d'eux des conventions *libres*, qui vous procureront aux uns et aux autres des jouissances utiles et agréables.

En tenant ce langage, vous ne craignez pas de paroître injuste et déraisonnable à cette foule d'hommes qui composent la cinquieme ligne ; aucun d'eux n'a de prétentions directes sur aucun sol, ni sur aucune récolte en particulier, ne s'occupant d'aucun des travaux fructifiants. Ils savent tous qu'ils ne traitent point immédiatement avec la terre, mais avec les cultivateurs, les [*323*] propriétaires, les agents de l'autorité suprême.

Ils n'avoient donc que deux intérêts, relativement au partage dont vous venez d'être l'arbitre.

Le premier de ces intérêts, c'étoit que la loi de sagesse et de justice fût observée par vous vis-à-vis de tous les prétendants, afin que de votre partage il pût résulter le maintien et la perfection de toutes les exploitations productives et des récoltes qui en sont la suite, non leur dégradation et leur ruine ; car il est évident que le sort de leur ligne deviendroit pire, si la masse des subsistances et des matieres premieres alloit en diminuant au lieu de s'accroître.

Leur second intérêt général et universel, c'est qu'après la récolte et le partage que vous en avez fait entre les quatre premieres lignes, vous leur fassiez à tous et à chacun d'eux *pleine liberté* d'employer

leurs talents acquis ou [324] naturels, pour se procurer par les services qu'ils sauront, qu'ils pourront, qu'ils voudront rendre aux
autres, les *jouissances* qu'ils croiront leur être utiles ou agréables.

A ces deux conditions, vous les voyez ratifier avec applaudisse-
ment le partage que vous venez d'ordonner, ou pour mieux dire,
le partage tout fait par la justice et par la raison que vous avez
laissé faire en votre présence, et que vous n'avez point troublé.

: C'est ainsi que dans les Monarchies économiques la perception
du revenu public, qui cause ailleurs tant de troubles, tant d'embarras, tant d'injustices, qui ne paroît fondée que sur la force et la
déprédation dans les Etats mal organisés, n'est au contraire qu'un
partage amical des revenus annuels, partage naturellement fait par
la justice et par la raison, que les hommes n'ont point à régler,
mais seulement à ne point dé[325]ranger par des erreurs destructives.

- Si la portion du produit net ou du revenu clair et liquide annuel
des fonds productifs étoit une fois réglée sur le pied d'environ six
vingtiemes, et jamais plus (à cause de l'entretien de l'amélioration
continuelle indispensable des avances foncieres, qui rend un tiers
du revenu *non disponible*, et souvent davantage ; et à cause de la
nécessité indispensable de faire trouver au *propriétaire foncier* le
juste intérêt de ses avances, la récompense de ses travaux, la
balance de ses risques) : alors les ventes et les achats, les partages,
les échanges des héritages s'établiroient d'après ce principe, ainsi
que les entreprises des avances foncieres elles-mêmes.

Tout *propriétaire* saura qu'il n'acquiert pour ses héritiers, pour
ses cessionnaires ou ayant cause, que quatorze vingtiemes, ou un
peu plus de deux tiers du *produit net annuel* d'un fonds mis [326]
en exploitation, que le reste n'est pas à lui, mais à la *souveraineté*.
- Il sait que le droit de la souveraineté sur un peu moins du tiers
des revenus territoriaux clairs et liquides, est fondé, comme tout
droit juste et raisonnable, sur des *avances faites*, sur des travaux
accomplis ci-devant, et encore sur les mêmes avances, les mêmes
travaux à continuer, sur leur efficacité *productive*, de ces mêmes
revenus, dont ils sont une cause efficiente, une des conditions indispensables sans lesquelles il n'existeroit point un tel *produit net*.
- Cette perception, ainsi réglée, n'a donc point les caracteres de
ce qu'on appelle impôt ; ce n'est point, comme on le pense, et
comme on le dit avec quelque apparence de raison dans les Etats

mal administrés, un sacrifice que chacun fait d'une portion de sa propriété, pour conserver le reste.

La partie déterminée du produit net [327] que reçoit la souveraineté, n'est la *propriété* de nul autre, qui que ce soit ne l'ayant acquise ni par ses travaux et ses frais créateurs d'un nouvel héritage, ni par le remboursement de ces dépenses, quand il en fait l'emplette.

C'est l'autorité souveraine qui l'a méritée, parceque les travaux d'instruction, de protection, d'administration, ont procuré ci-devant, procurent actuellement, et procureront dans la suite : 1°. au propriétaire lui-même, le savoir, le vouloir, le pouvoir d'opérer des avances foncieres : 2°. aux cultivateurs, le savoir, le vouloir, le pouvoir de les rendre fructifiantes, par les *avances primitives* ou *annuelles d'exploitation* : 3°. à toute la classe stérile, le savoir, le vouloir et le pouvoir de rendre les *fruits* de ces avances capables de procurer les *jouissances* utiles ou agréables qui font le *bien-être*.

Les propriétaires fonciers seroient [328] donc *injustes* et insensés de contester ce droit de la *souveraineté* qui lui est dévolu à titre de *propriété* légitimement acquise par le vrai *titre naturel* attributif des propriétés, par le *travail créateur*, sans lequel de tels objets n'existeroient pas.

Un partage amical, fondé sur des principes si naturels, caractérise l'état heureux de *vraie société*, c'est-à-dire, l'unité de vues, le concours paisible et tacite des intérêts et des travaux vers un seul et même objet, vers la *multiplication continuelle et progressive de la reproduction totale annuelle, et du revenu clair et liquide*, ou *produit net des propriétés foncieres*.

Ce partage amical, cette reconnoissance naturelle du vrai revenu de la souveraineté, formeroit donc un caractere distinctif des *Monarchies économiques* : caractere auguste de paix, de raison et d'équité.

La rouille dont les anciens préjugés [329] avoient infecté nos esprits, est tellement invétérée, qu'une vérité si claire et si précieuse a souffert les plus inconcevables difficultés, et qu'on a confondu cette marche de la nature, dictée par l'évidence et la nécessité même, avec les opinions les plus problématiques et les systêmes les plus compliqués ; en sorte qu'il est encore indispensable de repousser les allégations qu'on oppose avec confiance au langage le plus précis de la raison et de la justice.

N°. IV.

*Réponse aux objections contre la perception économique
des vrais revenus de la Souveraineté.*

On peut réduire à trois chefs toutes les difficultés proposées par
les préjugés et par l'intérêt personnel contre cet ordre si simple
et si naturel de perception, qui n'est qu'un partage amical évidemment fondé sur la sagesse et sur l'équité.

[**330**] Premierement, dit-on, *tous* les Citoyens de l'Etat jouissent
de l'instruction, de la protection civile, militaire et politique, de
la bonne administration intérieure, et de grandes propriétés communes qu'elle entretient. Ils *doivent* donc *tous* à *l'autorité souveraine* le prix de ses travaux bienfaisants. Pourquoi donc exemptez-
vous de ce devoir les deux premieres lignes, composées des
manœuvres et des chefs de toute exploitation productive ; et les
deux dernieres, composées de tous les mandataires de la Souveraineté, considérés comme tels ; et de tous les hommes dévoués à la
classe stérile ? pourquoi ne vous adressez-vous qu'à la ligne du
milieu composée des propriétaires fonciers ? pourquoi les chargez-
vous seuls eux et leurs héritages d'acquitter la dette universelle ?
N'est-ce pas au premier coup d'œil une grande injustice ?

Secondement est-il bien facile de con[**331**]noître *exactement* le
produit quitte et net annuel des héritages fonciers, et d'en faire
dans tout un grand Empire l'évaluation équitable, sans causer nul
préjudice ni au propriétaire ni à la souveraineté ? Quel immense
travail, quelles difficultés, quelles fraudes ou quelles vexations !

Troisiemement est-il possible que dans les vastes Etats où le Souverain est obligé de faire une grande et forte dépense, le tiers à-peu-
près du produit quitte et net des fonds productifs seulement four-
nisse un revenu suffisant ? et si ce n'est pas assez du tiers, n'opérez
vous pas la ruine des Propriétaires et de leurs héritages ?

Trois difficultés qu'on regarde encore comme réelles et presque
insolubles, tant l'habitude et l'intérêt personnel ont de puissance !

Voici la réponse à la premiere. Ce n'est aucune des classes de la
société qui [**332**] *doit* acquitter les droits sacrés de la Souveraineté,
parcequ'aucune d'elles n'en a le *pouvoir*, pas plus les Propriétaires
fonciers que les autres.

L'homme par lui-même n'est rien et ne peut rien, je dis l'homme le plus doué de tous les talents utiles et agréables ; je dis plus, l'homme comblé d'or et d'argent, que le vulgaire a coutume de regarder en quelque sorte comme la seule richesse.

Ce mortel si habile, si pécunieux, va mourir de faim sans vous avoir rendu le plus petit service, si vous n'avez pas à lui fournir des *subsistances et des matieres premieres* plus ou moins façonnées.

C'est donc évidemment la masse des subsistances et des matieres premieres qui est tout : quiconque la posséderoit entiere auroit à sa disposition les talents et les travaux de tous les hommes qui composent toutes les classes de tous les états ; car enfin, jouir des subsistances [333] par une consommation subite, et user des matieres façonnées par une consommation lente, partielle et successive, c'est-là ce qui fait la vie et le bien-être de tous les hommes, sans quoi la souffrance et la mort sont inévitables.

C'est donc une erreur bien absurde en politique de substituer les *hommes* qui n'ont par eux-mêmes que des *besoins* aux productions naturelles annuellement récoltées, dont la jouissance remplit ces besoins.

La classe entiere des mandataires du Souverain a ses besoins à remplir ; elle a un droit légitimement acquis aux *productions* annuellement nécessaires pour cet objet. Donnez-lui sa portion en nature, ou donnez-lui-en la valeur en argent, ce qui revient au même pourvu que les productions existent et puissent être achetées : c'est à elle à trouver les hommes, et les choses utiles ; ne craignez pas qu'elle en manque.

[334] Ce n'est donc point sur les *propriétaires fonciers* que s'exerce le droit du Souverain, c'est sur la *reproduction* totale annuelle de l'Etat, qui contient la vie et le bien-être de tous les hommes, et qui renferme implicitement tous les travaux humains.

Ce n'est, comme je l'ai fait voir, au préjudice de personne, mais c'est au contraire pour le bien de tous, que s'exerce ce droit si respectable.

Nul homme ne pouvant rien payer au fonds qu'en subsistances ou en matieres premieres (car payer en travail personnel ou en argent monnoyé, c'est donner en paiement les subsistances et les matieres premieres que votre argent ou votre travail personnel vous procureroient), le Souverain qui a prélevé, soit en nature soit en argent, sa part juste et raisonnable des subsistances et matieres premieres, est évidemment payé par avance.

[335] Les Cultivateurs, les Propriétaires n'ayant retenu dans le partage amical, que les portions justement et raisonnablement jugées nécessaires au maintien, à l'accroissement progressif des exploitations productives ; et la classe stérile n'ayant rien qu'elle n'ait reçu d'eux, ou des Mandataires du Souverain par échange, et convention libre, tout *droit* est rempli, toute dette est acquittée.

Mais le Souverain protege, facilite, instruit le commerce et les arts ; il a donc un droit sur eux, sur leurs travaux, sur les jouissances qui en résultent : oui sans doute ; mais ce droit s'exerce en payant, et il est rempli quand on vous a donné par avance de quoi payer.

La *reproduction totale annuelle* comprend tout ce qui doit servir aux jouissances de la classe stérile comme à celles des trois autres, par conséquent tout ce qui doit payer ses travaux. On vous donne votre portion juste et légitime [336] dans cette production totale ; vous avez donc reçu d'avance de quoi payer tous les travaux de la classe stérile dont vous devez *jouir ;* rien de plus *évident.* Que vous ayez un droit à cette *jouissance* des travaux de l'art *stérile*, on ne peut pas être censé vous le contester, quand on vous met par avance entre les mains de quoi réaliser *ce droit* à votre volonté.

Toute cette premiere objection tant rebattue consiste donc dans une erreur sur *l'objet de la perception.* Ce ne sont point les hommes qui doivent ; ce ne sont pas les hommes qui paient, ce sont les productions naturelles annuellement récoltées et consommables en subsistances ou en ouvrage de durée. Ce principe incontestable une fois saisi, le partage que vous avez fait de la récolte accomplit évidemment toute justice.

La seconde objection n'est pas plus difficile à résoudre : chercher à connoître au vrai le produit net habituel de chaque [337] héritage ou de chaque fonds productif, ce n'est surement pas courir après un objet difficile à saisir comme on se l'imagine.

Il n'est pas une seule terre dans le plus grand Empire dont le revenu clair et liquide ne soit, ou connu parfaitement, ou prêt à l'être dans vingt-quatre heures.

Car enfin, tout bail à ferme, toute vente, tout partage, tout échange, toute hypothèque suppose évidemment cette connoissance du *produit net habituel.*

Or, il est vrai de dire qu'il n'existe pas un seul héritage qui ne pût être affermé, vendu, partagé, échangé, hypothéqué dans l'espace de vingt-quatre heures, si les Propriétaires étoient d'accord avec quelque autre contractant.

Vouloir connoître le revenu clair et liquide annuel de chaque terre par estimation commune de son état habi[338]tuel, c'est donc chercher une chose toute trouvée. Supposé que la jouissance de chaque fonds particulier vînt à tomber par succession indivise à divers cohéritiers, croyez-vous qu'il leur seroit impossible et même difficile de régler la portion qui appartiendroit à chacun d'eux dans le produit net? non sans doute : c'est une opération qui se fait tous les jours. Eh bien, c'est la seule à faire pour la perception économique des vrais revenus de l'Etat.

Le Mandataire local de la Souveraineté, chargé de réclamer la portion fixe et déterminée du produit net qui forme le patrimoine public, n'a que cette opération à faire de temps en temps à des époques fixes et réglées avec chaque Propriétaire foncier. La méthode est pour lui toute simple, toute naturelle ; comme entre cohéritiers de bonne foi qui veulent partager ; comme entre voisins qui échangent ; comme entre le ven[339]deur et l'acquéreur ; comme entre l'emprunteur et le prêteur hypothécaire, qui veut savoir la valeur de son hypotheque ; comme entre le Propriétaire et le Fermier qui se présente pour prendre à bail.

Mais le Souverain sera trompé par la fraude ou par l'erreur du Mandataire local. Premiérement, quel est le genre de perception dans lequel le Souverain ne le soit pas, ou par la contrebande, ou par la mauvaise foi des préposés ou par leur négligence?

Secondement, s'il y a quelque occasion où la fraude soit plus rare et moins à craindre, c'est surement celle-ci, qui auroit des milliers de témoins, et une preuve physique toujours subsistante ; car enfin un préposé local dont les opérations estimatives du produit net de chaque héritage de son district seroient rendues publiques, et mises entre les mains de tout le monde, ne pourroit par [340] faveur pour un particulier, faire au Souverain un préjudice considérable, sans avoir pour témoins parlants de sa prévarication tout le voisinage du Propriétaire et de ses fonds. Les hommes naturellement justes d'une part, envieux et frondeurs de l'autre, ne manquent jamais à déférer de semblables malversations aux Supérieurs de ceux qui les commettent : rien ne seroit plus facile que la vérification, puisque l'héritage frauduleusement mal estimé seroit un témoin muet toujours subsistant, toujours prêt à opérer la conviction du coupable, la restitution en faveur du Souverain.

Troisiemement enfin, quand même il se glisseroit quelques petites
erreurs favorables aux Propriétaires dans les détails de l'estimation
et de la perception, ce ne seroit pas un très *grand mal* : car enfin,
il est assez évident que cette petite faveur tourneroit tôt ou tard à
l'a[341]mélioration de l'héritage foncier, à l'accroissement de la culture, et par une suite nécessaire, à l'augmentation du revenu de la
Souveraineté.

Mais quoi, dit-on encore, vous voudriez que des époques fixes et
réglées, on refit de nouvelles estimations comme les Propriétaires
font de nouvelles fermes?

Oui sans doute, afin que la Souveraineté fût toujours et réellement en société, en partage effectif de profits et de pertes avec la
classe propriétaire et cultivatrice; ce qui la met aussi en société
réelle avec la classe stérile, dont le sort dépend évidemment de la
prospérité des deux autres.

C'est là un des principaux liens économiques des sociétés policées, celui qu'on a le plus négligé dans les Etats mal organisés, qui
n'en ont que trop souffert.

Consultons d'abord la *justice*. Croyez-[342]vous que les Propriétaires fonciers, proprement dits et uniquement considérés comme
tels, qui améliorent leurs revenus, soient les seuls à opérer cette
amélioration? vous seriez dans une grande erreur. Tout accroissement des revenus territoriaux suppose nécessairement trois causes
réunies; la perfection de l'art social exercé par les Mandataires de
l'Autorité; la perfection de l'art productif exercé par les Cultivateurs en chef. Faites tant qu'il vous plaira des *avances foncieres*, si
d'une part le désordre, la licence et l'injustice regnent dans l'Etat ;
si les vexations, les monopoles, les prohibitions, les taxes s'y multiplient; si les grandes propriétés communes, si l'instruction et
l'émulation s'y dégradent, croyez-vous que vos revenus s'accroissent *autant* par le moyen des mêmes avances foncieres, que si
l'instruction, la protection, l'administration alloient en se perfectionnant? c'est évidemment la chose impossible.

[343] Ne vous imputez donc pas à vous seul d'être cause de l'accroissement de votre *revenu* foncier : car ce seroit une ingratitude
très injuste envers l'autorité qui remplit de mieux en mieux ses
fonctions de Souverain, comme vous remplissez de mieux en mieux
les vôtres de Propriétaire.

Et remarquez bien encore cette vérité très importante, que l'accroissement des revenus territoriaux est proportionnel, non-seulement à vos avances foncieres, mais aussi à l'aisance et à l'émulation de la classe cultivatrice, c'est-à-dire pareillement à la liberté, à l'immunité, aux facultés que lui procure la Souveraineté?

Car enfin, comme je l'expliquerai bientôt plus en détail, prenez un corps de ferme tout préparé par le Propriétaire, et faites cette question : Quelle somme de revenus annuels ce bien-là peut-[344]il rapporter quitte et net par an au Propriétaire?

A cette question voici la réponse que tout homme instruit vous donnera : C'est selon la richesse et la science du Fermier qui prend le bail, suivant la liberté, l'immunité dont il jouira, suivant les facilités qu'il aura pour le débouché de ses denrées.

Un laboureur très riche en avances primitives d'exploitation, très instruit dans son art, parfaitement libre et immune, assuré de ses débouchés, vous donneroit du même fonds le double, le triple de revenus annuels, et feroit un grand bénéfice.

Un Laboureur pauvre, mal instruit, gêné, vexé, rançonné et sans débouchés, ne vous donnera du même héritage, que le tiers du produit net, et se ruinera de plus en plus.

Amélioration des revenus territoriaux [345] est donc par deux raisons un effet dont une cause effective est certainement la Souveraineté bien instruisante, bien protégeante, bien administrante, tout autant que la sagesse des Propriétaires *fonciers*.

Tout de même que la dégradation des revenus est par deux raisons un effet de mauvais gouvernement public, tout autant que de mauvaise administration de la part des Propriétaires.

Donc il est de toute *justice* que la portion du produit net attribuée pour patrimoine à la Souveraineté, s'accroisse ou se diminue toujours en même temps que celle qui reste au Propriétaire : il faut que le Souverain profite des accroissements et perde aux diminutions, parce qu'il a été en très grande partie cause effective des uns et des autres.

Il le faut en outre par sagesse, ou par prévoyance pour l'avenir. Si vous isolez une fois les intérêts de la Souveraineté [346] de ceux des *Propriétaires fonciers*, vous perdrez toute la *chaîne* vraiment *sociale*.

Je viens d'expliquer cette idée fondamentale et de la plus sublime importance. Le Souverain et tous ses Mandataires ayant à perpétuité pour revenus annuels une quotité fixe du produit net un peu moindre du tiers, toujours croissant quand le produit net s'accroît, toujours diminuant quand le produit net diminue, c'est une association évidente et nécessaire de vues et d'intérêt entre eux et toutes les classes de la société, parceque la prospérité ou la décadence de la classe propriétaire suppose manifestement celles de la classe cultivatrice, et entrainent indispensablement celle de la classe stérile.

L'état des *propriétaires fonciers* étant donc évidemment par cette double raison le vrai thermometre des Etats policés, c'est le comble de la sagesse que d'attacher à cet Etat la richesse ou la [347] ruine du Souverain, c'est-à-dire l'augmentation ou la diminution de son revenu.

Dans la plus vaste Monarchie économique, un arpent de terre ne pourroit pas être dégradé que le Souverain n'y perdît, et ne pourroit pas être amélioré que le Souverain n'y gagnât : c'est la sublimité de l'Etat social.

Toute autre forme que la perception directe opere précisément le contraire, et c'est ce qui rend les *taxes indirectes* si vicieuses, si destructives.

En voulez-vous un exemple frappant? Rappellez-vous celui que j'ai donné dans le Chapitre précédent sur les profits du trafic maritime.

Deux Peuples qui recueilloient chacun leur provision de grains et de vin ont le malheur de perdre, l'un tous ses bleds, l'autre toutes ses vendanges. Ce double désastre qui leur enleve la moitié de leurs jouissances et de leurs revenus, [348] occasionne un grand commerce maritime entre eux, parce qu'ils sont forcés à faire beaucoup d'échanges du grain de l'un contre le vin de l'autre.

Si la perception au lieu d'être directe sur les récoltes et le produit net, étoit assise sur les importations et les exportations, les revenus publics augmenteroient en proportion de la ruine des récoltes, et loin d'opérer un intérêt commun, cette forme établiroit la plus étrange contrariété d'intérêts.

Ce seul exemple suffit pour faire sentir le bien précieux qui résulte nécessairement de la perception directe d'une quotité toujours croissante et décroissante, avec les revenus privés de chaque Propriétaire foncier.

Ce qui suppose et nécessite des estimations périodiques à des époques fixes et prévues, estimations qui sont aussi justes qu'avantageuses.

Quant à la troisieme objection, c'est [349] la plus raisonnable en apparence; mais elle n'est pas plus insoluble que les deux autres.

Dans plusieurs Etats, dit-on, le tiers, la moitié, les trois quarts même du revenu quitte et net de tous les fonds productifs ne suffiroient pas aux dépenses annuelles du trésor public; c'est un fait très certain, qui rendroit la perception économique *insuffisante*, et qui nécessite les autres formes de taxations.

Premierement, quelque réelle que fût cette *nécessité*, c'est toujours un très grand malheur de s'y voir réduit ; c'est un état contraire à l'ordre naturel, c'est une suite des erreurs et déprédations de plus d'un siecle.

Il n'en est donc pas moins vrai que la perception économique est la regle de la sagesse et de la justice. Il ne faut donc pas lui donner les noms de système, d'opinions, de rêves philosophiques.

C'est évidemment aux autres formes [350] quelconques de taxations que conviennent ces noms-là, parce qu'elles sont toutes des inventions fortuites proposées et adoptées aveuglément pour satisfaire le besoin du moment sans avoir été suffisamment examinées et discutées, ni dans leurs principes ni encore moins dans leurs effets.

La plupart sont si modernes, qu'on cite leur époque et les auteurs de leur invention. La plupart sont si étrangement et si visiblement préjudiciables, que toute l'Europe en est frappée.

Que le concours des circonstances les rende quelque part un *mal nécessaire*, ce n'est pas ce que j'examine ici ; mais il ne faut pas en conclure qu'elles sont le vrai bien, la regle naturelle du bon ordre, la source de la prospérité.

Dans le cas d'une tempête violente, les Navigateurs sont contraints de jetter leurs richesses et même leurs provisions à la mer; est-ce là le régime habituel du [351] commerce maritime, et la regle ordinaire de toute navigation ?

Secondement avec quelle certitude pouvez-vous assurer que la moitié, que les trois quarts même du produit quitte et net annuel des fonds de terre seroient insuffisans aux dépenses publiques dans les Etats que vous croyez connoître ? savez-vous quel est au vrai ce produit net ?

La question va paroître étrange après ce que j'ai dit moi-même de la facilité de cette estimation; elle n'est cependant pas absurde, et voici pourquoi.

Toutes les taxations et perceptions établies dans les Etats de l'Europe y rendent le vrai revenu territorial très difficile, pour ne pas dire absolument impossible à connoître, et c'est une vérité facile à démontrer.

Ecoutez la convention que fait actuellement ce Propriétaire avec un Fermier, [352] ou le compte qu'il arrête avec son Régisseur.

« Combien me rendrez-vous chaque année de cet héritage », dit le Propriétaire? « Telle somme », reprend le Fermier, « et je ne « puis en donner davantage sans me ruiner ». Mettez-vous entre deux, et dites au Cultivateur : « Si je me charge de vous acquitter « absolument de toutes taxations quelconques, de tout ce qu'on « appelle en certains Etats, tailles, capitations, fouages, ustensiles, « quartiers d'hiver, corvées, milices, collectes et travaux publics, « droits sur les sels, les boissons, les achats, les ventes, les pas-« sages, frais et faux-frais sur les Ouvriers, sur les marchandises, « sur les formalités judiciaires, sur la liturgie publique, et autres « de toute espece que vous serez obligé de payer pour vous même, « pour votre famille, pour [353] vos domestiques, et même encore « de tout ce que vous serez obligé de rembourser tacitement pour « votre part aux Artisans, aux Négociants, aux Gens à talents quel-« conques, dont vous aurez besoin de réclamer le ministère » ; est-ce que dans ce cas de franchise et *d'immunité parfaite*, vous ne donneriez pas beaucoup plus à ce Propriétaire que la somme par vous offerte ?

« Si je n'avois rien à payer que ma ferme, rien du tout , oui « sans doute j'en donnerois beaucoup plus ». Ce sera surement la réponse de tout fermier, il n'y en aura pas un seul qui balance à la faire.

« Mais combien donneriez-vous de plus »? Oh! c'est ici l'embarras : car quel homme peut calculer au juste la portion qui retombe sur lui de tous les frais et de tous les dommages que coutent les droits divers, leur perception, [354] les prohibitions, les vexations, les pertes de temps, les cessations de travaux qu'elle entraine, la contrebande qu'elle occasionne, les privations qu'elle nécessite ? C'est un compte impossible à faire avec exactitude.

Vous savez donc en gros que le revenu quitte et net des Propriétaires fonciers est successivement diminué par toutes les perceptions de cette espece; mais vous ne savez pas de combien.

Votre assertion est donc bien légérement avancée, quand vous dites que la moitié, que les trois quarts du revenu quitte et net ne suffiroient pas aux dépenses publiques. Vous parlez du revenu quitte et net actuel apparent ; mais c'est évidemment un fantôme que vous prenez là pour la réalité.

Quelle est au vrai la différence entre ce fantôme et cette réalité ? C'est le problème le plus difficile à résoudre dans les grands Etats où le système fiscal est très [355] compliqué : c'est peut-être un problème dont la solution seroit impossible.

Mais en gros cependant, il seroit aisé de prouver que la différence est dans plusieurs contrées beaucoup plus que de moitié, quoique sans savoir précisément de combien au-delà.

Par exemple, on pourroit citer un des Etats connus, dans lequel il existe une estimation assez récente des revenus territoriaux, qui ne les fait monter qu'à quatre cents millions.

Il est vrai que l'évaluation est probablement un peu trop foible ; en sorte qu'on peut, sans nulle crainte d'erreur, porter le produit quitte et net actuel apparent à plus de quatre cents millions.

Mais il faut observer, 1º. que le Souverain de cet Etat perçoit sous des formes *antiéconomiques* plus de deux cents cinquante millions effectifs de recette portée dans ses coffres.

Il faut observer, 2º. que deux cents [356] cinquante millions perçus sous cette forme en coutent nécessairement beaucoup plus de six cents à prendre sur la production totale annuelle de l'Etat, en frais et faux frais, contrebande, perte de temps, de travaux ou de denrées, et autres surcharges qu'on peut évaluer en gros.

Le produit net y seroit donc d'un milliard au moins si toutes ces surcharges n'existoient pas ; la portion du Souverain calculée sur la proportion économique s'y monteroit donc à trois cents millions réels, effectifs et liquides chaque année, c'est-à-dire à une somme fort supérieure au résultat de toutes les perceptions imaginables multipliées jusqu'à l'excès.

Cette objection si fameuse d'insuffisance qu'on fait à la perception économique, roule donc sur cette erreur de prendre pour vrai revenu quitte annuel un produit net fictif, un revenu dégradé [357] par les autres perceptions, et par les surcharges qu'elles entraînent.

Troisiemement, une même erreur sur les dépenses publiques, comme sur les dépenses privées, regne encore dans cette objection.

Les taxations de toute espece renchérissent évidemment les soldes annuelles, et les salaires journaliers ; elles augmentent donc évidemment toutes les *dépenses* : de là naissent deux fautes de calcul.

Premierement, il ne faut point comparer l'état d'un *propriétaire foncier* qui retireroit telle somme de revenu quitte et net annuellement de ses terres, mais qui ne paieroit plus rien sur ses consommations ou sur ses jouissances quelconques, ni par lui-même immédiatement, ni médiatement par les ouvriers ou salariés qu'il emploie pour se les procurer, avec l'état d'un propriétaire qui reçoit annuellement la même somme de ses fonds, mais qui trouve tous les travaux, toutes les [**358**] marchandises renchéries par des taxes.

Mille francs avec l'immunité parfaite de tous droits sur les personnes, les actions et les objets de jouissances valent souvent plus pour le bien-être, que deux mille avec toutes les exactions de l'art fiscal renouvellé des Grecs et des Romains.

Secondement, il ne faut de même établir aucune comparaison entre la richesse, la puissance d'un Prince qui jouiroit de tel revenu total annuel, mais seroit obligé de salarier tous ses mandataires, tous ses fournisseurs, tous ses employés quelconques, à proportion des surcharges occasionnées à leurs *dépenses* par mille et mille sortes de taxations ; et la richesse, la puissance d'un autre Prince qui jouiroit d'un revenu parfaitement égal, mais dont les mandataires, fournisseurs et employés quelconques n'éprouveroient aucune sorte de surcharge dans leurs dépenses, étant affranchis de [**359**] toute espece d'exaction sur les travaux et sur les objets de jouissances.

C'est encore un de ces objets qu'on connoit en général, qu'on sait être fort considérable, mais qu'il est comme impossible de calculer avec précision.

Voici donc le vrai sens de cette objection si spécieuse et qu'on a cru si solide. Le tiers ou même les deux tiers des revenus apparents actuels, qui ne sont pas la moitié des revenus réels, ne suffiroient pas pour les dépenses actuelles qui sont le double au moins des vrais dépenses. Donc le retour à l'ordre naturel qui feroit plus que doubler les vrais revenus, et que diminuer de moitié les dépenses, est un système impraticable.

Pour en sentir la solidité, faites cet exemple. Ma terre me rapporte six mille francs, et quand je veux dépenser cette somme, je trouve en chemin les taxes de toute espece qui augmentent ma dépense d'environ moitié ; je ne *jouis* donc [360] effectivement que d'environ trois mille livres.

L'Etat qui fait prélever ou anéantir sur mon *revenu* pour le moins quatre mille livres, et qui en fait percevoir au moins trois mille sur mes dépenses, n'en retire pas quatre mille quitte et net de ces deux perceptions, parce que les pertes, les frais et faux-frais absorbent le reste ; mais quand il dépense ces quatre mille livres il paie lui-même les taxes, et ne jouit que pour environ deux mille livres tout au plus.

Si la perception eût été directe, économique, ma terre eût rapporté dix mille francs au moins ; j'en aurois donné trois au trésor public ; j'aurois joui de sept sans *surcharges :* l'Etat aura joui de trois sans nulle *surcharge.*

Voilà où est le cercle vicieux des calculs fiscaux ; l'anéantissement des revenus, et le renchérissement des dépenses, occasionnés par les taxations diverses en sont le vrai dénouement, qui [364] rend palpable la fausseté d'un pareil sophisme.

Le prix de ma ferme n'est point mon vrai revenu, tel qu'il seroit si on supprimoit tous les droits quelconques ; l'état de ma dépense n'est point le prix que mes jouissances me couteroient dans le cas de cette suppression.

Par la même raison, les revenus de l'Etat perçus économiquement sur mes vrais revenus seroient aussi très considérablement au-dessus de l'estimation actuelle, et ses dépenses au-dessous du prix qu'elles coutent aujourd'hui.

Quatriemement enfin, s'il étoit malheureusement vrai qu'après la restitution du revenu à son véritable état, et après la réduction des dépenses à leur juste valeur, six vingtiemes ou trois dixiemes du produit net territorial actuel ne *suffiroient* pas aux dépenses ordinaires et accoutumées. Il n'y auroit qu'une conclusion juste et raisonnable à tirer [362] de cette vérité, ce seroit la *nécessité* de restreindre les objets de dépense : et quel est l'Empire où cette restriction ne pût pas être opérée dès qu'elle seroit prouvée nécessaire ?

En effet, où est l'Etat policé dont l'administration soit tellement réglée, qu'on n'y puisse trouver aucun objet de dépense qui ne soit absolument indispensable en lui-même, aucun qui ne soit payé beaucoup plus qu'il ne pourroit l'être, soit à cause de la multiplication des agents, soit à cause de l'excès des soldes ou salaires? S'il en existe quelques-uns, ils sont manifestement en très petit nombre.

Dans la majeure partie du monde civilisé, tout administrateur suprème qui voudroit rétablir l'ordre et la perception économique, trouveroit dans sa dépense bien des objets à élaguer, bien des doubles, triples, quadruples emplois de salariés inutiles ; bien des travaux et [363] des ouvrages payés trois ou quatre fois plus qu'ils ne valent en réalité.

Il n'en est donc pas un seul dans lequel la perception économique des six vingtiemes du produit net territorial ne fût un revenu *suffisant*, capable de faire face à toutes *dépenses*.

Je dis les six vingtiemes des revenus augmentés jusqu'à leur *véritable valeur*, applicables à la dépense *réduite* à ses véritables *objets* payés leur *juste prix*.

Toutes les objections proposées contre cette regle fondamentale de justice et de sagesse, sont donc totalement illusoires : c'est l'intérêt personnel des exacteurs qui les propose, c'est le préjugé qui les adopte.

La loi du *partage amical* fondé sur la raison et sur l'équité naturelle n'en est donc pas moins la vraie base de la *société;* le vrai rempart des *libertés* et des *propriétés;* le vrai, le seul lien qui les unit intimement avec l'*autorité;* union [364] qui caractérise essentiellement les vraies *Monarchies*.

Suivant cette loi, la Souveraineté a son patrimoine, sa *propriété*, qui ne prend rien sur la *propriété* des Citoyens quelconques, au contraire qui lui est *proportionnelle*, qui s'accroît quand elle prospère, qui diminue quand elle se dégrade ; qui ne blesse en rien les *libertés*, au contraire, qui profite de tout usage de ces *libertés*, qui souffre de toutes les atteintes qu'on pourroit y porter.

N°. V.

De l'instruction économique et de son efficacité.

La perception directe des vrais revenus de la Souveraineté procure donc les *moyens* de remplir les fonctions augustes et bienfaisantes de l'autorité suprème: c'étoit la première partie du problême à résoudre.

Une portion sagement déterminée du [365] revenu clair et liquide des fonds de terre, procure une richesse publique évidemment supérieure à toute richesse privée, par conséquent une puissance prédominante et souveraine, qui s'accroît sans cesse par le bon usage qu'en fait l'*autorité*.

Mais comment empêcher l'abus de cette puissance, ou le mauvais emploi des forces qu'elle rassemble? C'est la seconde partie du problême.

Dans toutes les contrées du monde connu, dans toutes les époques des Histoires qui nous restent, on a vu les hommes s'agiter pour la solution de cette grande question politique.

C'est uniquement pour cet objet important que furent instituées toutes les Républiques anciennes et modernes, que furent consacrés les contrepoids politiques, ou les contreforces qu'on appelle aussi pouvoirs intermédiaires; que furent enfin invoquées, et pour ainsi [366] dire sanctifiées, les Loix qu'on appella fondamentales dans les différents Empires.

Toutes ces inventions caractérisent les Etats *mixtes*, qui ne sont ni le despotisme arbitraire, ni la Monarchie économique.

Je les appelle mixtes, parceque leurs constitutions mobiles et arbitraires peuvent remplir tout l'intervalle qui se trouve entre le *despotisme arbitraire* proprement dit, qui est le comble du désordre et de l'injustice, et la vraie monarchie, qui est la perfection de la justice par essence, et de l'ordre naturel de bienfaisance.

D'où il résulte que les institutions caractéristiques d'un Etat *mixte* sont d'autant plus préjudiciables qu'elles s'écartent plus de la *monarchie économique*.

Vivement frappés des maux qu'entraîne l'abus des richesses et des forces combinées pour le service de la vérita[367]ble autorité, les hommes ont cherché les moyens d'empêcher cet abus; ils en ont inventé mille especes différentes, totalement inutiles, et ont négligé le seul véritablement efficace, qui est l'enseignement public, général et continuel de la loi de justice par essence, de l'ordre naturel de bienfaisance.

Tous les autres moyens, tels que les formes républicaines, les contreforces politiques et la réclamation des loix humaines et positives, appellées fondamentales, sont des remedes insuffisants pour arrêter les abus de la force prédominante, destinée à servir l'autorité véritable, instruisante, protégeante et administrante.

Mais l'enseignement économique est le vrai remede à cet abus : c'est ce que je me propose de développer en peu de mots, sans insister sur des détails qui ne peuvent entrer dans un ouvrage élémentaire.

[368] Figurez-vous en effet un peuple totalement instruit, depuis plusieurs siecles, de tous les principes de la morale économique, aussi simple qu'elle est sublime et salutaire. Figurez-vous que l'universalité presque entiere des citoyens sait dès sa plus tendre jeunesse ce que c'est que *propriété*, que *liberté*, que justice, que bienfaisance, que crime et délit naturels, ce que c'est qu'autorité, qu'instruction, que protection, qu'administration, ce que sont les trois arts caractéristiques des Etats policés, ce que sont les trois classes d'hommes qui s'en occupent ; quels sont leurs devoirs et leurs droits respectifs ; quel est le vœu général de la nature, l'intérêt universel de l'espece humaine, le but des sociétés ; quelles sont les institutions sociales qui remplissent ce grand objet ; quelles sont les erreurs qui en détournent les hommes réunis en Etats politiques.

Ne voyez-vous pas dans cette ins[369]truction générale une contreforce naturelle opposée aux volontés usurpatrices et vexatoires, contreforce d'autant plus puissante que la conviction sera plus intime, la lumière plus vive, le sentiment plus enraciné ?

Rappellez-vous que cet enseignement des précieuses vérités morales économiques est simple, naturel, satisfaisant pour l'esprit et pour le cœur ; qu'il est plus facile à inculquer au commun des hommes, que l'assemblage de traditions, d'opinions et de superstitions populaires, dont toutes les Nations connues sont infectées sans nulle exception, même les moins policées de l'Amérique septentrionale.

Considérons maintenant que les dangers à prévenir sont des *usurpations de propriétés*, des *violations de libertés* publiques ou particulieres, par des volontés spéciales et transitoires, ou par des [370] réglements généraux et permanents : ceci posé, faisons ce parallele.

Voici deux Empires, dans lesquels la force prédominante est exactement la même quant aux richesses du Souverain et au nombre de ses mandataires.

Mais dans l'un de ces Empires regne l'ignorance la plus profonde sur la loi de la Justice essentielle, sur l'ordre bienfaisant de la nature; le Peuple abruti n'a ni le loisir ni la volonté de réfléchir ; les préposés du régime arbitraire n'y connoissent pour toute loi que *l'ordre* ou la *défense* émanée du *Maître*.

Dans l'autre Empire est répandue partout la lumiere la plus vive sur les droits sacrés des propriétés et des libertés, sur les vrais avantages du Souverain, sur ses relations de société avec les Propriétaires, les Cultivateurs et la classe stérile, sur son unité d'intérêt avec eux, avec leurs propriétés et leurs libertés.

[371] Supposez maintenant que vous êtes Souverain, que vous desirez le pouvoir malheureux d'usurper à votre fantaisie ces propriétés, et de violer à votre gré ces libertés, soit en détail et pour le moment présent celles du particulier, par de simples ordres, soit en gros et pour long-temps celles de plusieurs collectivement pris, par des réglements pernicieux.

A laquelle des deux Nations vous adresserez-vous par préférence, dans l'espoir de réussir plus certainement et avec plus de facilité ? Est-ce à la Nation universellement et parfaitement ignorante ? Est-ce à la Nation universellement et parfaitement éclairée ? C'est évidemment à la premiere.

Là vous ne trouverez ni résistance de la part de ceux qui souffriront de vos caprices usurpateurs et vexatoires, ni refus de ministere de la part des préposés [372] qu'il vous faudra mettre en œuvre, ni murmure de la part des témoins.

Ailleurs vous trouveriez au lieu de victimes patientes et dévouées, des hommes instruits de leurs droits, qui sentiroient vivement l'injustice de vos attentats contre l'ordre et la loi suprême de la nature : premiere différence.

Vous trouveriez des mandataires instruits de leur devoir naturel imprescriptible, supérieur à tout, qui vous répondroient : « Usur- « per les propriétés, violer les libertés, c'est précisément ce que « nous devons éviter comme hommes privés ; c'est précisément ce « que nous devons empêcher comme dépositaires de l'autorité. *Abu-* « *ser* de ses *forces* pour commettre cette usurpation, cette viola- « tion, c'est de par la nature le caractere du *crime* ou du *délit* : « nul ordre quelconque ne peut l'effacer, ce caractere indélébile « imprimé par l'Etre suprême. Nul hom[373]me, nul assemblage « d'hommes ne peut rendre *bien* ce qui est *mal*, *juste* ce qui est « *injuste*, *bienfaisant* ce qui est *destructeur*. Je puis comme homme, « par prudence, être *victime* d'un caprice vexatoire et usurpateur

« armé d'une *force prédominante ;* je calcule les inconvénients et
« les dangers, et d'après le conseil tenu dans moi-même, je souffre
« ou je résiste. Mais je ne puis m'en rendre *complice ;* je ne le puis
« qu'en me chargeant volontairement d'un *crime.* La qualité de
« Mandataire de l'autorité ne peut faire illusion à ma conscience :
« ce n'est point *l'autorité* que je servirois, c'est la force prédomi-
« nante agissant contre le devoir et l'intérêt de l'autorité, faisant ce
« qu'elle doit empêcher, détruisant ce qu'elle doit opérer.

Un tel langage seroit étrange dans les Nations où regne l'ignorance absolue de la loi de justice, de l'ordre de [374] bienfaisance
prescrit par la nature, il n'y seroit hasardé par qui que ce soit ;
mais par la même raison, le langage contraire seroit étrange dans
une Nation universellement instruite, et il n'y seroit hasardé par
qui que ce soit.

Vous trouveriez donc des mandataires qui se présenteroient pour
être, s'il le falloit, victime des attentats médités contre la loi de
justice, contre l'ordre de bienfaisance, mais qui refuseroient d'en
être complices ; et vous en trouveriez d'autant plus, que l'instruction seroit plus parfaite : seconde différence.

Enfin, outre celui qui souffre usurpation et violence, et ceux
qui les operent, il faut compter pour beaucoup la multitude qui en
est témoin.

Dans un peuple instruit, tous les esprits seroient scandalisés,
tous les cœurs seroient blessés à la vue de vos attentats ; l'opinion
universelle feroit naître des sentiments qui n'existent point dans
[375] la Nation ignorante et abrutie, qui ne réfléchit ni ne juge.
Haine et mépris pour les auteurs et les complices des violences
usurpatrices et vexatoires : compassion et intérêt pour les malheureux qui auroient souffert injustice : amour et respect pour les sages
et vertueux mandataires de l'autorité, qui auroient préféré d'en
être victimes avec eux plutôt que de s'en rendre coupables : troisieme différence.

Il en est une quatrieme, et ce n'est peut-être pas la moins sensible. Vous même que j'ai supposé méchant de propos délibéré,
c'est à dire usurpateur des propriétés, et violateur des libertés ;
vous-même qui n'en avez pas moins dans l'esprit et dans le cœur la
faculté de sentir la force de la loi naturelle, l'attrait de l'ordre bienfaisant, croyez vous que vous seriez toujours le même dans l'une
et l'autre Nation ? Non, vous le croyez pas.

[376] Le peuple ignorant et abruti ne vous offrant nulle résistance, nulle idée contraire à vos caprices, ils seroient aussitôt satisfaits qu'adoptés, vous n'auriez pas le loisir d'y réfléchir, vous ignoreriez la majeure partie des maux qui en seroient la suite, ils ne vous jetteroient pas dans la nécessité de punir des hommes innocents et vertueux, pour le refus juste et glorieux de coopérer à vos délires ; vous n'auriez pas à braver la haine et le mépris public, formels et indubitables. Vous n'auriez donc ni le temps, ni les motifs de délibérer sur l'accomplissement de vos fantaisies, ni de raisons puissantes pour les rétracter.

Ailleurs cette universalité d'idées contraires, cette disposition générale des victimes de vos attentats à les éluder autant qu'il seroit humainement possible, soit par la force, soit par l'adresse ; cette horreur des mandataires de l'autorité à s'en rendre complices ; cette indigna[377]tion générale de tous les témoins, vous constitueroient vous-même dans un état totalement différent de l'autre.

Toutes volontés de l'homme sont mobiles et transitoires, sur-tout les fantaisies arbitraires et déréglées. Je vous suppose le même degré de passion ; si vous aviez affaire au premier de ces peuples, je ne doute presque point que cette passion ne soit satisfaite avant que ses mouvements soient appaisés. Si vous aviez affaire au second, je conçois de vous-même quelques espérances, et tout homme raisonnable sera de mon avis, parceque notre vouloir dépend des moments, des circonstances et des opinions environnantes : quatrieme différence.

Ces *passions* des Souverains, et de ceux qui les approchent de plus près, sont donc en effet d'autant plus redoutables, que l'ignorance des principes de la justice et de l'ordre est plus profonde [378] et plus universelle dans le peuple. Elles sont d'autant moins funestes que l'*instruction* a plus répandu ces principes salutaires et les sentiments qui les accompagnent.

Ils en sont intimement persuadés, ces hommes lâchement avides de crimes, qui mettent leur plaisir et leur gloire à fouler aux pieds tous les droits de l'humanité. Il n'est rien qu'ils redoutent autant que l'instruction, autant que le langage de la raison et de la justice ; on a toujours vu, on verra toujours une guerre ouverte entre les Philosophes qui éclairent le monde, et les usurpateurs qui veulent le dominer, le tromper, le dépouiller au gré de leurs caprices.

Si c'est par le témoignage de celui qui reçoit les coups qu'on doit juger de leur effet, l'utilité de l'instruction universelle contre la tyrannie est démontrée par la haine des tyrans.

Le premier et le principal caractere [379] d'une Monarchie économique est donc l'établissement, le maintien, la perfection progressive et continuelle de l'enseignement universel, le plus clair, le plus efficace possible, qui grave profondément dans tous les esprits l'ensemble des principes simples, sublimes et sacrés de la loi de justice et de l'ordre de bienfaisance, principes évidemment éternels et immuables, qui sont de tous les temps, de tous les siecles et de tous les hommes.

Car, multiplier de plus en plus les objets propres aux jouissances utiles ou agréables qui font le bien-être et la propagation de l'espece humaine sur la terre, c'est *évidemment* le vœu de la nature, l'intérêt général de l'humanité, la bienfaisance essentielle.

Diminuer la masse de ces objets, empêcher leur accroissement, c'est *évidemment* le mal moral par essence, c'est l'injustice, le crime que rien ne peut pallier, [380] le délit qui porte le caractere naturel et ineffaçable de réprobation.

Respecter les propriétés et les libertés qui en sont la suite ; ne jamais les violer ni les opprimer, c'est *justice* naturelle, essentielle, éternelle, immuable ; c'est évidemment la condition absolue, indispensable, sans laquelle on ne peut remplir le vœu de la nature, ni suivre son attrait universel. Toute contravention à cette loi est évidemment en opposition formelle avec le devoir naturel, avec l'intérêt général de l'humanité.

Concourir à la perfection des libertés et à l'accroissement progressif des propriétés, c'est l'*ordre* naturel de bienfaisance qui résulte nécessairement des travaux de chaque Citoyen dans une Société bien organisée, par l'accroissement continuel du pouvoir, du savoir et du vouloir dans les trois classes d'hommes qui sont occupés des trois arts caractéristiques des Etats policés.

[381] Dans cette organisation prospere, les uns procurent immédiatement les jouissances utiles, ou par les formes qu'ils donnent aux productions de la nature et par l'assemblage qu'ils en font, ou par les services personnels d'agrément et d'utilité ; les autres operent et préparent la récolte de ces productions dans l'état de simplicité primitive ; les troisiemes rendent chaque portion du sol susceptible de ces travaux qui produisent la récolte ; les quatriemes

operent la sureté, la facilité, l'utilité de tous les travaux par le perfectionnement continuel de l'instruction, de la protection, de l'administration.

Tous ont leurs propriétés, leurs libertés sacrées et inviolables ;
tous ont leur devoir à remplir ou leur travail à faire, qui est le
titre de leur propriété ; tous ont le droit de faire à leur gré tout
emploi légitime de leur personne, de leurs facultés, de leurs talents
ou acquis ou natu[382]rels, de leurs richesses, soit mobiliaires, soit
foncieres ; tous sont soumis à la loi éternelle de justice par essence
de respecter inviolablement les propriétés et les libertés d'autrui.

Tant que ces vérités aussi simples que sublimes, aussi évidentes
que salutaires ne seront pas gravées très profondément dans toutes
les ames où la raison commence à se développer ; tant qu'elles n'y
seront pas la base de l'opinion universelle et populaire ; tant qu'elles
n'y seront pas consacrées par une espece de culte religieux, comme
la vérité, la justice par essence, la source de toute prospérité, l'intérêt le plus précieux de l'humanité sur la terre, vous n'aurez point
encore une *Monarchie économique ;* vous aurez un Etat mixte,
partie lumieres, partie ténébres, partie justice, partie injustice,
partie bien, partie mal moral, partie politique honnête et bienfaisante, partie politique usurpatrice, vexatoire et destructive.

[383] Dans ces Etats mixtes, vous serez d'autant plus éloigné du
despotisme arbitraire proprement dit (qui est la destruction fondamentale de toute propriété, de toute liberté, par l'idée funeste,
absurde et abominable de la servitude universelle) que vous verrez
plus de lumiere sur ces principes sacrés répandue dans le Peuple ;
vous en serez d'autant plus près que la Nation sera plus ignorante
sur ce code universel et primitif de la nature.

Les Philosophes qui se sont occupés en théorie de la constitution
d'un Etat mixte, et les Politiques qui ont réalisé leurs idées dans
la pratique, se sont occupés de deux objets qu'ils ont regardés
comme les plus importants ; savoir, premierement la *protection* au
dedans et au dehors, qui renferme la législation et la défense militaire ; secondement, l'administration qui renferme la recette et la
dépense des revenus de la souveraineté. [384] Tous ont absolument
oublié l'instruction *morale économique ;* on peut assurer sans leur
faire injure, qu'ils n'ont pas même soupçonné son efficacité réellement et essentiellement destructive du despotisme arbitraire.

Trois erreurs tacites, qui servoient de base à leurs recherches ou à leurs opérations, leur ont fait méconnoître et rejetter le plus précieux avantage de la Monarchie économique, et chercher dans des institutions arbitraires, mobiles et variées sous mille et mille formes diverses, cet heureux préservatif dont la nature a donné la vertu spécifique à l'instruction et à *elle seule ;* c'est ce que je tâcherai de développer en peu de mots.

No. VI.

Analyse des Etats mixtes comparés à la Monarchie économique.

Dans toutes les Nations connues, soit républiques, aristocratiques ou démocra[385]tiques, sous les formes diverses dont elles ont été bigarrées, soit Principautés plus ou moins tempérées par des contreforces, des corps politiques et des loix appellées fondamentales, il est aisé de remarquer trois préjugés capitaux, qui reglent toutes leurs institutions.

Le premier concerne la législation, le second regarde la perception du revenu public, le troisieme enfin, l'intérêt national ou le patriotisme.

1º. Que le pouvoir législatif arbitraire appartienne aux hommes qui sont appelés Souverains et reconnus pour tels ; qu'en vertu de ce pouvoir ils aient le droit indéfini d'*attribuer* ou d'enlever les propriétés, de lier ou de délier les libertés, d'ordonner ce qui est contraire à la loi de la justice et de violer les regles de l'ordre prescrit par la nature ; que ce droit soit suprême, absolu, illimité : c'est le premier des préjugés, ou la premiere erreur fondamentale de tous les Etats mixtes.

[386] Que la perception du revenu public ne soit point fondée sur un titre de propriété, mais sur le besoin, sur la volonté, sur la puissance des Souverains ; qu'elle n'ait point de regle fixe et naturelle, autre que la dépense : c'est le second des préjugés.

Enfin, que l'intérêt national doive être exclusif et oppressif des intérêts de tout autre Peuple, même souvent des intérêts de chaque Citoyen ; c'est le troisieme des préjugés ou la troisieme des erreurs que vous trouverez dans tous les États mixtes, servant de base tacite à toutes leurs institutions.

La premiere est renfermée implicitement dans la définition de la liberté, devenue comme classique par la célébrité de l'Esprit des

loix, où M. de Montesquieu l'a consacrée : « Être libre, c'est ne
« pouvoir être empêché de faire une chose que la loi ne défend
« pas, c'est ne pouvoir être forcé de faire une [387] chose que
« la loi n'ordonne pas ».

Ajoutez à cette première définition une seconde que voici, « la
« loi est la volonté du Souverain, constatée et promulguée suivant
« les formes authentiques », et vous aurez les résultats suivants,
qui sont établis dans tous les États mixtes, non seulement en spéculation, mais encore en pratique.

Dans les Démocraties où le Peuple, collectivement pris, est
censé Souverain, soit que l'universalité en exerce le droit par elle-
même, soit qu'elle l'exerce par des représentants de son choix, le
plus grand nombre des Citoyens ou des Représentants a droit de
faire des loix par sa volonté, revêtue des formalités ordinaires ;
cette volonté du plus grand nombre est une *loi* également respectable, également obligatoire, non seulement pour chaque citoyen
qui doit l'exécuter par principe d'amour et de justice, mais encore
pour chaque man[388]dataire de l'autorité souveraine, qui doit la
faire exécuter par religion intérieure, soit qu'elle se trouve ou non
conforme au vœu de la nature, à l'ordre physique essentiel de
bienfaisance, à la justice naturelle et primitive.

En sorte que dans cette atroce République où les enfants disgra-
ciés de la nature, qui n'étoient pas propres à produire une race de
robustes spadassins, étoient condamnés à mort, et que dans ces
peuplades Asiatiques où les vieillards décrépits devoient être tués
par leurs enfants, c'étoit un *crime* de ne pas tuer son pere ou son
fils, tout de même, sans nulle différence, que c'en est un de tuer
son pere ou son fils dans les États où le parricide et le meurtre de
ses parents sont défendus dans tous les cas.

En sorte que le même homme raisonnable, juste, compatissant,
constitué juge criminel dans les deux Nations différentes, doit
punir avec le même senti[389]ment intérieur, sans nulle différence,
l'homme qui auroit conservé la vie à son pere ou son fils, malgré
la loi positive, et celui qui les auroit massacrés ailleurs, malgré la
loi.

M. de Montesquieu ne le croyoit surement pas quand il écri-
voit des principes et des définitions confuses, qui renferment
implicitement cette absurdité abominable.

Ce n'est surement pas être *libre*, quoi qu'en dise sa définition, que d'être empêché de conserver la vie à son pere et à son fils, parcequ'il y a eu une volonté de quelques hommes qui l'ont défendu avec quelques formalités ; d'être au contraire obligé de les tuer soi-même, parceque ces hommes-là vous l'ont ordonné avec les mêmes formes.

Eussent-ils été cent millions d'hommes unanimes ; cette volonté-là eût-elle été revêtue de tout ce que vous appellez forme, elle n'aura jamais été une loi, mais [390] précisément tout le contraire. En tout temps le fils, le pere, qui auroit dit, « prenez ma propre « vie puisque vous en avez la force, mais je n'égorgerai point mon « pere, je n'égorgerai point mon fils », auroit fait acte d'homme libre et vertueux. Le Magistrat qui auroit dit, « cherchez ailleurs « des assassins, mais je ne frapperai point de mort ce fils, ce « pere, juste, bienfaisant, qui respecte le sang de celui qu'il a fait « naître, ou de celui qui lui donna le jour », auroit fait acte d'homme libre et vertueux.

Dans tous les temps, dans tous les lieux, l'homme, le magistrat qui auroit senti cet éclat de lumiere dans son esprit, ce sentiment de justice et de tendresse dans son cœur, et qui les auroit étouffés, auroit fait acte d'un lâche et vil esclave, souillé d'un crime horrible.

Il ne falloit qu'un pareil exemple pour persuader aux hommes la fausseté de ce principe tant et si universellement adopté dans tous les Etats mixtes.

[391] C'est par cette erreur principale qu'ils tiennent tous plus ou moins au despotisme arbitraire : vérité fort facile à démontrer, quoique profondément oubliée par les Législateurs spéculatifs, et pratiques.

Le vrai caractere du despotisme arbitraire, c'est que la volonté humaine, même injuste et déraisonnable, puisse non seulement violer les propriétés, opprimer les libertés d'un Citoyen, mais encore l'obliger à cette violation, à cette oppression des propriétés et libertés de ses Concitoyens.

Que ce soit la volonté d'un seul ou la volonté de plusieurs, en quelque nombre que vous les supposiez, aussitôt qu'elle est contradictoire à la loi de justice par essence, à l'ordre bienfaisant de la nature, aussi-tôt qu'elle est oppressive, usurpatrice, destructive, ses commandements sont purement arbitraires : la force prédominante qui les appuie [392] est leur seul titre ; ils n'ont rien de commun avec *l'autorité* ; tout au contraire ils font précisément ce qu'elle doit empêcher, et ils empêchent ce qu'elle doit procurer.

L'idée qu'on se forme communément du pouvoir législatif, même dans les Etats démocratiques, établit donc tacitement partout le despotisme purement arbitraire de quelques hommes, dont le nombre est plus grand ou plus petit, suivant la combinaison des Etats mixtes plus ou moins populaires. Dans la démocratie la plus absolue, c'est le despotisme arbitraire du plus grand nombre, non seulement sur le plus petit nombre des Citoyens actuels, mais encore sur tous les Citoyens à naître, jusqu'à la réformation du commandement injuste et destructeur qu'on a décoré du nom de loi, et sur tous les mandataires de la Souveraineté qui seront chargés de son exécution jusqu'à ce qu'on l'ait rétractée.

[393] Quand l'esprit humain manque de saisir le juste milieu, rien n'est plus commun que de le voir allier ensemble les deux extrêmes ; c'est ce qu'on peut remarquer dans tous les Etats mixtes, comme dans le despotisme purement arbitraire d'un seul, par rappprt à cette prétendue puissance législative *arbitraire*.

On commence, dans les Républiques mêmes, par confondre *l'autorité*, qui n'est et ne peut être que justice et bienfaisance, avec le pouvoir et l'action même de nuire et d'opprimer arbitrairement ; on accorde sans difficulté le caractere de loi à tout commandement émané sous telle forme de telles ou telles personnes, conforme ou non à la loi de la nature, à son ordre essentiel.

Après avoir fait ce premier pas, quand on souffre trop violemment des atteintes portées aux propriétés, aux libertés par ces commandements arbitraires, on ne fait que s'attaquer ou par la force ouverte ou par des pratiques [394] sourdes aux auteurs mêmes de ces volontés injustes et destructives, ce qui constitue l'Etat de révolte ou de guerre intérieure plus ou moins envenimée ; autre extrémité qui n'est pas moins contraire à la justice, à la raison, à l'intérêt de l'humanité.

De là tant de révolutions parfaitement inutiles, outre qu'elles sont souvent abominables par les scenes qu'elles occasionnent ; de là cette espece de guerre sourde et continuelle que M. de Montesquieu a prise pour la vie des Etats policés ; guerre entre les volontés arbitraires qui dominent, et les volontés arbitraires qui sont dominées, dont l'effet est à peu près comme il le dit, de faire passer les Etats mixtes de la démocratie la plus anarchique au gouvernement le plus déréglé d'un seul homme. L'objet éternel de cette guerre est de conquérir ce qu'on appelle pouvoir législatif, c'est-à-dire, la prérogative de donner à ses volontés, raisonnables ou [395] non, justes ou non, avantageuses ou non pour l'humanité, la force de loi.

Dépouiller de ce pouvoir telles ou telles personnes pour le transférer à telles ou telles autres, voilà tout ce qu'operent les troubles et les révolutions, qui ne sont jamais qu'offensives des hommes armés de ce pouvoir, et accusés d'abuser de leurs prérogatives.

Bien loin d'être la vie des Etats policés, cette guerre sourde et continuelle des gouvernements mixtes, si féconde en éruptions violentes, est la maladie qui les consume et les fait périr, la maladie, c'est-à-dire le vice contraire à une bonne et saine constitution.

Le vrai moyen de la guérir, c'est de répandre dans tous les esprits la connoissance claire et distincte des vérités contraires à l'erreur fondamentale qui l'occasionne. Nulle volonté humaine n'a le droit de violer la loi naturelle, et de contredire aux regles de bienfai[396]sance[1] : un commandement de cette espece n'est point acte d'*autorité*, mais de *force* prédominante. Tout homme peut en être *victime*. C'est un calcul de sa prudence ; nul homme ne peut jamais sans crime s'en rendre *complice*.

Mais ce n'est point par des hostilités contre les personnes, qu'on arrête l'abus des forces combinées pour le service de l'autorité. C'est par la démonstration de leur injustice, de leur déraison et des effets pernicieux qu'ils entraînent.

Plus cette démonstration aura saisi les esprits, plus vous verrez naître d'obstacles à l'exécution des commandements arbitraires et désastreux.

Toutes les loix sont faites par la nature, toutes sont renfermées dans sa loi primitive, éternelle, immuable de justice, et dans son ordre essentiel de bienfaisance : toute action, toute volonté, [397] tout jugement conforme à cet ordre, à cette loi, sont *bien* ; tout ce qui leur est contraire est *mal*, de quelque part qu'il vienne, sous quelque forme qu'il se présente, et quelque espace de temps qui se soit écoulé depuis son établissement. Si on le souffre, c'est par violence et crainte de pis ; mais c'est toujours crime de le faire souffrir aux autres : si on en fait le mal, c'est crime de malice réfléchie ; si on ne le fait pas, c'est crime d'ignorance : c'est toujours crime, toujours délit.

---

1. C'est même dans toutes les Religions révélées, un principe que Dieu est censé avoir fait publier cette loi : *tu ne prendras point le bien d'autrui.*

Mais outre les loix de justice et de bienfaisance naturelles, n'en est-il pas d'autres purement humaines, relatives aux temps, aux mœurs, aux circonstances, aux climats, aux institutions politiques, aux formes de gouvernement, par conséquent mobiles, variables, et même en quelque sorte arbitraires, dans leur établissement ?

Il en est sans doute, et beaucoup, dans les *Etats mixtes*, des *loix* de cette espece ; mais j'ose dire qu'il en existeroit bien [**398**] peu sous ce nom sacré dans une véritable *Monarchie économique*.

Pour nous en convaincre, rassemblons dans notre esprit le recueil énorme des *Législations* connues, tant anciennes que modernes. Après nous en être fait le tableau général, élaguons tout ce qui concerne l'administration du fisc et du revenu public, les institutions caractéristiques des divers Etats mixtes et de leurs formes, tout ce qui paroît évidemment bizarre, injuste, inutile, contradictoire, absurde, destructif, quand on le compare à l'ordre essentiel de bienfaisance, et vous verrez s'il en restera beaucoup.

Ce reste, nommez-le loi si vous voulez; mais convenez qu'au fond il n'est composé que d'arrangements, de dispositions domestiques, et qu'il doit être mis dans une classe bien différente de celle qui renferme les saintes et majestueuses loix de la nature.

C'est une des équivoques si communes [**399**] dans notre langue, équivoques dont la malheureuse abondance cause tant d'obscurité dans nos idées les plus communes, et même dans nos discussions les plus philosophiques.

On a donné le nom de *loix* à toutes les volontés du Souverain considéré comme tel, même à celles qui ne portent que sur les détails journaliers de l'instruction, de la protection, de l'administration ; et parce que tous les Mandataires du Souverain doivent à ces regles respect et obéissance on les a confondues avec les loix immuables de la Justice essentielle, et de l'ordre bienfaisant de la nature.

Dans cette confusion étrange, tantôt on attribue à de simples arrangements ou dispositions domestiques, le caractere obligatoire, indélébile et inviolable des *loix* ; tantôt on attribue aux loix le caractere versatile de simple convenance locale et momentanée des arrangements domestiques.

[**400**] On ne fait point en d'autres matieres cette confusion : tout pere de famille sait bien qu'il peut arranger ou déranger à sa guise, suivant les circonstances, les meubles de sa maison, et même la

plupart des dispositions intérieures ; mais il sait bien aussi que pour en proportionner les fondements, les murs principaux, les voûtes, les charpentes, les toits, les angles essentiels, il y a des regles d'architecture naturelles et inviolables, qu'il ne peut attaquer sans faire crouler son habitation.

On n'a point englobé sous la même idée ces regles essentielles de l'architecture pour la maison, avec ces dispositions intérieures des petites pieces particulieres et des ameublements.

Pourquoi, dans la constitution des Etats, a-t-on confondu les regles essentielles qui sont vraies loix, avec les arrangements domestiques qui concernent simplement les détails de l'organisation [**401**] des mandataires des trois ordres, et de la maniere dont ils doivent remplir leurs fonctions, conformément aux loix de la justice essentielle de l'ordre bienfaisant ?

De même que le pere de famille dont nous parlions peut arranger les pieces particulieres ou les meubles de sa maison, à condition qu'il ne dérangera point les parties constitutives et fondamentales de l'édifice, réglées par les loix de l'architecture.

Tout de même les dispositions du grand pere de famille pour l'organisation de ses mandataires, et pour l'accomplissement de leurs devoirs, sont assujetties à cette condition, qu'elles ne contrediront jamais en rien les *loix* essentielles de l'ordre que Dieu prescrit à la société. C'est à cette condition uniquement qu'on peut varier les institutions et les arrangements.

Il est donc plus simple, plus vrai, plus salutaire, plus conforme au respect [**402**] qu'on doit à la nature et à son auteur suprême, à cette espece de culte religieux qu'exigent sa loi de justice et son ordre de bienfaisance, de dire que les hommes n'ont point ce pouvoir législatif *arbitraire* ; que toutes les *loix* existent éternellement d'une maniere implicite dans un code naturel, général, absolu, qui ne souffre jamais d'exception, jamais de vicissitudes.

Toute action, tout arrangement, toute disposition, toute institution des hommes quelconques, depuis les Souverains jusqu'aux derniers Sujets, d'où résulte renversement de l'ordre, infraction des saintes loix de la nature, est *crime*, qui que ce soit qui le fasse ou qui l'ordonne de quelque maniere que ce puisse être.

Toute action, tout arrangement, toute disposition, toute institution des hommes quelconque, qui tend à maintenir les loix, à entretenir parmi les hom[**403**]mes l'ordre qui en est l'effet, est un *bien*.

Tout ce qui ne nuit ni perfectionne, n'est ni *injustice* ni *bienfaisance*.

Ce principe caractéristique des institutions ou dispositions humaines qu'on appelle communément loix positives, est précisément contradictoire au code du despotisme arbitraire, que j'ai renfermé ci-dessus en ces trois mots-ci. Tout est bien quand il est ordonné; tout est mal quand il est défendu; tout est indifférent quand il n'y a point d'ordre qui le caractérise en bien ni en mal.

A une condition indispensable clairement expliquée, vous pouvez appeller *loix humaines* ou *positives* ces réglements du Souverain, qui concernent les fonctions de ses Mandataires dans l'ordre de l'instruction, de la protection, de l'administration. Cette condition, la voici : c'est la soumission absolue au code éternel et inviolable de la na[404]ture, diamétralement opposé au code absurde et destructeur du despotisme arbitraire.

Peu importe donc sur quelle tête réside ce pouvoir secondaire et subordonné, qu'on appelle ordinairement législatif, peu importe qu'il soit entre les mains d'un ou de plusieurs hommes.

Car enfin telle seroit la force *nécessaire* au bien de l'humanité, mais aussi très efficace de l'instruction morale économique, qu'elle détruiroit dans tous les esprits ce malheureux préjugé sur le pouvoir arbitraire, qui confond par une équivoque funeste la lumiere et les ténebres, le bien et le mal, le crime et la vertu.

Si la législation essentielle imprescriptible de l'ordre naturel étoit une fois bien connue, si elle étoit une fois prise pour base fondamentale, pour regle universelle et inviolable de toute insti[405]tution humaine, relative aux propriétés, aux libertés, à l'instruction, à la protection, à l'administration qui les conservent, les accroissent, les perfectionnent de plus en plus; si toutes les consciences étoient parfaitement éclairées sur les devoirs et les droits qui résultent de cette législation éternelle et divine, supérieure à tout, il est évident que dans ce cas vous n'auriez plus le moindre exemple des commandements injustes mis en exécution, ni de révolte brassée contre l'autorité, plus de traces de cette guerre entre les volontés arbitraires qui oppriment, et les volontés arbitraires qui sont opprimées, plus aucun germe des idées et des sentiments qui l'entretiennent, ni des fâcheux éclats qu'elle produit si souvent, au grand préjudice de l'humanité.

C'est cette perfection de connoissances, de lumieres, de conviction intérieure, confirmée dans toutes les ames, qui [406] constitueroit la perfection totale de la Monarchie économique, dans laquelle tout abus de la force souveraine d'une part, et toute désobéissance à l'Autorité d'autre part, seroient impossibles.

Perfection absolue qui n'est qu'une idée sans doute, qu'un être de raison, quand il s'agit de la pratique, mais idée qui n'en est pas moins naturelle et essentiele, être de raison qui n'en sert pas moins de regle inviolable.

C'est ici que je crois devoir insister sur cette vérité simple, mais indispensablement nécessaire à bien connoître, et à se rappeller sans cesse.

· No. VII.

Réponse aux objections contre l'efficacité de l'instruction économique.

Si la conviction intime, générale et continuelle du code essentiel de la justice et de l'ordre dans toutes les ames, fait le caractere des *Monarchies économiques*, [407] parfaites et absolues; en ce cas, c'est une chimere que vous avez décrite, et que vous conseillez de chercher. On a répété cette objection sous mille et mille formes différentes, qui reviennent toutes à peu près au même, et on l'a cru triomphante, tant il est vrai que les hommes sont faciles à distraire des vérités utiles!

Oui, toute *perfection absolue* est *chimere* pour les hommes, si vous appellez *chimere* ce point idéal et métaphysique que la raison conçoit, et qui sert de regle primitive dans la spéculation et dans la pratique.

Demandez aux Géometres qu'ils vous montrent en réalité un cercle parfait, physiquement décrit, ils vous diront que c'est évidemment la chose impossible aux hommes. Demandez aux Méchaniciens qu'ils vous montrent une machine parfaite, en quelque genre que ce [408] soit, par exemple, aux Horlogers, une montre, une pendule de toute perfection physique : demandez aux Naturalistes qu'ils vous montrent un animal, un végétal, un minéral même, parfait, accompli, absolument pur, sans alliage ou sans défaut dans son espece, ils vous répondront que c'est la chose absolument impossible.

Qu'en concluez-vous? qu'a-t-on coutume d'en conclure? En est-il moins vrai qu'avec le compas le meilleur possible, et l'attention et l'habitude la plus grande possibles, on décrit le cercle le plus cercle qu'il soit possible, c'est-à-dire, le moins éloigné de l'idée métaphysique d'une circonférence, dont tous les points sont également éloignés du centre ? idée métaphysique, c'est-à-dire impossible à réaliser.

En est-il moins vrai que ce cercle tout idéal sert de regle fondamentale à tous [409] les autres, et qu'il les juge tous, depuis le cercle le plus informe que trace la main incertaine d'un enfant ou d'un vieillard, jusqu'à celui que décrit avec le plus parfait des compas le Géometre le plus exercé ?

En est-il moins vrai que c'est une montre totalement idéale et impossible à réaliser, qui a jugé, qui juge et jugera toutes les montres physiques faites et à faire, et qui a marqué la différence entre la plus détraquée et le meilleur chef-d'œuvre de Julien Leroi ?

En est-il moins vrai que c'est sur un modele idéal et imaginaire, qu'on pense et qu'on dit, cette plante, cet arbre, cet animal est beau, est bon, est plus beau, est meilleur ; que c'est d'après une *chimere* qu'on décide du titre de l'or et de l'argent qui sont entre nos mains ?

En concluez-vous que toutes les regles de géométrie, de méchanique, de physique, de chymie, sont absolument [410] fausses et inutiles, qu'il n'y a point de différence entre les cercles, entre les machines de l'art, entre les productions naturelles, entre les êtres vivants, entre les métaux ; que tout est égal et doit être fait ou pris au hasard ? Ce seroit évidemment le comble du délire.

Eh ! pourquoi, s'il vous plaît, voudriez-vous que l'art d'organiser les sociétés humaines n'eût pas comme les autres, pour patron ou pour modele, une idée métaphysique de perfection impossible à réaliser dans son tout complet et absolu, mais dont l'ignorance et la maladresse nous éloignent plus, dont la science et l'exercice nous approchent davantage ?

La santé parfaite d'un homme est aussi une chimere toute métaphysique, elle n'existera jamais ; donc il ne faut point mettre de différence entre l'état de l'homme qui est actuellement le plus près de la mort, et de celui qui jouit de la meilleure constitution.

[411] Il en est de même de tout ce qu'on voit, de tout ce qu'on peut imaginer : comment des hommes raisonnables, des philosophes ont-

ils cru que c'étoit une objection proposable contre les principes de la science économique, et notamment contre le premier de tous, savoir l'efficacité de l'instruction?

Vous supposez, nous ont-ils dit, les hommes parfaits, sans ignorance, sans passions, et dès-là vous êtes dans la région des chimeres et des abstractions métaphysiques.

Oui nous le supposons, quand il s'agit de définir le point de la plus grande perfection possible. Toutes les sciences et tous les arts en font autant, c'est par là-même qu'ils sont arts et sciences; car sans cela ils ne seroient que tâtonnements et routines aveugles.

Mais ces chimeres jugent les réalités : elles sont d'autant meilleures qu'elles s'en éloignent moins, d'autant plus mau[412]vaises qu'elles s'en écartent davantage.

Oui, pour qu'un Etat fût en réalité une Monarchie économique de toute perfection, il faudroit que les idées et les sentiments qui résultent de l'instruction morale économique, fussent toujours présents et agissants dans tous les esprits et dans tous les cœurs; ce qui est impossible à espérer, et même, si vous voulez, chimérique à imaginer.

Tout de même que pour faire une montre de toute perfection, il faudroit des métaux absolument parfaits, travaillés avec une attention et une exactitude parfaite, par un homme parfaitement instruit, parfaitement adroit; ce qui est impossible à espérer, et même chimérique à imaginer.

J'ose croire qu'après cette explication les hommes instruits rougiront désormais de nous faire cette objection tant rebattue jusqu'à présent.

L'idée métaphysique de *Monarchie* [413] *économique toute parfaite*, étant donc prise pour modele, pour but vers lequel on doit tendre sans cesse, sans jamais espérer de l'atteindre entiérement, on verra que sa toute-perfection consiste principalement dans la persuasion intime, spéculative et pratique universelle et continuelle du code éternel de justice et de bienfaisance naturelle, *persuasion* qui est l'effet le plus complet possible de l'instruction morale économique, de *l'instruction* la plus parfaite imaginable.

De ce principe désormais incontestable, à ce que j'ose croire, ils concluront que le perfectionnement progressif et continuel de cette instruction publique sur le code éternel, emporte *nécessairement* par lui-même le perfectionnement progressif et continuel des sociétés policées.

C'est-à-dire que ce perfectionnement de l'instruction morale économique, après avoir écarté de plus en plus l'idée fatale et absurde du pouvoir soi-disant [414] législatif arbitraire, qui sert de base au despotisme déréglé d'un ou de plusieurs, rendroit de plus en plus les *passions humaines* moins funestes et moins dangereuses, tant les passions des hommes dépositaires des forces et des richesses combinées par l'art social, que celles des hommes propriétaires de leurs seules forces, de leurs seules richesses privées.

On en concluera 1°. que de multiplier ou de diminuer le nombre de ceux dont les volontés aveugles, usurpatrices, désastreuses, forcent des aveugles à souffrir ou à opérer des usurpations, des vexations; 2°. que détruire les uns pour les remplacer par d'autres, ce n'est pas le vrai remede aux maux que fait souffrir nécessairement à l'humanité tout attentat contre les propriétés et les libertés; et qu'un seul rayon de lumiere économique répandu, conservé dans un Peuple, vaut mille fois plus que toutes les révolutions, toutes les institutions dont l'his[415]toire nous présente le détail avec la preuve trop complete de leur inutilité.

On en conclura que dans les *Etats mixtes* (quelque nombre d'hommes qui soit renfermé sous ce titre de Souverain, quelque espece de forme qui soit usitée pour opérer ce qu'on appelle loi,) la perfection ou la prospérité sera toujours proportionnelle à l'instruction morale économique, toujours à la persuasion intime spéculative et pratique du code éternel de justice et de bienfaisance.

Avec elle tout est *bon*, tout est *efficace*; sans elle tout est mauvais, tout est inutile. Quand on invoque des *loix fondamentales*, si ce sont les loix de ce *code sacré*, immuable, imprescriptible, dicté par la nature et son auteur suprême, on a toujours droit et raison à la face du Ciel et de la Terre; mais cette réclamation toujours sainte et légitime, qui ne peut être rejettée sans crime, est d'autant plus sure de son effet, que ce code [416] divin est plus connu, plus respecté, plus chéri.

Si par *pouvoirs intermédiaires* on entend le pouvoir des consciences vraiment éclairées, des ames pénétrées d'horreur pour le crime, d'un culte religieux pour la loi de justice, d'un amour tendre et généreux pour l'ordre bienfaisant, on a toujours raison de compter sur sa force; mais elle sera d'autant plus irrésistible qu'ils seront en plus grand nombre, et plus animés de ces sentiments sublimes.

Si l'on entend par *contreforces* l'état des mandataires et des coopérateurs de l'autorité souveraine, sollicités d'un côté par leurs passions privées, par leurs intérêts exclusifs, usurpatifs et vexatoires, retenus de l'autre par leur propre sentiment intérieur de la justice et de l'ordre, par la lumiere qui éclaire leurs consorts et leurs égaux, par celle des Peuples qu'ils ont à protéger, instruire ou rendre [417] prosperes, par celle des hommes qui les surveillent et les régissent eux-mêmes, on a raison de croire à leur *efficacité* ; mais elle est d'autant plus certaine, que ces *lumieres* générales qui sont contre-forces des *passions particulieres*, sont plus vives et plus répandues.

Si vous appellez *loix fondamentales* des volontés humaines, qui ne soient pas fondées sur la loi de justice essentielle et d'ordre naturel de bienfaisance ; si vous opposez ces commandements arbitraires au langage de la raison, à l'intérêt universel, vous avez tort, vous manquez au respect que nous devons tous au Législateur suprême, vous blessez les droits de l'humanité.

Si vous appellez *pouvoir intermédiaire* la *faculté* d'empêcher même ce qui est *bien*, et de nécessiter même ce qui est *mal*, d'arrêter ou de dévoyer l'autorité instruisante, protégeante, administrante, vous avez tort, et vous résistez d'u[418]ne manière funeste à l'ordre bienfaisant.

Si vous appellez enfin contreforces le choc des passions aveugles, exclusives, oppressives, usurpatrices, contre d'autres passions aveugles, exclusives, oppressives, usurpatrices, comme l'entendent et l'expliquent formellement de célèbres modernes, vous avez tort encore, parceque vous substituez la guerre à la paix, les combats à la société, la lumiere aux ténebres, les vices et les crimes aux bienfaits et à la vertu.

Il est certain, comme vous dites, que si deux hommes sont acharnés l'un contre l'autre, il vaut mieux qu'ils se tiennent colletés à force égale autant qu'il est possible, et qu'ils épuisent leurs forces en vaines tentatives l'un contre l'autre, que si l'un prévaloit pour assommer son adversaire ; mais ils vaudroit beaucoup mieux qu'ils ne se battissent point, qu'ils ne fussent point ennemis, et que connoissant l'égalité de leurs forces, écoutant [419] d'ailleurs la raison et la justice, ils allassent en paix chacun à leur ouvrage.

Cette lutte continuelle des dépositaires de l'autorité, qui se colletent sans cesse (même à forces égales, ce qui seroit la sublime perfection d'un systême tant vanté et si peu digne de l'être), est évidemment un état de guerre, le contraire de la *société*, le contraire dans le principe, le contraire dans l'action, le contraire dans les effets.

Je n'en dirai pas davantage sur cet article important, pour ne pas outrepasser les bornes qui conviennent à cet ouvrage élémentaire : l'intelligence du Lecteur peut suppléer le reste.

On conçoit maintenant cette vérité, que les formes des États démocratiques, des aristocraties, des monarchies plus ou moins tempérées, sont absolument et totalement indifférentes pour l'objet qu'on avoit en vue dans leur institution. Tant que l'erreur fondamentale sur le [420] pouvoir législatif, tant que l'ignorance du code naturel de justice et de bienfaisance seront répandues parmi le Peuple, ces formes sont inutiles; elles le sont encore si la lumière de l'instruction morale économique est bien vive, bien générale dans la Nation, parceque c'est elle qui remplit l'objet et non les institutions diverses, mobiles et arbitraires.

Quant aux impôts, j'en appelle à l'expérience pour décider si le régime fiscal le plus connu des anciens n'est pas né dans des Républiques autant que dans les Monarchies, ou même dans les États purement despotiques ; si le renouvellement de ce système n'a pas réglé la perception de tous les États de notre Europe, sous quelque forme qu'ils soient administrés.

Mais c'est en parlant des relations politiques des Nations entre elles, que je me réserve de faire sentir les vices atroces que l'ignorance et la cupidité mal [421] entendue ont pour ainsi dire sanctifiés dans les *États mixtes*, sous le nom de *patriotisme*.

Nº. VIII.

Résumé général des relations politiques entre le Souverain et les Sujets.

Résumons cet article auquel j'ai donné toute l'étendue que son importance me paroissoit exiger.

Pour établir entre le Souverain et les Sujets ces relations de vraie société, d'unité d'intérêt, d'association de vues, de concours de travaux, de paix enfin, d'amitié, de respect et d'amour mutuel, il faut deux objets capitaux ; savoir, 1º. la perception économique des vrais revenus de la Souveraineté, qui fournit à l'Autorité suprême les moyens de remplir ses fonctions, non seulement sans qu'elle ait besoin ou intérêt d'usurper les propriétés, de violer les libertés, mais au contraire, en faisant consister son [422] vrai besoin, son intérêt réel dans leur inviolable conservation, dans leur prospérité progressive et continuelle ; 2°. l'instruction morale économique la plus parfaite possible, qui empêche autant qu'il se peut humainement les abus de toutes les forces, même de celles qui sont combinées et rendues supérieures à toute autre pour le service de l'Autorité, c'est-à-dire, pour l'accomplissement de ses devoirs.

C'est en ces deux moyens que consiste, suivant la politique honnête et bienfaisante, la relation entre les Citoyens et la Souveraineté.

Tout le reste est émané d'une politique mal éclairée, oppressive, tyrannique et désastreuse, qui n'opere que des relations de guerre, de jalousie, d'opposition d'intérêts, que destruction ou empêchement du bien, qu'injustice et désordre.

Ce principe général est éternel, ab[423]solu, invariable, d'une suprême évidence ; et c'est principalement sur cette vérité fondamentale qu'il faut fixer autant qu'il est possible l'attention de tous les hommes.

Au contraire, les questions accessoires l'ont pour ainsi dire fait éclipser dans tous les temps, parceque les Politiques et les Philosophes mêmes ont donné tous leurs soins à ces objets secondaires, soit dans la pratique, soit dans la spéculation.

La solution de ces problêmes du second ordre étant moins évidente, moins nécessaire, la science de l'économie politique en a paru beaucoup moins certaine, beaucoup moins respectable depuis qu'on l'a fait descendre des premiers principes indubitables, dont l'effet infaillible est le bien de l'humanité, à ces idées ultérieures, qui ne saisissent pas les esprits d'une manière si vive, si souverainement irrésistible.

[424]Car les hommes dévoués aux premiers travaux de l'art social, c'est-à-dire, dépositaires de l'Autorité suprême, doivent être disposés de telle maniere, dans un Etat policé, que tout se rapporte à un centre commun, à une intelligence, une volonté première, qui rassemble tous les moyens et qui en dirige l'emploi vers le but général de l'instruction, de la protection, de l'administration universelle.

C'est cette *unité* qui caractérise proprement un Etat, une société policée ; c'est ce qu'on appelle Souveraineté.

C'est à cette intelligence, à cette volonté unique et suprême, que retentit tout ce qui s'opere de bien et de mal dans l'Etat : c'est elle qui dirige d'une maniere plus ou moins immédiate tous les Mandataires de l'Autorité dans les trois ordres d'instruction, de protection et d'administration.

Mais cette volonté doit-elle être celle [425] d'un seul homme ou de plusieurs ? cet homme seul ou cet assemblage d'hommes plus ou moins nombreux, doivent-ils apporter en naissant, par le titre seul de leur origine, ce droit d'avoir une volonté de si grande importance, de si grande efficacité ? doivent-ils ne tenir ce droit que d'un choix libre et réfléchi ? comment ce choix doir-il être fait, par qui, et sous quelles conditions, et pour quel espace de temps ?

Toutes ces questions secondaires qui se présentent naturellement à l'esprit des hommes, ont occasionné mille et mille solutions diverses dans la spéculation, et de là sont nées dans la pratique cent et cent formes d'États mixtes.

Les partisans de la Monarchie héréditaire soutiennent que tout acte d'autorité doit être censé n'être émané que de l'intelligence et de la volonté d'un seul homme, qui soit tel par le titre de sa naissance, et par le droit de primogé[426]niture ; en sorte que sa qualité ne lui soit attribuée que par la Providence suprême, et qu'il soit constitué ce qu'il est par Dieu même, dont il est le représentant dans la société.

On ne peut nier que cette idée ne parte d'un principe saint et sublime. Cette volonté unique et suprême qui fait autorité, n'est pas à proprement parler une volonté humaine : c'est le vœu même de la nature, l'ordre du Ciel, la loi éternelle, l'ordre évident et nécessaire.

Les Chinois sont le seul Peuple connu dont les Philosophes paroissent toujours avoir été pénétrés de cette premiere vérité ils l'appellent l'ordre ou la voix du Ciel, et réduisent tout le Gouvernement à cette seule loi de se conformer à la voix du Ciel.

De même, disent-ils, qu'une intelligence, qu'une volonté unique et suprême dirige tout l'ensemble de l'ordre naturel, dont une portion est le bien-être ou le [427] malheur de l'humanité sur la terre ; de même une intelligence, une volonté unique et suprême doit diriger dans l'Etat tout l'ensemble des travaux souverains de l'art social qui approchent de plus en plus les intelligences et les volontés de tous les hommes du but général vers lequel ils sont inclinés par la raison éclairée, pour la prospérité de l'espece entiere.

C'est en ce sens qu'ils appellent leur Empereur, le Fils aîné du Ciel, qui est le pere et la mere de l'Etat.

C'est en ce sens qu'ils disent de la maniere la plus simple, en même temps qu'elle est la plus énergique et la plus salutaire, que le devoir de ce fils aîné du Ciel consiste à conformer son intelligence à celle du Ciel, et sa volonté à la volonté du Ciel, dans tout l'ordre de justice et de bienfaisance qui concerne la propagation et le bien-être de l'espece humaine sur la terre.

Quand les Lettrés Chinois pronon[428]cent que l'Empereur est le représentant et le mandataire de l'Etre suprême *Chang-ti*, ils n'entendent point que ses volontés quelconques, purement humaines et variables, tiennent lieu de l'ordre du Ciel, et de la volonté souveraine qui gouverne tout l'univers : erreur qui caractérise tous les despotismes arbitraires.

Ils savent, ils enseignent à tout le Peuple, ils défendent même au péril de leurs vies, quand il le faut, cette grande et sublime vérité, qu'il y a une loi du Ciel, contenant des regles éternelles immuables de justice et de bienfaisance qu'il faut connoître et observer.

Quand ils l'exécutent, ils disent qu'ils obéissent au Souverain Seigneur Chang-ti, et à son Fils aîné qui en est l'organe choisi par sa seule providence.

En sorte que l'Empire de la Chine est par l'instruction des Lettrés qui le gou[429]vernent, l'Etat le plus approchant qui soit au monde connu de la vraie *théocratie*, que j'appelle *monarchie économique*.

C'est-à-dire, que l'enseignement moral économique de la loi divine de justice, de l'ordre divin de bienfaisance, en est le premier et suprême Législateur, qu'il y règle et dirige sans cesse l'instruction publique et privée de tous les hommes, notamment et principalement celle des mandataires de l'Autorité ; la protection civile, militaire et politique de toutes les propriétés, de toutes les libertés ; l'administration universelle, tant pour la perception des revenus publics qui fournissent les moyens d'exercer les fonctions de l'Autorité, que pour l'emploi des forces et des richesses combinées à cet effet.

Quand une fois on s'est fait ce premier principe moral et politique, de regarder le Chef d'une société policée [430] comme le représentant et le mandataire de l'Autorité Divine, dont l'emploi est de prononcer la volonté de Dieu même, la loi de ce que Dieu a voulu être juste, l'ordre de ce que Dieu a voulu être bienfaisant, on est incliné à laisser en effet à la Providence le choix de son mandataire.

Il est certain que dans un Peuple où la loi naturelle de justice, l'ordre naturel de bienfaisance, considérés comme volontés de l'Etre suprême, sont l'objet d'un vrai culte religieux, la Monarchie étant considérée, à la maniere des Chinois, uniquement comme organe et comme instrument de cette volonté céleste ; l'hérédité absolue paroîtroit confirmer cette idée. Par elle en effet, c'est la providence de l'Etre suprême seule qui choisit son Lieutenant sur la terre.

Que le titre et la qualité de premier et suprême organe de cette Autorité divine soit héréditaire et patrimonial, [431] même dévolu par la regle de primogéniture, ce que les Chinois n'ont pas entièrement admis, c'est peut-être en effet une confirmation de l'idée *théocratique* dans l'esprit du Prince même et des Peuples : c'est d'ailleurs une plus grande et plus intime unité d'intérêt entre le Souverain et ses Mandataires d'une part, et toutes les classes de Citoyens de l'autre.

Toutes les formes contraires à l'unité, à l'hérédité, à la primogéniture ont été inventées pour suppléer à l'effet que produiroit cet enseignement *moral économique*, si elles étoient dirigées contre le *despotisme* arbitraire, qui est précisément le contraire de la théocratie ou de la monarchie économique.

Mais ces formes, indifférentes par elles-mêmes pour l'effet auquel on les destinoit, n'ont été et ne seront jamais accompagnées d'aucun véritable succès, qu'au moyen des idées et des sentiments de justice et de bienfaisance que l'instruction développe et confirme dans les [432] ames, et ce dans une proportion exacte avec la force de ces mêmes sentiments. Sans eux toutes les formes quelconques manqueront toujours leur but, comme l'histoire nous apprend en effet qu'il a toujours été manqué dans les Républiques de la Grece par exemple, qui ne connurent jamais les loix de l'ordre, et dont les annales ne nous offrent qu'un spectacle continuel d'attentats affreux contre la paix et le bonheur de l'humanité.

Dans ces Peuplades inquietes, usurpatrices, tyranniques, qui ne cesserent d'arroser de sang humain, de couvrir de ruines, et de réduire en friches [1] le sol [433] le plus fertile et le mieux situé du monde

---

1. M. l'Abbé de Mably, mal servi par sa mémoire, avoit prétendu dans ses

connu, regnoient les trois erreurs que j'ai désignées comme les
fléaux des Etats mixtes.

Erreur sur le pouvoir législatif arbitraire, qui suivant les Philosophes et Législateurs de la Grece, pouvoit ordonner même ce
qui est mal, et condamner même ce qui est bien de par la nature :
erreur sur la perception des revenus publics dont ils avoient si peu
les vrais principes, qu'ils inventerent eux-mêmes, ou adopterent
avec empressement les formes de perception les plus destructives
des propriétés, les plus oppressives des libertés, les plus dévastatrices
des héritages fonciers, des richesses d'exploitation, et par conséquent de l'aliment nécessaire des arts stériles, et du patrimoine de
la Souveraineté : erreur abominable sur leur patriotisme, qui n'étoit
qu'une déclaration continuelle de guerre contre tous les autres
Peu[434]ples, suivie d'hostilités déclarées ou couvertes, que la
fraude, l'injustice, le pillage, la cruauté ne manquoient jamais
d'accompagner.

A la vue des maux que souffrit l'humanité dans cette portion de
la terre, pendant l'espace de temps que quelques historiens éloquents
ont rendu si célebre, tout homme juste et bienfaisant décidera du
mérite de ces principes constitutifs des Etats mixtes, que les Philosophes et les Politiques de la Grece regardoient comme leur chef-
d'œuvre ; que les modernes ont emprunté d'eux, pour en étaler ou
la spéculation dans les Livres ou la pratique dans nos Républiques
des derniers siecles.

Ce n'est donc pas avec les Républiques infectées de ces trois
erreurs désastreuses, que je laisse à mes Lecteurs le soin de comparer l'idée *théocratique* des Chinois, ou mieux encore celle d'une véritable monarchie économique, dont le seul, [435] le continuel Législateur universel seroit l'ordre suprême de justice et de bienfaisance ;
c'est avec des Républiques également éclairées sur ces trois grands
objets fondamentaux, également pénétrées d'amour [et de respect
pour les loix de la nature juste et bienfaisante, qu'ils doivent établir cette comparaison.

A quelque nombre de personnes qu'ils attribuent le nom de
Souverain, à quelques titres ou conditions qu'ils attachent leur

Doutes sur l'ordre naturel, que les Républiques Grecques n'avoient point de
terres en friche ; mais dans le même temps parurent traduites les Economiques
de Xénophon ; on y trouva des plaintes sur l'étendue de ces friches, et un
chapitre exprès sur les défrichements.

élévation à ce premier rang, ils verront toujours l'instruction morale économique, et les sentiments qu'elle fait naître, établir entre ce Souverain et l'universalité des Citoyens, des relations de paix, d'unité d'intérêt, d'associations de travaux, de concours des volontés, et des forces vers un seul et même but, vers la multiplication progressive et continuelle des objets de jouissances, qui font la propagation et [436] le bien-être de l'espece humaine sur la terre.

Article IV.

Analyse des relations particulieres entre le Souverain et chacune des classes de la Société.

Après avoir posé les principes généraux de la politique honnête et bienfaisante, qui ne met entre le Souverain et les Sujets que des relations de paix, de vraie société juste et bienfaisante, il n'est plus nécessaire d'analyser qu'en résultats les relations particulieres.

Voici quatre principes généraux dérivés immédiatement de ceux qui viennent d'être détaillés : ils contiennent les regles de ces relations particulieres.

1°. Vis-à-vis des mandataires de son autorité ; « ne point violer « leur conscience éclairée.

2°. Vis-à-vis des propriétaires ; « ne [437] point violer leurs héri- « tages, leurs avances foncieres, les droits qui résultent de leur « proprieté.

3°. Vis-à-vis de la classe cultivatrice ; « ne point violer le dépôt « des richesses d'exploitation ou des avances productives.

4°. Vis-à-vis des Agents de la classe stérile ; « ne point violer « leur propriété personnelle et mobiliaire. La liberté qui en résulte « d'user à leur gré de toutes leurs facultés, de tous leurs talents « acquis ou naturels, et des richesses qu'ils ont méritées par un « emploi juste et légitime des uns ou des autres.

Telles sont les loix de la *justice* éternelle et divine.

Au contraire, 1°. exciter de plus en plus dans la classe des man- dataires ou coopérateurs de l'autorité, les sentiments qui naissent de la conscience droite et bien éclairée.

2°. Animer de plus en plus l'émula[438]tion des propriétaires fonciers, améliorer, perfectionner, multiplier leurs avances.

3°. Procurer l'accroissement des richesses d'exploitation, la masse des avances productives, l'aisance, la bonne volonté des Cultivateurs et des autres entrepreneurs des travaux fructifiants.

4°. Développer l'industrie façonnante, voituriere, négociante; abréger ses travaux, restreindre ses frais et multiplier ses effets; faciliter, accueillir, encourager tout ce qui tend à varier, à multiplier les jouissances nécessaires ou commodes, les services d'agrément et d'utilité.

Telles sont les regles de l'ordre bienfaisant.

. C'est-là ce qu'on doit appeller maintien, augmentation, perfection de l'*Autorité souveraine*, en même temps aussi accroissement de la prospérité publique des autres classes de la société.

[439] Si jamais un Prince est vraiment grand, vraiment puissant, vraiment riche, vraiment digne d'amour et de respect, vraiment image de la Divinité suprême sur la terre, c'est quand il regne par la justice et la bienfaisance, par des mandataires instruits, fideles, integres et courageux sur un sol vivifié par de grandes et majestueuses avances souveraines, par de bonnes et riches avances foncieres, par d'opulentes avances d'exploitation sur un sol couvert par conséquent d'une superbe reproduction totale, annuelle, qui fournit un grand produit net, totalement disponible, et par conséquent sur une multitude innombrable d'hommes instruits, justes, laborieux, libres, heureux et dignes de l'être.

Chercher ailleurs les moyens d'établir l'autorité des Souverains, leur gloire et leurs richesses, c'est l'illusion de la politique aveugle, injuste et désastreu[440]se, qui ne fait naître parmi les hommes que divisions, guerres et crimes.

C'est évidemment sur ces principes qu'il faut juger, 1°. les prétentions du despotisme arbitraire, qui ne s'occupe qu'à soumettre autant qu'il peut les esprits et les consciences mêmes aux volontés quelconques des mandataires de la Souveraineté, fussent-elles absurdes, iniques et dévastatrices jusqu'à l'excès le plus évident, et qui se sert pour obtenir ce succès abominable du moyen le plus infaillible, c'est-à-dire, de l'ignorance universelle, qu'il étend, qu'il perpétue, qu'il confirme le plus qu'il lui est possible, même dans les chefs d'une Nation, à plus forte raison dans le commun du Peuple, en y substituant la superstition, la cupidité et la crapule, compagnes de la servitude, alliées inséparables de la tyrannie dans la guerre éternelle qu'elle fait aux lumieres de la raison, de [441] la loi naturelle et de l'ordre bienfaisant.

2°. Toutes les inventions fiscales, anciennes et modernes, toutes les subtilités des législations embrouillées et versatiles, dont l'effet est de décréditer les propriétés foncieres, leur acquisition, leur conservation, leur perfection progressive et continuelle, de rendre l'emploi que fait un homme sage de son intelligence, de ses soins, de ses richesses mobiliaires à la création d'un héritage, le plus mauvais emploi qu'il puisse choisir pour son bien-être et pour celui de sa famille ; de présenter au contraire par mille et mille moyens que fournissent les dépenses excessives du luxe public ou privé, toute autre espece d'emploi de ses talents et de ses fonds pécuniaires plus avantageux, plus prompts et moins pénibles que les augustes mais laborieuses fonctions de propriétaires fonciers.

[442] 3°. Toutes les pratiques désastreuses qui gênent, qui vexent, qui dépouillent, qui avilissent, qui désolent et dépeuplent en tant de manieres la classe cultivatrice, qui dégradent et anéantissent ses richesses d'exploitation, le fonds de ses avances primitives et celui de ses avances annuelles ; sources immédiates de la culture et de la reproduction annuelle.

4°. Tous réglements arbitraires, toutes exactions, toutes prohibitions, toutes attributions de préférences qui donnent des entraves à l'industrie façonnante, voituriere, négociante, qui gênent les talents, les services personnels d'agrément et d'utilité.

Entretenir ce chaos de préjugés désastreux, et de volontés destructives, c'est évidemment trahir l'Autorité, ravager le patrimoine du Souverain, ternir sa gloire, anéantir son pouvoir, détruire sa richesse, lui ravir le bonheur le plus grand, le plus pur, dont un simple [443] mortel soit capable sur la terre ; celui de procurer la vie et le bien-être à plusieurs milliers, à plusieurs millions de créatures humaines, non seulement pendant sa propre vie, mais jusqu'à la consommation des siecles : le bonheur sacré, car j'ose l'appeller ainsi, d'être essentiellement l'image vivante de Dieu sur la terre, l'instrument infaillible de sa toute bienfaisance envers le genre humain.

Telle est l'idée qu'on ne devroit jamais laisser perdre de vue pendant un seul instant de leur vie aux mortels privilégiés, que la naissance ou le choix ont mis à la tête des dépositaires de l'Autorité suprême ; je laisse à mes Lecteurs le plaisir de la développer eux-mêmes.

ARTICLE V.

Analyse des relations politiques d'intérêt entre les trois classes
des sociétés policées.

Rien de plus évident désormais, à ce que j'ose croire, que
l'unité d'intérêt [444] entre la classe propriétaire, la classe cultivatrice et la classe stérile d'un Etat éclairé sur les principes de
l'ordre bienfaisant et de la justice essentielle.

Premierement les propriétaires fonciers ont un principal intérêt
qui les unit intimement avec la Souveraineté, par la raison que la
prospérité de leurs héritages est d'autant plus assurée que l'Autorité
a plus de moyens pour remplir ses fonctions majestueuses d'instruire, de protéger, d'administrer, qu'elle a moins de tentations et de
facilités malheureuses d'abuser des forces et des richesses combinées
pour cet objet.

Mais ils ont encore deux autres intérêts, dont le premier leur est
commun avec la classe cultivatrice, l'autre avec la classe stérile.

En effet, que l'Etat ait le bonheur de posséder un très grand
nombre d'entrepreneurs, de directeurs en chef de toutes sortes
d'exploitations productives; [445] qu'ils aient tous beaucoup de
lumieres et de richesses, des atteliers opulents, des instruments
expéditifs, des coopérateurs exercés, libres, exempts ainsi que leurs
chefs mêmes, de toute exaction, de toute gêne, de toute contrainte :
il est d'une suprême évidence que le produit net ou le revenu clair
et liquide annuel des propriétaires fonciers dépend immédiatement
de cette prospérité de la classe cultivatrice.

Je l'ai déja fait observer deux fois, et je le répete pour la troisieme (car quelle est la vérité frappante et utile qu'il ne faut pas
répéter cent fois avant de la faire comprendre, de la persuader et
sur-tout d'en faire tirer des conclusions *pratiques*?) la production
totale et le produit net d'un héritage sont absolument relatifs non
seulement aux avances foncieres du maître, mais encore aux
avances d'exploitation, autant qu'aux avances souveraines.

[446] Supposez que le sol d'un Canton, d'une Province, d'un
Etat, soit totalement vivifié par les grands travaux de l'administration publique, et par les avances foncieres de l'administration privée ; alors tout dépend évidemment des exploitations productives,

du savoir, de l'émulation, des moyens que vont apporter sur ce sol les entrepreneurs en chef de ces travaux fructifiants et leurs coopérateurs.

Une même ferme, exploitée par un cultivateur pauvre et mal-habile, donnera dix fois moins de produit net que sous la main d'un Laboureur opulent et savant dans cet art, pere des autres, qu'on commence enfin à connoître et à considérer à-peu-près comme il doit l'être.

Le sort de la classe cultivatrice regle donc manifestement celui des Propriétaires fonciers. Tant plus il existe d'hommes instruits et de richesses d'exploita[447]tion, tant plus valent nécessairement les héritages fonciers, tant plus ils donnent de produit net aux Propriétaires.

Qu'on juge par-là combien elle étoit déraisonnable et désastreuse, cette ignorance des propriétaires fonciers qui se prêtoient autrefois avec tant de facilité, et même de plaisir, aux institutions et aux pratiques politiques, judiciaires ou fiscales, qui chargeoient de chaînes, et même d'opprobre et de servitude, la classe cultivatrice toute entiere, jusqu'aux plus riches et aux plus habiles des entre-preneurs et directeurs en chef, dont l'attelier de culture, autrefois si peu considéré, vaut souvent dix fois plus que le fonds de ces manufactures fastueuses, qui font illusion à l'ignorance des citadins soi-disant politiques.

Mais le sort de toute la classe stérile, et des quatre divisions qui la composent, n'est pas plus indifférent aux Proprié[448]taires fon-ciers que celui des Cultivateurs.

Car si le savoir, la richesse, l'émulation de la classe productive reglent la valeur du produit net des héritages ; l'art, l'aisance, la bonne volonté des ouvriers façonneurs, des voituriers, des négo-ciants, des hommes capables de rendre les services personnels, font *jouir* de ce produit net, et reglent la variété, l'agrément, l'utilité de ces *jouissances*, qui font le bien-être des hommes sur la terre.

Il est encore d'une souveraine évidence, qu'après avoir supposé tout le territoire d'un vaste État vivifié par les plus grandes avances foncieres de l'administration privée, couvert de richesses d'exploitation habilement employées, comblé par conséquent de la plus opulente récolte de toute espece de productions naturelles, soit subsistances, soit matieres premieres, vous n'avez point encore la mesure précise et carac[449]téristique des *jouissances*, qui procureront à tous les individus la conservation et les douceurs de la vie. Ces jouissances, leur abondance, leurs variétés, leurs agréments dépendront de l'art qui façonne ces productions, qui les assemble, qui les combine entre'elles.

Si vous n'avez dans la classe stérile qu'ignorance, pauvreté, découragement, causés par le monopole, par les taxes déréglées, par les volontés arbitraires, une abondante récolte vous procurera cent fois moins de *jouissances agréables*, parceque la mal-adresse, la mauvaise volonté où les faux-frais de toute espece en détruiront la plus grande partie.

Au contraire, si vous avez beaucoup d'hommes à talents capables de traiter en grand et de perfectionner les arts, vous verrez ces jouissances multipliées au centuple par le bon emploi des subsistances et des matières premières, par [450] l'épargne des pertes, des faux frais qui résultent de l'établissement des grands atteliers, de la perfection des machines et des procédés, qui naissent de la liberté, de l'immunité, de l'aisance d'une classe stérile, nombreuse, instruite et animée d'une grande envie de bien faire.

Qu'on juge par là combien elle étoit encore déraisonnable et désastreuse, cette ignorance des Propriétaires fonciers, qui regardoient avec la plus extrême indifférence les institutions monopolaires, taxatives, prohibitives, qui repoussoient l'industrie des arts stériles, qui lui donnoient par-tout des entraves, et qui la faisoient gémir sous le joug des exactions multipliées.

- C'est évidemment aux *jouissances* qui font l'entretien et le charme de la vie de tous les Citoyens, que s'attaquoient tous ces fléaux désastreux; c'est sur-tout aux jouissances des *propriétaires fonciers.*

- [451] Rien n'est donc plus important à la prospérité des sociétés policées, que la connoissance claire, distincte, et toujours présente de cette précieuse unité d'intérêt, qui fait dépendre essentiellement le sort de la classe propriétaire, du sort de la classe stérile, et du sort de la classe productive, tout autant que la fidélité des mandataires de la Souveraineté à remplir leurs fonctions augustes d'instruction, de protection, d'administration.

Secondement, les mêmes liens de paix et de fraternité joignent encore la classe productive aux deux autres; sa prospérité dépend évidemment de l'exactitude avec laquelle tous les travaux de l'art social sont accomplis dans l'État. Les avances souveraines de l'Autorité suprême instruisante, protégeante, administrante, et les avances foncieres des propriétaires sont d'une part les préliminaires indispensables de ses exploi[452]tations et de leur prospérité; la multiplication, l'industrie, l'aisance, la liberté absolue, l'immunité parfaite des agents de la classe stérile, sont d'une autre part indispensablement nécessaire à ses jouissances.

Sans les travaux préliminaires de l'art social, les hommes dévoués uniquement à l'art productif ne pourroient remplir leurs fonctions; sans les travaux subséquents de l'art stérile, ils ne pourroient en jouir pour leur bien-être et la perfection de leur ministere.

Troisiemement enfin, les salariés qui composent la derniere classe de Citoyens, Artistes, Gens à talents ou à services personnels, Ouvriers façonneurs, Voituriers, Négociants quelconques, n'ont encore d'intérêt que la multiplication des matieres premieres et des subsistances, et sur tout de la portion vraiment disponible, c'est-à-dire surabondante, au delà de ce qu'exigent l'entre[453]tien continuel des *avances* qui perpétuent la *reproduction*.

Leur sort dépend donc évidemment du sort de la classe productive, de l'état des propriétés foncieres, et de la conduite des agents de l'Autorité suprême.

Quand on considère sous ce coup d'œil économique les Empires vraiment policés, on est tout étonné de trouver dans le moindre des Citoyens un centre de réunion qui communique par des relations évidentes d'intérêt commun avec des millions d'autres hommes; on voit clairement que les jouissances utiles ou agréables, qui font sa conservation, son bien-être, la multiplication de sa famille, en quelque position que vous le supposiez, tiennent essentiellement à la prospérité de tous les arts caractéristiques des sociétés policées.

On voit très distinctement que son sort privé dépend pour le passé, pour le présent, pour le futur, de l'instruction, [454] de la protection, de l'administration publiques, de la maniere dont ces fonctions augustes ont été, sont et seront remplies par plusieurs mandataires de l'Autorité; qu'il dépend de même de l'état de plusieurs *propriétés* foncieres, du sort et de la conduite des propriétaires de ces héritages, et de celui de leurs cultivateurs; qu'il dépend enfin d'une foule d'agents de la classe stérile et de leur industrie.

C'est une spéculation digne d'occuper tout homme curieux de se pénétrer des vérités utiles ; spéculation qui n'est pas moins agréable qu'instructive ; j'exhorte mes lecteurs à s'en occuper.

Qu'ils commencent par se considérer eux-mêmes avec toutes leurs facultés, tous leurs talents, toutes leurs propriétés, toutes leurs jouissances habituelles ; qu'ils analysent les travaux dont ils profitent sans cesse, dont ils ont profité, dont ils profiteront ; qu'ils se représen[455]tent la différence des résultats qu'ils auroient éprouvés par le passé, qu'ils éprouveroient à l'avenir dans le cas où chaque travail des trois arts auroit été ci-devant ou deviendroit dans la suite plus ou moins perfectionné, plus ou moins détérioré dans toutes ses branches.

Qu'après avoir ainsi décomposé leur propre sort, ils analysent celui de tous leurs Concitoyens, depuis le Monarque jusqu'au dernier des Mendiants, et qu'ils voient ce que l'homme est à l'homme. *Homo homini quid præstat?*

Quiconque voudra donner une seule fois à cette belle théorie toute l'attention qu'elle mérite, sera désormais incapable d'être séduit par la politique fausse, impie et désastreuse, qui regarde tous les hommes, comme ennemis de tous les hommes, les intérêts comme opposés et destructifs, l'usurpation des propriétés, la violation• des libertés, comme l'essence des Etats. Il verra clai[456]rement que cette monstrueuse doctrine des ennemis de l'humanité n'est pas moins absurde qu'elle est abominable.

Il verra que si l'homme ignorant et cupide se trouve quelquefois par erreur et passion en contrariété d'intérêt et de vues avec un ou deux hommes; ce même mortel n'en est pas moins actuellement en *société* très intime, très évidente, très nécessaire, avec des millions et des milliards d'hommes passés, présents et à venir ; qu'il profite actuellement dans tout ce qu'il fait, dans tout ce qu'il a, de leur sagesse, de leur justice, de leur bienfaisance, de leurs talents ; qu'il sert actuellement même sans le vouloir et sans le savoir, par mille et mille manieres, à la tradition conservatrice de tous les arts qui les transmet à la postérité, peut-être à des millions et milliards de générations.

Parvenus à cette idée simple, mais, je crois, d'une évidence très frappante et [457] d'une utilité très réelle, nous n'avons plus qu'un pas à faire pour compléter l'analyse des Etats policés : c'est de considérer les relations politiques des nations entr'elles.

ARTICLE VI.

Analyse politique des relations d'intérêt qui unissent ou qui divisent les Nations entr'elles.

Si le sol de la planete que nous habitons étoit par-tout le même ; si l'aspect du Soleil et les influences du Ciel n'y causoient aucune variété de climat ; si les trois arts caractéristiques des sociétés policées s'y exerçoient précisément de même maniere et avec les mêmes résultats ; si on pouvoit dire enfin, toute terre rapporte toujours toutes especes de productions en même quantité et même qualité, qui sont partagées et employées de même ; en ce cas les Nations [458] pourroient s'isoler et n'avoir aucune relation entr'elles.

Mais remarquons d'abord qu'elles n'auroient aucun motif juste et raisonnable de jalousies, d'inimitiés et de guerres. Je dis les Nations et les Citoyens qui les composent.

Mais la variété des climats, du sol et de ses productions naturelles dans les trois regnes animal, végétal ou minéral, les différences encore plus grandes entre les hommes et les trois arts caractéristiques des sociétés policées, produisent évidemment cet effet parmi nous, que plusieurs des jouissances utiles ou agréables qui servent à votre bien-être, vous sont procurées par des hommes, des productions et des travaux qu'on appelle *étrangers*.

Ce mot est devenu depuis long-temps un signal de combat parmi les hommes. Un préjugé fatal, mais presque univer[459]sel, a fait confondre les idées d'*étranger* et d'*ennemi*, non seulement dans la spéculation, mais même dans la pratique. On a regardé les Nations comme nécessairement constituées dans un Etat de guerre l'une contre l'autre : on a pour ainsi dire sanctifié ce préjugé malheureux, on en a fait une vertu sous le nom de *patriotisme*.

Si les productions de la terre façonnées ou récoltées sur le sol d'un Etat *étranger*, étoient funestes et mortelles pour les Citoyens d'un autre Empire, il est évident qu'il faudroit s'interdire toute communication de peuple à peuple ; encore n'en résulteroit-il pas un Etat formel de guerres et de combats.

Mais la nature bienfaisante ayant attaché le bonheur des individus, la propagation de l'espece aux productions diverses qui naissent d'un pole à l'autre, et sous l'un et sous l'autre hémisphere ;

la douceur de la vie, la commodité de [460] l'existence étant évidemment pour nous le résultat de mille et mille jouissances variées, dont les objets sont rassemblés des quatre coins de l'Univers ; comment donc peut-on méconnoître *l'unité d'intérêt* qui lie nécessairement les Nations les plus *étrangeres* ?

Pour nous pénétrer de cette vérité précieuse, comparons ensemble deux Peuples que la nature auroit constitués dans un état de ressemblance parfaite, et que le développement des arts caractéristiques des sociétés policées auroit entretenu dans cette égalité complette et absolue.

Concevez maintenant que la premiere de ces deux Nations vient de comprendre tout-à-coup, et de sentir vivement ce grand et sublime principe dont l'évidence est si frappante « que l'humanité « toute entiere n'est sur la terre qu'une seule et grande famille divi-« sée en plusieurs branches ; que l'inté[461]rêt de tous et l'intérêt « de chacun est le même ; savoir, la multiplication progressive et « continuelle des objets propres aux jouissances utiles ou agréables ; « que pour tous, c'est crime ou délit de détruire ces objets de jouis-« sances, de les empêcher de naître ; que pour tous, c'est bienfaisance « et vertu d'en accroître la masse.

L'universalité de ce Peuple étant pénétrée de ces maximes évidentes et fondamentales, nul Peuple, nul sol, nulle production, nul travail n'est regardé comme *étranger*, dans le sens odieux que la politique destructive attache à ce mot.

En effet, le *commerce* parfaitement libre y *naturalise* tout, et rien n'est plus évident que cette *naturalisation.*

Considérez-vous le Citoyen de cette sage et heureuse Nation comme producteur, comme Ouvrier façonneur, comme Voiturier, comme Négociant, ou [462] comme Consommateur ? écoutez ce qu'il vous dira.

Si sous le nom d'*étranger* vous entendez un homme *ennemi* d'un autre homme, ou seulement un homme *indifférent* à l'autre, comment voulez-vous me faire considérer comme étranger en ce sens, à moi propriétaire et cultivateur d'un vignoble qui fait mon patrimoine, l'homme quel qu'il puisse qui boit mon vin et qui le paie ?

Comment voulez-vous me faire considérer comme ennemi, comme indifférent celui qui doit user ce meuble, ce vêtement, ce bijou dont la façon procure la subsistance et le bien-être de ma famille entiere ?

Comment me persuaderez-vous que je dois fuir et haïr celui qui doit me rembourser mes frais de voiture, et me payer les bénéfices de mon trafic?

Par la même raison, comment me persuaderez-vous qu'ils étoient pour [463] moi des hommes ennemis, des hommes indifférents, ce Chinois qui cultiva le thé que je bois, cet Arabe qui fit naître mon café, ce Grec qui me procura ce vin de Chypre?

Quoi! c'étoit un homme ennemi, un homme indifférent, cet Indien qui recueilloit, qui filoit si bien le coton, qui en ourdissoit une toile si fine, qui la peignoit avec tant de graces, de couleurs si belles et si durables, pour ma parure et mon ameublement!

Quoi! ce sont des hommes ennemis, des hommes indifférents pour moi Voiturier et Négociant, que ces producteurs de denrées, ces fabricateurs d'ouvrages également utiles et agréables à mes Concitoyens, qui me les livrent en échange des denrées et des ouvrages de mes compatriotes!

Non sans doute, aucun de ces hommes n'est ennemi ni même indifférent pour nous, vous diroient unanimement dans [464] cette Nation sage les Propriétaires, les Cultivateurs, les Agents de la classe stérile, et même les Mandataires de l'Autorité souveraine, considérés comme consommateurs des marchandises étrangeres.

Etablissez-vous donc en idée au milieu de ce Peuple fraternel, ami de tous les Peuples ; vous jetterez les yeux sur toute la terre habitée, et vous direz : si depuis une extrémité jusqu'à l'autre l'art social, l'art productif et l'art stérile étoient portés au point de la plus grande perfection qui soit actuellement connue du Peuple le plus florissant, quelle abondance de productions diverses, quelle variété dans les objets de jouissances ne résulteroit pas de cette prospérité! quelles portions ne pourrions-nous pas espérer d'en recueillir, nous qui sommes liés d'amitié, de commerce libre avec tout l'Univers!

Au contraire, si tout-à-coup le désor[465]dre extrême se mettoit dans *toutes* les Nations avec lesquelles nous sommes en communication réciproque des objets propres à nos jouissances; si les révoltes, les pillages, les incendies, les meurtres couvroient tous leurs territoires de sang et de ruines ; si les récoltes y étoient toutes anéanties ; si toute fabrication d'ouvrage, tout commerce y étoient détruits : quel vuide affreux dans nos jouissances, quelle perte de nos productions !

Rien de si simple que ces réflexions : elles vous montrent avec *évidence* quels sont les vrais amis, quels sont les vrais ennemis d'une Nation fraternelle qui communique avec toutes les Nations, pour leur bien-être et pour le sien.

Nos *ennemis*, vous diroit-elle, sont ceux qui empêchent, qui troublent, qui détruisent quelque part que ce soit sur la terre les travaux de l'art social, ceux de l'art productif, ceux de l'art stérile, par[**466**]ce qu'il résulte de leurs hostilités contre cette branche de la famille universelle, un vuide nécessaire dans la production de ses denrées et de ses ouvrages, dont nous recevions notre part; un vuide par conséquent dans la consommation de nos denrées et de nos ouvrages dont elle recevoit sa part en échange.

Nos vrais *amis* sont ceux qui perfectionnent, en quelque lieu que ce soit, ces trois arts caractéristiques des sociétés policées, parcequ'il est impossible que le commerce parfaitement libre et la fraternité générale ne nous communiquent pas tôt au tard d'une maniere plus ou moins immédiate notre portion de l'accroissement des objets de jouissances qui résultent nécessairement de cette perfection des trois arts.

Au reste, elle est aussi simple dans la pratique même, que dans la spéculation, cette fraternité générale; elle consiste uniquement dans le *respect inviolable des* [**467**] *propriétés et des libertés des hommes quelconques*; c'est-à-dire, dans l'accomplissement de la loi générale éternelle de *justice* par essence.

Il est étonnant que des Philosophes, même des plus célebres, se soient donné tant de peines pour chercher ailleurs les principes *du droit des gens,* comme s'ils étoient autre chose que ceux du *droit naturel* et du *droit social* des Etats.

Ne jamais usurper nulle propriété, ne jamais violer nulle liberté, c'est le commandement universel qui lie tous les hommes, en tous les cas, les Souverains et les Peuples autant et tout de même que chaque individu.

Ce qui distingue et caractérise les Nations, c'est *l'autorité* qui les éclaire par l'instruction, qui les garantit par la protection, qui les enrichit par l'administration. Tous les hommes qui vivent habituellement et à demeure sous le pavois de *l'autorité tutélaire et bienfaisante,* sont [**468**] de la Nation, ils composent le peuple, ils appartiennent à l'Etat ou à la société policée.

Ceux-là profitent immédiatement des travaux de l'art social

accomplis par les Mandataires de l'Autorité souveraine : ils sont eux, leurs propriétés personnelles, mobiliaires ou foncieres, l'objet direct et prochain de ces travaux ; c'est à eux qu'instruction, protection, administration sont dues par la Souveraineté, non seulement à titre de justice, puisque les mandataires de l'Autorité sont payés pour ces fonctions ; mais encore à titre de sagesse, puisque le patrimoine de la Souveraineté, ses richesses, sa puissance, ne sont pas moins proportionnels à l'exactitude qu'on met à remplir ces fonctions, que l'aisance et le bien-être de toutes les autres classes et des individus qui les composent.

C'est ce droit direct et immédiat à l'instruction, à la protection, à l'administration, qui caractérise le *Citoyen*.

[469] L'*étranger* est l'homme qui vit sous l'influence directe et immédiate d'une autre Autorité ; mais c'est toujours un homme : ses propriétés, ses libertés n'en sont pas moins ses propriétés et ses libertés à lui. Son travail quelconque dans l'une des trois classes de la société à laquelle il appartient, n'en concourt pas moins au maintien, à la perfection d'un des trois arts qui font la propagation et le bien-être de l'humanité ; ce travail n'en contribue pas moins à l'entretien de la masse générale d'objets propres aux jouissances utiles et agréables, qui font vivre notre espece, et qui rendent sa vie douce, son existence commode.

Cet homme n'est point *ennemi* quand il n'usurpe aucune propriété, quand il ne viole aucune liberté ; car la véritable inimitié consiste précisément dans ce caractere d'usurpation et de violation, qui porte avec lui sa réprobation de par la nature, de par le jugement évident [470] de la raison, et le sentiment irrésistible de la conscience.

N'est-il pas étrange que des hommes, même éclairés, et capables d'instruire les autres ou du moins présumés l'être, se soient persuadés, aient fait croire à tant de peuples et à tant de générations, que les usurpateurs de leurs propriétés, les violateurs de leurs libertés étoient leurs associés et leurs amis ; que des hommes innocents et paisibles qui s'occupoient à l'autre bout du monde uniquement de leur propre bien-être, sans avoir jamais pu troubler le leur, étoient leurs ennemis?

Quelque bizarre et funeste que soit cette idée, le prétendu droit des gens arbitraire et versatile qu'on a cherché mal-à-propos dans des principes autres que celui de la loi naturelle, en a fait naître une seconde plus absurde encore et plus désastreuse.

On a qualifié *d'ennemis*, on a traité [471] commme tels, non seulement des hommes innocents qui ne commettoient nul attentat contre nos propriétés, contre nos libertés ; mais qui plus est des hommes directement utiles, qui travailloient prochainement à rendre nos propriétés, nos libertés plus fructueuses pour nous, plus productives des *jouissances* qui font notre vie et notre bien-être.

On a fait contre ces hommes utiles toutes sortes d'*hostilités*, c'est-à-dire, d'usurpations et de destructions de leurs *propriétés*, de violations de leurs *libertés* ; et ce qu'il y a de plus déraisonnable et de plus criminel, c'est aux dépens de nos propriétés et de nos libertés, à nous Citoyens, qu'on a commis ces délits contre des hommes qui, bien loin d'être nos ennemis, ne nous étoient pas même *étrangers*, puisqu'ils pouvoient nous être utiles.

Ces *hostilités* absurdes et funestes à l'humanité sont de deux sortes : les unes [472] se font à découvert et à force ouverte par les invasions à main armée, suivies, de meurtres, d'incendies, de pillages ; les autres se font sourdement par les exclusions, les prohibitions, les taxes et les surcharges du commerce, ou par des perfidies cachées qui mettent le trouble et la confusion dans l'administration publique, dans les causes de la prospérité des arts utiles.

Quelles idées que celles de ces hommes avides du sang humain, que de lâches flatteurs ont tant enivrés d'un sot orgueil, et qu'ils ont voulu même rendre respectables aux hommes dont ils étoient les fléaux les plus détestables ! Ruiner toutes les propriétés, enchaîner toutes les libertés des hommes qui avoient le malheur d'être immédiatement assujettis à leur pouvoir tyrannique ; prodiguer leur subsistance, celle de leur famille et de leur postérité, leurs facultés, leurs travaux, leurs vies mê[473]me, pour détruire les propriétés d'autres hommes, pour anéantir les fruits de leurs travaux, pour subjuguer leur personne, et pour acquérir la malheureuse puissance de les tyranniser comme les autres.

Quels hommes, quelles opérations, dont les effets sur la terre, sur ses productions, sur les avances et les travaux qui la rendent fructifiante, sur les hommes qui couvrent sa surface, sur leur multiplication, sont précisément les mêmes, sans nulle espece de différence, que si des milliers d'animaux carnaciers et indomptables, une maladie violente épidémique, un déluge d'eau ou de feu avoient été envoyés par le Ciel sur les mêmes contrées !

Si ces monstres à figure humaine, qu'on appelle des Conquérants, doivent avoir des statues et des autels, ainsi que la basse adulation de quelques Lettrés l'a tant répété, c'est donc comme la fievre, la famine et la peste avoient des tem[474]ples dans l'antiquité païenne. C'est dans le même sens que quelques Peuples sauvages ont pris pour principe de leurs superstitions, qu'il ne faut point de culte ni de prieres à Dieu qui ne fait que du bien, mais qu'il en faut au diable qui fait du mal. Ce n'est sûrement pas un culte de respect et d'amour.

Moins destructives en apparence, les *hostilités* sourdes et détournées d'une politique ignorante ne sont pas moins funestes à l'humanité que les violences de la force ouverte.

Considérez ces institutions restrictives, prohibitives, perturbatrices, spoliatrices, qui sont les chefs-d'œuvre des modernes, et considérez bien quels en sont les effets pour le total de l'humanité.

Combien de temps, combien d'hommes, combien de talents, combien de richesses sont employés dans le moment où vous lisez ceci, à quoi? à em[475]pêcher des productions naturelles de croître, d'être façonnées, voiturées, échangées !

Quel est l'effet de ces travaux si continuels, et malheureusement si efficaces, malgré les efforts de l'industrie des hommes pour les combattre? c'est que toutes les jouissances qui résulteroient de la naissance des productions, de leur façonnement, de leurs échanges, manquent à l'humanité; c'est que les hommes qui auroient fait tous les travaux préparatoires de leur naissance d'abord, et puis de leur consommation, sont morts ou ne sont point nés; c'est que les races qu'ils auroient fondées n'existent point; c'est que le sol qu'ils auroient d'autant vivifié, reste d'autant éloigné de la prospérité.

Le résultat de ces *hostilités* cachées est donc au fond le même que celui des invasions à force ouverte ; dépopulation de l'espece humaine, dévastation de notre [476] mere commune, la terre, source de notre vie, de notre bien-être.

Considérez la Nation diamétralement opposée à ce Peuple fraternel qui communique librement avec toute la terre, la Nation qui regarde tout étranger comme ennemi, qui s'interdit toute jouissance des productions d'un autre sol, tout débit à l'*étranger* de ses propres marchandises : supposez qu'elle porte à la plus sublime perfection l'art destructeur de ces deux especes d'hostilités que j'ai désignées.

Quels effets voyez-vous résulter, en faveur des individus qui la composent, de cette perfection d'inimitiés et de jalousies, si ce n'est privation de plaisir et de bien-être, destruction des récoltes et des revenus ; suite continuelle de crimes de lese humanité, et par conséquent, suite continuelle des maux qui sont les suites inévitables et physiquement nécessaires de tout délit tant privé que public ?

[477] La politique raisonnable, juste, bienfaisante, effaceroit donc du dictionnaire des Peuples civilisés, ces mots absurdes et atroces de *Nations rivales*, de Nations *naturellement ennemies* ; elle effaceroit même ceux de Nations *indifférentes*.

En effet, le vrai *droit des gens*, qui n'est pas autre que la loi naturelle elle-même, et qui consiste précisément et uniquement à *n'usurper la propriété, à ne violer la liberté de nul homme quelconque*, nécessite évidemment la *liberté* pleine et absolue *du commerce* et son *immunité*; car tout ce qui met la moindre gêne, la moindre exaction sur les échanges, est évidemment usurpation de propriété, violation de liberté.

La liberté, l'immunité du commerce rendent intéressant pour tous les Peuples de la terre le sort de chaque Nation particuliere, le sort de chacune des classes qui la composent.

Considérez-les sous ce point de vue, [478] et vous sentirez que bien loin d'être un objet indifférent pour toutes les sociétés humaines, c'est au contraire un de ceux qui regle leur bien-être, que la perfection progressive, ou la dégradation continuelle de l'art social, de l'art productif et de l'art stérile dans chaque Nation.

Et pour vous en mieux convaincre, n'oubliez pas que les Peuples mêmes qui ne paroissent pas communiquer immédiatement entre eux, ont néanmoins des relations médiates et de reflet en seconde ou troisieme ligne.

Par exemple, le Sauvage de l'Amérique septentrionale, qui *chasse* au fond des bois, ne paroît avoir aucun rapport avec le Propriétaire ou le Cultivateur d'un vignoble de Bourdeaux, ni avec un Manufacturier de Lyon, ni avec un Gentilhomme Allemand; cependant, l'Anglois qui commerce le castor pris dans cette chasse, fournit au Gentilhomme Allemand une coëffure plus [479] commode et moins couteuse : enrichi par ce commerce, il achete le vin de Bourdeaux ; et le Propriétaire du vignoble achete pour lui, pour sa femme, pour son ameublement, des soiries de Lyon.

Après nous être ouvert les yeux par cet exemple particulier, donnons l'essor aux idées générales.

Concevons d'une part notre planete divisée en mille Peuples absolument isolés, ou totalement occupés à se nuire ; à détruire respectivement, autant qu'ils peuvent les uns chez les autres, l'art social, l'art productif et l'art stérile ; assez malheureux pour avoir tous réussi de mieux en mieux pendant plusieurs siecles dans cet abominable projet (qui est pourtant la base de ce qu'on appelle politique).

Imaginons au contraire une planete toute semblable divisée en mille peuples fraternels, unis par la liberté et l'immu[480]nité du commerce, qui par conséquent s'excitent et s'entr'aident mutuellement, bien loin de se nuire ; assez heureux pour avoir tous réussi de mieux en mieux, pendant plusieurs siecles, à perfectionner les trois arts caractéristiques des sociétés policées.

A laquelle des deux planetes aimeriez-vous mieux appartenir? dans laquelle espéreriez-vous mieux assurer votre *bien-être* et celui de votre postérité? auquel des deux Etats trouveriez-vous plus honnête et plus doux d'avoir contribué?

Il est impossible que des hommes raisonnables, en formant une pareille question, ne sentent pas que la solution en est *évidente*, mais de la plus suprême *évidence*.

Il n'est donc pas vrai de par la nature, de par la loi de la justice et l'ordre de sa bienfaisance, que les Nations soient même *indifférentes* aux Nations ; à plus forte raison est-il faux et abominable de pen[481]ser et de dire qu'elles leur soient *ennemies*.

Quelques hommes peuvent malheureusement être *ennemis* des hommes, et ceux-là sont faciles à reconnoître ; ce sont ceux qui *empêchent* ou qui *détruisent* les *productions* et les *jouissances* qui en résultent ; c'est-à-dire, ceux qui concourent à dégrader quelque part que ce soit l'art social, l'art productif, les arts stériles ; c'est-à-dire, ceux qui opérent quelque part que ce soit usurpation des propriétés, et violation des libertés : ceux-là, quels qu'ils puissent être, sont évidemment des *ennemis*.

Non seulement, en considérant les maux qu'ils font à l'humanité, on ne peut regarder leurs attentats que comme évidemment criminels et détestables ; mais encore, en considérant leur motif et leur but, on ne peut s'empêcher de les trouver manifestement absurdes.

Que cherchez-vous à vous procurer [482] par ces hostilités ouvertes ou cachées contre d'autres Nations, dont les effets désolent nécessairement l'humanité ? de la gloire et des richesses, de la puissance.

Mais est-ce qu'il n'y a pas une *gloire* attachée à la bienfaisance, surtout à la bienfaisance des Souverains ? est-ce que les vertus même imparfaites du bon Numa, de Titus, de Trajan, de Marc Aurele ne les ont pas immortalisés autant que les conquêtes d'Attila, de Gengis kan, de Tamerlan ?

Est-ce que les pacifiques Empereurs Ya-o, Chun et Yu, fondateurs de l'instruction et de la prospérité Chinoise, dont la mémoire est sans cesse bénie et adorée sans interruption par cent millions d'hommes depuis plus de quatre mille ans, et commence à l'être dans notre Europe même, peut-être pour continuer des milliers de siecles, n'ont pas acquis une vraie *gloire* ?

Mais, est-ce qu'on *s'enrichit* jamais par [483] des *usurpations* ? Comptez ce que vous avez dépensé de biens, de temps, d'industrie pour désoler et envahir quelques-uns des cantons de la terre ; si vous en aviez employé le tiers seulement en *avances souveraines* sur votre propre territoire, vous y auriez multiplié les productions, les hommes et les arts, et vous vous seriez fait un revenu dix fois plus grand que celui qui peut résulter de vos usurpations, un revenu qui seroit le fruit juste et légitime de la bienfaisance, qui n'auroit point fait répandre de sang humain, qui n'auroit fait, qui ne feroit répandre de larmes que celles du plaisir.

Mais la *puissance* est fille de la *richesse*, sur-tout de la richesse qui vient de justice et de bienfaisance ; la triste, l'absurde, la cruelle *envie*, qu'on a voulu décorer (sous le nom de politique) du titre de science d'état, ne s'occupe qu'à épier les accroissements de la puissance d'autrui, qu'à les empêcher, qu'à les détrui[484]re. Que de soins, que de dépenses n'emploie-t-elle pas pour obtenir ce succès ?

Le quart de ces avances et de cette intelligence, employé à fonder votre propre puissance, vous mettroit au-dessus de ces progrès qui vous paroissent si redoutables. Au lieu d'assaillir sans cesse dix ou douze Nations, c'est-à-dire la malheureuse humanité, c'est-à-dire ceux de vos propres Citoyens qui profiteroient par communication du bien que vous empêchez : que ne vous faites-vous vous-même riche et puissant du fonds de ces dix ou douze guerres sourdes et déguisées ?

Quelle émulation ! et combien elle est absurde ! Que diroient-ils ces hommes si supérieurement habiles, à ce qu'ils imaginent, s'ils voyoient un propriétaire particulier former le dessein de tenir sa richesse toujours égale à celle de ses voisins, et pour y parvenir, mettre ses soins, sa dépense, non pas à cultiver ses [485] terres, à bonifier ses avances foncieres, à bien assurer le débit de ses denrées, mais à troubler les dépenses de tous ses voisins ; à faire dégrader secrettement leurs édifices, leurs fossés, leurs plantations, à leur disputer les eaux, les marnes, les engrais, à les laisser perdre pour lui même, plutôt que de permettre qu'ils en profitassent ; à faire périr autant qu'il pourroit de leurs récoltes, à éloigner d'eux les acheteurs ? Quel jugement porteroient ils d'une pareille conduite ? ne décideroient-ils pas que cet homme est insensé et furieux ?

Eh bien, est-ce que les Nations considérées comme telles, sont autre chose que de grands Propriétaires de terres ?

Que les hommes jugent par là du mérite réel de ces inventions désolatrices, dont la basse adulation et l'ignorance servile ont fait tant de cas.

Si les Souverains et leurs Mandataires se livrent aux idées bruyantes de guerres, [486] de conquêtes, ou aux idées sombres de cet art qu'on appelle politique, c'est uniquement faute de connoître combien de gloire, de richesses, de puissance leur procureroit l'exercice paisible, juste et bienfaisant de leur autorité.

Dans l'état actuel où se trouve la civilisation de l'Europe, considérez quel est l'Empire où le retour à *l'ordre bienfaisant* de la nature, l'établissement de la véritable instructinn morale économique universelle, de la plus simple et plus infaillible protection, de la seule véritable et légitime perception du revenu public et des vraies dépenses souveraines d'administration, ne porteroient pas la gloire, la richesse, la puissance du Souverain à un degré infiniment supérieur aux résultats des guerres ouvertes ou cachées, même les plus heureuses ?

C'est donc évidemment sur la *sagesse* autant que sur la *justice* qu'est fondée la politique honnête et bienfaisante, qui [487] n'établit entre les Nations que des relations de paix, d'unité d'intérêt, de fraternité, de liberté et d'immunité du commerce, de respect inviolable pour les propriétés et les libertés.

N'usurper aucune propriété, ne violer aucune liberté, c'est la loi des Nations, c'est-à-dire que c'est le seul lien qui doit les arrêter dans *l'usage de leurs propriétés*, et dans leur *liberté* ;

c'est la loi de toutes les classes de chaque société, c'est la loi de chaque individu qui les compose ; c'est à cette seule condition que peut être rempli le devoir naturel de pourvoir, suivant l'attrait qui nous y sollicite sans cesse, à notre conservation, à notre bien-être.

Fin de l'Analyse économique.

RÉSUMÉ GÉNÉRAL

Rassemblons dans l'ordre le plus clair qu'il nous sera possible les principes économiques, dont l'évidence doit être désormais assez frappante pour saisir tous les esprits attentifs.

Nº. Premier.

Le Droit naturel et la Philosophie morale.

1º. *Desirer* sa *conservation*, son *bien-être*, c'est *l'attrait naturel* de *tous* les *hommes.*

2º. *Pourvoir* à cette *conservation*, à ce *bien-être*, c'est le *devoir naturel* de *tous* les *hommes.*

3º. Pour que *tous* les *hommes puissent* suivre cet *attrait*, et remplir ce *devoir naturel* de *mieux* en *mieux*, autant qu'il est possible, il faut nécessairement deux conditions ; la première, que *nul* homme n'opere jamais sa *conservation* et son *bien-être*, en empêchant la conservation [489] et le bien-être d'*autres* hommes ; la seconde, que tout homme opere le plus qu'il est possible sa conservation et son bien-être, en procurant la conservation et le bien-être de quelques autres hommes.

Ces trois vérités indubitables renferment la loi naturelle, l'ordre social, le droit des gens ; c'est une illusion très absurde et très dangeureuse de les chercher ailleurs.

Il est souverainement *évident* que s'il s'offre à un homme, à plusieurs hommes deux *moyens* de procurer leur conservation et leur *bien-être*, que l'un de ces moyens soit *destructif* de la conservation et du bien-être d'un ou de plusieurs *autres hommes*, que l'autre soit *conservatif* et augmentatif de ce bien-être ; s'ils choisissent le premier et rejettent le second, l'attrait naturel sera d'autant moins suivi, le devoir naturel sera d'autant moins rempli, le vœu de la nature pour la pros[490]périté de l'espece sera moins accompli.

De là naissent évidemment les idées de *justice*, de *crime* ou *délit*, et de *bienfaisance* par essence.

Ne pas empêcher la conservation et le bien-être des autres hommes, c'est *justice*.

Les *empêcher*, c'est *crime* ou *délit*.

Au contraire, les *procurer*, c'est *bienfaisance*.

Et ce, par l'ordre éternel, immuable, irrésistible de la nature et de son Auteur suprême, indépendamment de tout ce que les hommes peuvent faire, dire ou penser ; et ce avant toute convention humaine, tout pacte, toute société ; et ce dans tous les cas, dans tous les lieux, dans toutes les circonstances.

Voilà le *droit naturel* et la philosophie morale qui sont d'une certitude supérieure à tout.

[491]   N°. II.

La loi sociale et le droit des gens.

1°. La *conservation* et le *bien-être* de l'espece humaine et de chacun des individus qui la composent, dépendent des *jouissances* utiles ou agréables.

2°. Ces jouissances utiles ou agréables sont attachées à l'usage des productions naturelles plus ou moins façonnées par l'art.

Donc la *bienfaisance* consiste à *multiplier* les *productions* naturelles, et à *perfectionner les arts* qui les rendent propres aux *jouissances* utiles ou agréables, qui font la conservation, le *bien-être* des individus, la propagation et la prospérité de l'espece.

Donc la *justice* consiste à ne pas *diminuer la masse* de ces *productions* naturelles, à ne pas *empêcher son accroissement*, à ne pas *détériorer* l'art qui les rend propres aux jouissances, à ne pas empêcher [492] sa *perfection* progressive et continuelle.

Donc le *crime* ou *délit* consiste à *diminuer* cette *masse* de productions, à empêcher *son accroissement*, à *détériorer l'art*, à empêcher sa *perfection*.

Voilà la *loi sociale* et le *droit des gens* de par la nature, et son ordre évident.

Nᵒ. III.

La constitution économique des Etats policés.

1ᵒ. Pour éviter de mieux en mieux autant qu'il est possible les crimes ou délits, pour accomplir de mieux en mieux toute justice, pour suivre le plus possible l'ordre de bienfaisance, il faut une *société économique* entre les hommes.

2ᵒ. Trois *arts* caractéristiques forment cette société : *l'art social*, qui fait naître, qui maintient, qui perfectionne le *savoir*, le *vouloir*, le *pouvoir*, par le moyen de l'instruction, de la protection, de l'ad[493]ministration, et qui dispose ainsi la terre et les hommes à conserver et augmenter sans cesse la masse des productions, la somme des jouissances.

L'art productif qui prépare et qui opere les récoltes des productions naturelles dans l'état de simplicité primitive.

L'art stérile qui les façonne, les unit, les incorpore l'une à l'autre pour en former des subsistances qui se consomment subitement, ou des ouvrages de durée qui s'usent lentement.

Tout ce qui maintient et perfectionne ces trois arts est *bien*, tout ce qui les dégrade est *mal*, en tout temps, en tout lieu, en toute circonstance de par la nature, soit que les hommes quelconques le sachent et le veulent, soit qu'ils l'ignorent et ne le veulent pas.

Voilà toute la *législation économique* ; elle est unique, éternelle, invariable, universelle ; elle est évidemment *divine* et essentielle.

           ## Nᵒ. IV.

Les regles générales et particulieres.

1ᵒ. Desirer la multiplication des hommes sur la terre, des hommes éclairés, justes et bienfaisants, heureux et dignes de l'être, c'est-à-dire, la perfection des arts sociaux, des arts productifs, des arts stériles ; c'est-à-dire l'amélioration progressive et continuelle des propriétés, l'extention et la perfection des libertés ; non seulement le désirer, mais y contribuer de son mieux, et ce par

sentiment intérieur de respect et d'amour pour l'ordre bienfaisant
de la nature.

Sur-tout ne jamais usurper aucune *propriété*, n'en jamais empêcher l'acquisition, la perfection, la jouïssance, c'est-à-dire, ne violer
jamais aucune *liberté*, et ce par obéissance à la loi de justice par
essence.

Telle est la regle générale, éternelle et universelle de tous les
hommes quel[495]conques, sans nulle exception en tout état et en
toute circonstance.

2°. Perfectionner de plus en plus principalement et en premier
lieu *l'instruction morale économique*, c'est-à-dire l'enseignement
de la *loi naturelle de justice* par essence, de l'*ordre naturel* de
bienfaisance sociale, et de tout ce qui peut contribuer au maintien
et aux progrés continuels des trois arts caractéristiques des sociétés
policées : en second lieu, la protection tant intérieure qu'extérieure,
contre les usurpateurs des propriétés et les violateurs des libertés ;
c'est-à-dire la justice civile et criminelle, les bonnes et sages relations politiques d'alliances défensives, la force militaire contre les
invasions et les ravages de la barbarie seulement : en troisieme
lieu, la bonne et sage administration publique, c'est-à-dire la
perception directe des seuls vrais revenus de la Souveraineté, qui
consistent dans une portion du produit net [496] parfaitement
disponible, telle que la classe productive ait toujours prélevé largement ses reprises, et les propriétaires largement la double portion
qui leur appartient, sur la valeur de la production totale (perception qui procure sans injustice et sans délits à l'Autorité souveraine
les *moyens* de remplir les fonctions augustes et sacrées de son
ministere) ; user de ces *moyens* avec sagesse pour améliorer non
seulement l'instruction et la protection, mais encore les grandes
propriétés publiques et communes, qui font valoir toutes les propriétés privées.

Telles sont les regles éternelles immuables universelles des
dépositaires quelconques de l'*Autorité suprême*.

3°. Améliorer ses propriétés foncieres sans attenter à la portion
de revenu qui forme le patrimoine de la Souveraineté, sans subjuguer, sans dépouiller, sans avilir la classe cultivatrice, sans usurper [497] nulles propriétés, sans violer nulle liberté de nul individu : c'est la regle des propriétaires fonciers.

4°. Améliorer les exploitations productives, épargner les

hommes, les travaux, les avances, le sol, en multipliant les productions naturelles, en les bonifiant dans leur espece, en observant d'ailleurs toute justice et dans l'augmentation de ses avances primitives, et dans la jouissance des fruits qu'on en retire : c'est la règle de la classe productive.

5°. Exercer ses talents acquis ou naturels, sans lésion de personne : c'est la regle de la classe stérile.

En un seul mot, être *vraiment amis des hommes* : voilà toute la *Philosophie Morale*, et toute l'*Economie Politique*.

FIN.

APPROBATION.

J'AI lu, par ordre de Monseigneur le Chancelier, un Ouvrage intitulé, *Introduction à la Philosophie économique, ou Analyse des Etats policés*, et je n'y ai rien trouvé qui en doive empêcher l'impression. Paris, ce 3 Septembre 1770.

MOREAU.

PRIVILEGE DU ROI.

LOUIS, par la grace de Dieu, Roi de France et de Navarre : A nos amés et féaux Conseillers les Gens tenant nos Cours de Parlement, Maîtres des Requêtes ordinaires de notre Hôtel, Grand Conseil, Prévôt de Paris, Baillifs, Sénéchaux, leurs Lieutenants Civils, et autres nos Justiciers qu'il appartiendra : SALUT : notre amé le Sieur LONVAY, Nous a fait exposer qu'il desireroit faire imprimer et donner au Public *une Introduction à la Philosophie économique, ou Analyse des Etats policés*, s'il Nous plaisoit lui accorder nos Lettres de Privilege pour ce nécessaires : A CES CAUSES, voulant favorablement traiter l'Exposant, Nous lui avons permis et permettons par ces Présentes de faire imprimer ledit Ouvrage autant de fois que bon lui semblera, et le faire vendre et débiter par tout notre Royaume pendant le temps de six années consécutives, à compter du jour de la date des Présentes. Faisons défenses à tous Imprimeurs, Libraires et autres personnes, de quelque qualité et conditions qu'elles soient, d'en introduire d'impression étrangere dans aucun lieu de notre obéissance; comme aussi d'imprimer, ou faire imprimer, vendre, faire vendre, débiter, ni contrefaire ledit Ouvrage, ni d'en faire aucun extrait sous quelque pretexte que ce puisse être, sans la permission expresse et par écrit dudit Exposant, ou de ceux qui auront droit de lui, à peine de confiscation des exemplaires contrefaits, de trois mille livres d'amende contre chacun des contrevenants, dont un tiers à Nous, un tiers à l'Hôtel-Dieu de Paris, et l'autre tiers audit exposant, ou à celui qui aura droit de lui; et de tous dépens, dommages et intérêts. A la charge que ces Présentes seront enregistrées tout au long sur le Registre de la Communauté des Imprimeurs et Libraires de Paris, dans trois mois de la date d'icelles ; que l'impression dudit Ouvrage, sera faite dans notre Royaume et non à ailleurs, en bon papier et beaux caracteres, conformément aux Réglements de la Librairie, et notamment à celui du 10 avril 1725, à peine de déchéance du Privilege ; qu'avant de l'exposer en vente, le manuscrit qui aura servi de copie à l'impression dudit Ouvrage sera remis dans le même état où l'Approbation y aura été donnée, ès mains de notre très cher et féal Chevalier Chancelier, Garde des Sceaux de France, le Sieur de MAUPEOU; qu'il en sera ensuite remis deux Exemplaires dans notre Bibliothèque publique, un dans celle de notre Château du Louvre, et un dans celle dudit Sieur DE MAUPEOU; le tout à peine de nullité des Présentes. Du contenu desquelles nous mandons et enjoignons de faire jouir ledit exposant et ses ayants causes pleinement et paisiblement, sans souffrir qu'il leur soit fait aucun trouble ou empêchement. Voulons que la copie des Présentes, qui sera imprimée tout au long, au commencement ou à la fin dudit Ouvrage, soit tenue pour duement signifiée, et qu'aux copies collationnées par l'un de nos amés et féaux Conseillers, Secretaires, foi soit ajoutée comme à l'original. Commandons au premier notre Huissier ou Sergent sur ce requis, de faire, pour l'exécution d'icelles, tous Actes requis et nécessaires, sans demander autre permission, et nonobstant clameur de Haro, Charte Normande, et lettres à ce contraires : Car tel est notre plaisir. DONNÉ à Paris, le troisieme jour du mois d'Octobre, l'an de grace mil sept cent soixante et dix, et de notre Regne le cinquante-sixieme.

Par le Roi en son Conseil.

Signé LE BEGUE.

Registré sur le Registre XVIII. de la Chambre Royale et Syndicale des Libraires et Imprimeurs de Paris, N°. 1120, fol. 247, conformément au Règlement de 1723, qui fait défenses, article 41, à toutes personnes de quelque qualité et condition qu'elles soient, autres que les Libraires et Imprimeurs, de vendre, débiter, faire afficher aucuns livres pour les vendre en leurs noms, soit qu'ils s'en disent les Auteurs ou autrement, et à la charge de fournir à la susdite Chambre neuf exemplaires, prescrits par l'article 128 du même Réglement. A Paris ce 6 Octobre 1770.

P. Fr. DIDOT Jeune, Adjoint.

INDEX ALPHABÉTIQUE

Documents manquants (pages, cahiers...)

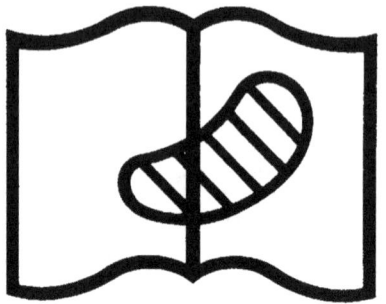

Original illisible

Documents manquants (pages, cahiers...)

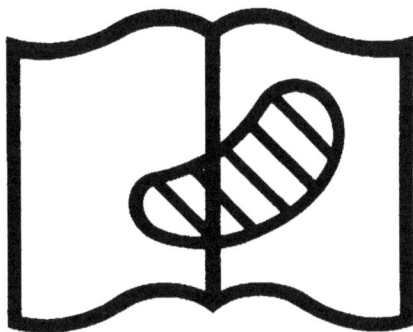

Original illisible

www.ingramcontent.com/pod-product-compliance
Lightning Source LLC
Chambersburg PA
CBHW060027100426
42740CB00010B/1621